U0805972

普通高等职业教育汽车类“十二五”规划教材

柴油发动机电控系统检修

主　编　　房　颖
副主编　　李　博　刘建辉　姚方方

黄河水利出版社
·郑州·

内 容 提 要

柴油发动机电控系统检修是汽车类专业基于工作过程导向开发的系列课程中的一门专业核心课程。该课程以电控柴油发动机故障为载体，通过相关知识的学习，来解决工作中遇到的实际问题。本书共分5个单元，主要介绍了电控柴油发动机起动困难、电控柴油发动机动力不足、电控柴油发动机运转粗暴、电控柴油发动机怠速不稳、电控柴油发动机排烟异常等内容。

本书可作为高职院校汽车类专业基础教材，也可作为职业技能培训教材和相关专业技术人员的参考书。

图书在版编目(CIP)数据

柴油发动机电控系统检修/房颖主编. —郑州：黄河水利出版社，2011.9 (2016.1 重印)

普通高等职业教育汽车类“十二五”规划教材

ISBN 978-7-5509-0113-1

Ⅰ.①柴… Ⅱ.①房… Ⅲ.①汽车-柴油机-电气控制系统-车辆修理-高等职业教育-教材 Ⅳ.①U464.172

中国版本图书馆 CIP 数据核字(2011)第181358号

出 版 社：黄河水利出版社

地址：河南省郑州市顺河路黄委会综合楼14层　　邮政编码：450003

发行单位：黄河水利出版社

发行部电话：0371-66026940、66020550、66028024、66022620(传真)

E-mail：hhslcbs@126.com

承印单位：郑州龙洋印务有限公司

开本：787 mm×1 092 mm　1/16

印张：15

字数：360 千字　　印数：3 101—5 100

版次：2011年9月第1版　　印次：2016年1月第2次印刷

定价：30.00 元

教材编写委员会

前　言

为贯彻教育部《关于全面提高高等职业教育教学质量的若干意见》(教高[2006]16号)的精神,结合国家精品课程的建设标准,我们组织部分骨干教师积极与合作企业共同开发课程,根据技术领域和职业岗位(群)的任职要求,参照相关的职业资格标准,改革课程体系和教学内容。通过对各专业相对应的行业以及合作企业的岗位能力需求的调查分析,提炼了典型的工作任务,然后按照"典型工作任务→行动领域→学习领域"的开发步骤,以学习情境为载体,对传统学科式知识体系进行解构和重构,形成了以工作过程为导向的系列教材。

本系列教材分为汽车类、机电类、电子信息类、经济管理类和交通工程类五个体系。其中汽车类教材的编写原则充分体现为:以岗位工作能力需求为标准,以模拟工作情境为方法,以"教、学、做"为手段,组合教学内容,编排教学过程。每门课程按照各自的教学目标,分解成若干个学习单元(教学情境)。每个学习单元按照统一的模式来编排:学习目标→任务描述→相关知识→任务实施→评价反馈。在任务实施过程中,又统一了实施步骤:任务相关知识描述→信息资料收集与分组→制订计划→实施计划→检查结果。在实施计划步骤中,依照实际工作岗位要求,制订了任务工单,真正地体现了工作过程的可操作性。

本书共分5个学习单元,由郑州交通职业学院房颖担任主编。其中,单元1由李博编写,绪论、单元2由房颖编写,单元3由刘建辉编写,单元4、单元5由姚方方编写。

由于编者学识和水平有限,且课程改革正处于研究探讨阶段,尚无成熟的经验可以借鉴,恳请使用本教材的教师和学生对书中的不妥与误漏之处予以批评指正。

编　者

2011年6月

目　录

绪　论

电控柴油机共轨系统先将柴油以高压(喷油压)状态蓄积在被称为共轨(Common rail)的容器中,然后利用电磁三通阀将共轨中的压力油引到喷油器中完成喷射任务。利用安装在高压油路中的高速、强力电磁溢流阀来直接控制喷油始点和喷油量,通过实时变更电磁阀升程和改变高压油路中的油压来实现喷油率和喷油压力的控制。

共轨中蓄积着与喷油压力相同的柴油,直接进入喷嘴(针阀腔)开启针阀进行喷射,这就是高压共轨系统。比较成熟的高压共轨系统有德国博世公司的 CRS 系统,日本电装公司的 ECD－U2 系统等。

概括起来,高压共轨系统的主要优点有:

(1)共轨系统中的喷油压力柔性可调,对不同工况可确定所需的最佳喷射压力,从而优化了柴油机综合性能。

(2)可独立地柔性控制喷油正时,配合高的喷射压力(120～200 MPa),可同时控制 NO_x 和微粒(PM)含量在较小的数值内,以满足排放要求。

(3)柔性控制喷油速率变化,实现理想喷油规律,容易实现预喷射和多次喷射,既可降低柴油机噪声和 NO_x 排放,又能保证优良的动力性和经济性。

(4)由电磁阀控制喷油,其控制精度较高,高压油路中不会出现气泡和残压为零的现象,因此在柴油机运转范围内,循环喷油量变动小,各缸供油不均匀现象可得到改善,从而减轻柴油机的振动和降低排放。

(5)能分缸调控且响应快。

(6)具有极好的燃油密封性,高压燃油泄漏量小,降低了驱动燃油泵的功率损失。

(7)有很好的可安装性。对柴油机不要求附加驱动轴,可以像通常的直列式油泵一样安装,只需略加修改喷油器支架,就可安装电控喷油器。

高压共轨系统与常规的喷油泵—高压油管—喷油嘴系统相比,后者的喷油压力一般随转速的升高而升高,有的系统还与负荷有关,这种特性对低速和部分负荷下的燃油经济性和烟度不利。而共轨系统可以做到喷油压力不随转速变化而变化,并且该特性可保持到柴油机的低转速 500 r/min。同时,最小循环供油量可达每循环 1 mm^3,其值远小于重型卡车用柴油机为保持最低稳定转速所需的每循环 12 mm^3。

高压共轨系统是一个电子控制的精确的压力—时间油量控制系统,共轨中压力波动很小,它没有常规电控喷油系统中存在的一些问题,如没有由压力波而产生的难控区、失控区,也没有调速器能力不足等问题,可实现柴油机所需的理想油量控制特性。

早期的柴油机电控燃油喷射系统都采用"位置控制",采用传统的脉冲高压供油原理,但其控制频率低、精度不稳定。20 世纪 90 年代后,采用"时间控制",用新型高速强力电磁阀代替了传统的油时调节齿条(直列泵)或油量调节滑套,直接对高压燃油进行数字式的高频调节,由电磁阀的关闭时刻和闭合持续时间决定循环供(喷)油量和供(喷)油正时。在

"时间控制"式电控燃油喷射系统的基础上,又发展了一种新型电控共轨式燃油喷射系统,它采用"时间—压力控制"式燃油计量原理,通过采用公共油轨中油压的连续控制和各缸喷油过程的电磁阀控制相结合的方式对循环供(喷)油量进行控制,这使柴油机的电控燃油喷射技术进入了一个新的发展阶段。

1. 电控喷射系统基本原理

各种输入信号通过传感器及其他信号输入装置输入电子控制单元,经过输入回路或模/数(A/D)转换器输入微机。在微机的存储器中,存有柴油机和各有关调控参数或状态的目标数据。传感器检测的实际参数输入微机后,先与存储器中的相应参数和最优运行结果比较,如果两者相同,则电控系统保持原状态,柴油机继续按当前状态运行。当实际参数偏离目标参数时,微机将根据偏离值大小和方向按一定的控制对策,进行有关的信息处理。经运算处理后,微机通过 I/O(输入/输出)接口输出控制指令信号,经输出回路放大后控制有关执行器动作,使柴油机相应参数或状态向目标逼近,接近程度也可由相应传感器检测,并将检测结果反馈给电子控制单元(ECU),实行闭环控制,使柴油机按最佳状态运行。

2. 怠速控制

现代车用柴油机控制系统中的怠速控制主要包括怠速转速和怠速时各缸循环供(喷)油量的均匀性控制。现代车用电控柴油机怠速控制系统,是通过对怠速时喷油系统循环供(喷)油正时的控制,进而控制怠速转速的。所以,在现代车用柴油机怠速控制系统中,对怠速转速控制的方法与一般工况下对循环供(喷)油量的控制是一样的。怠速工况时,ECU 根据从节气门位置传感器、柴油机转速传感器、冷却液温度传感器、进气空气温度传感器、空调离合器开关、蓄电池电压传感器等得到的信息,按预先存储在 ECU 中的相对于所要求的怠速转速的怠速循环供(喷)油量脉谱图,确定循环供(喷)油量,并通过各种提供反馈信号的传感器,对怠速循环供(喷)油量进行反馈控制。这样,既能较容易地柔性控制怠速转速的高低,又能保持怠速转速的稳定。

3. 进气控制

车用柴油机电控系统中的进气控制通常是指进气管节流控制、可变进气涡流控制和可变配气正时控制等。车用柴油机电控系统能很方便地实时控制进气管中节流阀的开度,以满足高、低转速工况不同性能的要求。如涡轮增压柴油机的电控进气管节流控制系统,在分隔成两半的进气总管中,各设有一个节流阀,即主阀和副阀。主阀由加速踏板直接驱动,而副阀由真空弹簧膜片阀驱动。分别与真空弹簧膜片两侧相通的两个真空开关阀按 ECU 的指令改变真空回路,在真空弹簧膜片阀的驱动下,控制副阀的开度,使其处于全开、半开或全闭的位置。在怠速或低速工况下,主阀关闭或开度很小,而受到 ECU 控制的副阀开度,除可使得处于小流量状态下的进气流速增大、气流惯性增大、流气量增多、涡流强度增强,为怠速或低速工况提供较好的工作环境外,还因为进气管中节流所产生的真空度可使汽缸压力下降,有效地降低了怠速或低速时的噪声和振动。此外,当燃油系统突发故障,造成柴油机转速突然增高(飞车)时,除将加速踏板松开使主阀关闭外,ECU 得到来自柴油机转速传感器的超速信号后,也会迅速关闭副阀,防止柴油机飞车。

4. 增压控制

现代车用柴油机用得最多的是涡轮增压。这里讲的增压控制是指对废气涡轮增压的控制。由于柴油机是一种容积式机械，而废气涡轮增压器是一种具有喷嘴特性的空气动力涡轮机械，两者的空气流量—转速变化规律是不同的，两者的匹配是相当不稳定的。废气涡轮增压是靠废气排出的能量驱动涡轮增压中的涡轮—压力机轴的。当柴油机转速降低时，排气流速也低，由于排气时能量不足，涡轮转速下降，增压压力下降，会造成燃烧冒黑烟、排气温度和零件温度升高、转矩特性变差等后果；反之，当柴油机转速升高、排气量多、排气流速高时，涡轮转速升高，增压效果就好。因此，废气涡轮增压在柴油机处于低速大负荷工况下就很难满足车辆对转矩适应性的要求。所以，为了使车用柴油机在低转速时获得足够高的增压压力，以提高低速大负荷时的转矩，就必须使低速下最大转矩工况点匹配在压气机的高效率区，但是这样会使柴油机在高速大负荷时增压压力过高，造成增压器超速、汽缸燃烧压力过高。此外，由于运动件惯性的原因，在低速区，涡轮增压器的响应性很差，很难满足车辆对瞬变工况快速反应的要求。

针对上述问题，多年来各国对涡轮增压器及其与柴油机相连接的进、排气系统做了大量的研究工作。重点是采用各种可调系统，优化涡轮增压器的流体力学性能，改善涡轮增压柴油机的低速转矩特性和提高其瞬态响应能力。其中，废气旁通和可变涡轮通流面积等技术的采用，特别是电控技术在相应的带废气放气阀增压系统和可变涡轮通流面积增压系统（也称可变几何涡轮增压系统）中的应用与发展，有效地拓宽了废气涡轮增压柴油机的工作范围，改善了瞬态响应特性，使车用废气涡轮增压柴油机有了广阔的市场前景。因而，在废气涡轮增压车用柴油机增压控制系统中，增压控制通常包括废气旁通控制、涡轮通流面积控制等。

5. 排放控制

降低柴油机特别是直喷式柴油机排放的主要目标是降低 NO_x 和颗粒物排放。上述以微机为控制单元的现代车用柴油机电控系统中的燃油喷射控制、进气控制、增压控制等都能在不同程度上改善工作过程，有效地降低 NO_x 和颗粒物排放。与此同时，也采取了各种机内或机外的净化措施。

对降低颗粒物排放而言，主要是通过在排气管上安装各种形式的颗粒物捕集器、颗粒物净化器等机外净化的方法。而对降低 NO_x 排放来说，由于柴油机的燃烧过程属于富氧燃烧，所以无法采用汽油机所用的技术，即在排气管上安装三元催化反应器加上氧传感器的反馈控制系统，以降低废气中有害气体的排放。所以，迄今为止，主要采取以废气再循环（EGR）为代表的机内净化措施。实践证明，这是降低 NO_x 排放最简单而有效的方法之一。

在柴油机的 EGR 系统中，也是采用一个特殊的通道将排气歧管与进气歧管连通，在通道上装上 EGR 阀，通过控制 EGR 阀的开度控制废气再循环量。在采用机械式控制时，所能控制的 EGR 率的范围为 5% ~15%，控制的自由度比较小，控制的精度也低。所以，在以微机为控制单元的现代车用柴油机电控系统中，用 ECU 控制 EGR。但 EGR 不仅会使柴油机动力性和经济性下降，更严重的负面影响则是颗粒物排放的增加，EGR 率的增加会使颗粒物排放急剧增加。所以，要在高负荷下用 EGR 控制 NO_x 排放，但若不希望产生过多的颗粒物排放，必须对 EGR 率进行严格控制，需要有非常精确的 EGR 率计量系统。

近年来，一种旨在同时降低直喷式柴油机 NO_x 和颗粒物排放（同时也可降低噪声）的燃烧方式，即“低温预混合燃烧方式（MK 燃烧方式）”已开始实用化。它是通过推迟喷油正时、延长滞燃期以增加预混合燃烧在整个燃烧过程中的比例，在预混合燃烧过程中采用 EGR 率高达 45% 的废气再循环，通过大幅度降低缸内气体中氧浓度以降低火焰温度，从而降低 NO_x 排放。另外，由于扩散燃烧在整个燃烧过程中比例减小，而颗粒物又大多是在扩散燃烧中生成的，所以颗粒物排放也相对减少了。此外，由于喷油正时大幅度推迟，燃烧开始的时间较常规燃烧晚，燃烧速率上升平缓，汽缸内压力升高率降低，燃烧噪声降低。至于因喷油延迟和等容燃烧部分减少而造成的热效率下降，则通过涡流比和燃烧室形状的优化等加以弥补。显然，要实现上述 MK 燃烧方式，在预混合燃烧过程中精确控制 EGR 率是十分关键的。

现代车用柴油机电控系统中，对 EGR 率的控制是由 ECU 完成的。主要有两种控制方式，即可变 EGR 率废气再循环开环控制和可变 EGR 率废气再循环闭环控制。

6. 起动控制

由于起动时所需的起动转矩和最低起动转速随温度降低而增加，所以改善起动性能主要是降低起动阻力（包括预热、稀释润滑油或采用低温稠化润滑油、减压起动等）和改善着火条件（包括进气预热、冷却液预热、起动加浓、燃烧室局部加热、采用自燃性能好的燃料等）。

在常规的起动控制系统中，已将电热元件通电持续时间和“可以起动”信号指示的控制组合在一起，构成一个用塑料外壳密封，能起控制、保护和监控作用的控制单元。它包括一个调节电流大小的功率继电器、控制通电持续时间和“可以起动”信号指示的电路以及有保护功能的元件，由装在控制单元中的温度传感器控制通电时间，以满足起动要求。此外，在一些柴油机上还装有 NTC（负温度系数）冷却液温度传感器，以更精确地控制通电持续时间，其输出信号也被控制单元用做对蓄电池电压波动进行补偿的依据。

在现代车用电控柴油机的起动控制系统中，用 ECU 实现上述控制。当点燃/起动开关处于“点燃”位置时，根据柴油机冷却液温度，决定 ECU 电热塞或进气预热塞是否要点燃和持续通电时间。

7. 柴油机电子控制技术的发展趋势

1）提高喷射压力

为满足排放法规要求，喷射压力从 100 MPa 提高到 120 MPa，直到 200 MPa。如此高的喷射压力可明显改善燃油和空气的混合，从而降低烟雾（颗粒物）排放。同时高喷射压力又可大大缩短着火延迟期。如果减少先期着火时喷入的燃油量，再与推迟喷油正时相结合，能显著降低 NO_x 排放。

2）独立的喷射压力控制

一般的喷油泵—高压油管—喷油器系统的喷射压力还与柴油机负荷有关。这种特性对于低转速、部分负荷工况下的燃油经济性和烟度不利。为保证柴油机在低转速、部分负荷工况下形成混合气所需的足够能量，如果按照上述特性，那么标定转速、标定工况下的喷油压力过高，系统的机械应力就太高。如系统具有不依赖于转速和负荷的喷油压力控制能力，就可用选择最合适的喷射压力的办法使喷射持续期、着火延迟期最佳化，使柴油机在各种工况

下 NO_x 和烟度排放最低而经济性最优。

3)改善燃油经济性

高喷射压力、独立的喷射压力控制、小喷孔、喷油平均压力与峰值压力之比值尽量大,以及尽可能地把产生于喷射持续期结束时的燃油系统内部压力能部分地转化为驱动链的能量等,均可改善燃油经济性。

4)独立的喷油正时控制

喷油正时直接影响柴油机上止点前喷入汽缸的油量,决定汽缸的峰值爆发压力和最高温度。一般来说,汽缸压力和温度高,可以改善柴油机经济性,但增加 NO_x 排放。因此,不依赖于转速和负荷的喷油正时控制能力,是在燃油消耗率和排放之间实现最佳组合的关键措施。

5)可变的预喷射控制能力

预喷射可以降低颗粒物排放,而又不增加 NO_x 排放;也可以改善柴油机冷起动性能,降低柴油机在冷态工况下白烟的排放;还可降低噪声,提高低速转矩。但是,预喷射量、预喷射与主喷射之间的时间间隔在不同工况下的要求是不一样的。因此,具有可变的预喷射控制能力对提高柴油机的性能和降低排放十分有利。

6)最小油量控制能力

燃油系统具有高喷射压力的能力,往往与柴油机怠速所需要的小油量控制能力相矛盾。燃油系统具有预喷射能力后,控制小油量的能力进一步降低。但燃油系统又必须具备能控制最小怠速稳定油量一半的能力。

7)快速断油能力

快速断油要求在结束喷射时仍然处于较高喷射压力,使燃油和空气始终能很好混合,直到燃烧结束。如果不能快速断油,那么低压力下喷射的燃油就会燃烧不充分而冒烟,增加碳氢化合物排放。

8)降低驱动转矩冲击载荷

燃油喷射系统在很高的压力下工作,既增加驱动系统所需要的平均转矩,也增加扭矩的冲击载荷。因此,燃油喷射系统对驱动系统平衡的加载和卸载能力是衡量喷射系统优劣的一个标准。

8. 电控发动机故障诊断的基本原则

电控发动机的电控燃油喷射系统的工作状况对发动机的运转性能有很大的影响,不论是该系统的 ECU、控制线路还是其他任何一个传感器、执行器出现故障,都会在一定程度上影响发动机的起动性、运转稳定性、动力性、经济性等。因此,当电控发动机出现故障或性能下降时,首先应检查该发动机的燃油喷射系统有无故障。

由于电控燃油喷射系统的构造和工作原理比较复杂,不同生产厂、不同车型的电控燃油喷射系统往往有很大的差异,其故障形式既可能是电路方面的,也可能是机械方面的,因此给故障的检查与排除带来一定的困难。在检查与排除电控燃油喷射系统的故障时,必须了解各种燃油喷射系统的工作原理和零部件的构造特点,参阅所修车型的详细技术资料,充分并合理地利用各种检测工具和手段。除此之外,掌握分析各种故障原因的方法,遵循合理的诊断程序和步骤,也是十分重要的。

电控发动机的电子控制系统是一个精密而复杂的系统，其故障的诊断也较为困难。而造成电控发动机不工作或工作不正常的原因可能是电子控制系统出现问题，也可能是其他部分的问题，故障检查的难易程度也不一样。如果我们能够遵循故障诊断的一些基本原则，就可以用较为简单的方法准确而迅速地找出故障所在。电控发动机故障诊断与排除的基本原则可概括为以下几点。

1）先外后内

在发动机出现故障时，先对电子控制系统以外的可能发生故障的部位予以检查。这样可避免本来是一个与电子控制系统无关的故障，却对系统的传感器、控制器、执行器及线路等进行复杂且费时费力的检查，结果可能较容易找到的真正的故障却因为复杂化的检查而未能找到。

2）先简后繁

发生故障时，能以简单方法检查的部位应先予以检查。比如直观诊断最为简单，我们可以用看、摸、听等检查方法将一些较为显露的故障迅速地找出来。直观诊断未找出故障原因的，需借助于仪器仪表或其他专用工具来进行诊断时，也应对较容易检查的部位先予以检查。

3）先熟后生

由于结构和使用环境等原因，发动机的某一故障现象往往是以某些总成或部件出现故障最为常见，应先对这些常见故障部位进行检查。若未找出故障原因，再对其他不常见的可能发生故障的部位予以检查。这样做，可以迅速地找到故障原因，省时省力。

4）代码优先

电子控制系统一般都有故障自诊断功能。当电控发动机运行时，故障自诊断系统监测到故障后，以代码的形式将该故障储存到 ECU 的存储器内，同时通过“检测发动机”等警告灯向驾驶员报警。这时可人工或用仪器读取故障代码，并检查和排除故障代码所指的故障部位。待故障代码所指的故障消除后，如果发动机故障现象还未消除，或者开始就无故障代码输出，则再对发动机可能的机械故障部位进行检查。

5）先思后行

对发动机的故障现象先进行故障分析，了解可能的故障原因有哪些，然后再进行故障检查。这样可避免故障检查的盲目性：既不会对与故障现象无关的部位作无效的检查，又可避免对一些有关部位漏检而不能迅速排除故障。

6）先备后用

电子控制系统的一些部件性能好坏、电气线路正常与否，常以其电压或电阻等参数来判断。如果没有这些数据资料，系统的故障检查将会很困难，往往只能采取新件替换的方法，这些方法有时会造成维修费用猛增且费工费时。因此，在检修车辆时，应准备好维修车型的有关检修数据资料。除从维修手册、专业书刊上收集整理这些检修数据资料外，另一个有效的途径是利用无故障车辆对其系统的有关参数进行测量，并记录下来，作为日后检修同类型车辆的检测比较参数。如果平时注意做好这项工作，会给系统的故障检查带来方便。

此外，电控发动机的故障并非一定出在电控系统。如果发现发动机有故障，而故障警告灯并未点亮（未显示故障代码），大多数情况下，该故障可能与发动机电控系统无关。此时，就应该像发动机没有装电控系统那样，按照基本诊断程序进行故障检查。否则，可能遇到一个本来与电控系统无关的故障，却检查电控系统的传感器、执行器和电路等，花费了很多时间，而真正的故障反而没有找到。

9. 电控发动机故障诊断的基本方法

电控发动机故障诊断按其诊断的深度可分为初步诊断和深入诊断。初步诊断是根据故障的现象，判断出故障产生原因的大致范围。深入诊断是根据初步诊断的结果对故障原因进行分析、查找，直到找出产生故障的具体部位。

电控发动机故障诊断按所采用的手段，可分为直观诊断、利用随车自诊断系统诊断、利用简单仪表诊断和利用专用诊断仪器诊断等。

1）直观诊断

直观诊断就是通过人的感觉器官对汽车故障现象进行看、问、听、试、嗅等，了解和掌握故障现象的特点，通过人的大脑进行分析、判断得出结论的诊断方法。

直观诊断方法根据诊断者的经验和对诊断车辆的熟悉程度，在运用的范围上有极大的差别。经验丰富的诊断专家，可以利用直观诊断方法诊断发动机可能出现的绝大多数故障，包括确定故障性质的初步诊断和确定具体故障原因的深入诊断。因此，可以看出，利用丰富的经验处理电控发动机的问题尤为重要。

直观诊断的主要内容如下。

（1）看：

即目测检查，其目的是了解电控发动机的电控系统类型、车型，在进行更为细致的测试和诊断之前，能消除一些一般性的故障原因。

①看车型和电控系统类型。因为不同公司、不同型号的汽车，电控燃油喷射系统的形式有所不同，其故障诊断方法也不同。

②检查电控系统线束和连接器的连接状况。

③检查每个传感器和执行器有无明显的损伤。

④运转发动机，根据运转状态检查发动机的相关现象。

（2）问：

详细了解故障出现时的情形、条件、如何发生及是否已检修过等与故障有关的情况和信息。

（3）听：

主要是听发动机工作时的声音：有无爆震、有无敲缸、有无转速或功率下降异常等。

（4）试：

根据前述检查，有针对性地试车，以便进一步确定故障。

2）利用随车自诊断系统诊断

利用随车自诊断系统可以对系统的故障进行自诊断，在电控发动机故障诊断中是一种简便快捷的诊断方法，但是其诊断的范围和深度远远满足不了实际使用中对故障诊断的要求，常常出现发动机运行不正常而故障产生的原因可能与发动机电控系统无关的情况。另外，由于随车自诊断功能的局限性，不可能设计出一种自诊断系统对其所有可能产生的故障部位进行诊断。因此，以直观诊断方法为主进行检查和判断的工作在任何时候对任何系统来说，都是不可替代的。

随车自诊断系统通常只能提供与电控系统有关的电气装置或线路故障,一般只能得出初步诊断结论,具体故障原因,还需要通过直观诊断和简单仪表进行深入诊断。

3)利用简单仪表诊断

利用简单仪表诊断,就是利用以万用表和示波器为主的通用仪表,对电控发动机故障进行诊断。

这种诊断方法的特点是:诊断方法简单,设备费用低,主要用于对电控系统和电气装置的诊断。因此,这种诊断方法可用于对故障进行深入诊断。其缺点是:对操作者的要求较高,在利用简单仪表诊断时,操作者必须对系统的结构和线路连接情况有相当详细的了解,才可能取得满意的诊断效果。

4)利用专用诊断仪器诊断

采用专用诊断仪器可大大提高对电控系统的诊断效率。因此,电脑故障诊断仪一般适用于服务站作为专业化的故障诊断仪器,可为准确判断故障提供有力的依据。

10. 电控发动机故障诊断的基本流程

(1)通过与车主或有关人员的交谈,详细了解故障的产生、发展的全过程,以及过去的故障状况、检修状况和车况等,从而为诊断提供线索,为进一步检查提出方向。

(2)直观诊断。

(3)人工或用仪器读取并验证故障代码,查清故障代码表示的故障是否存在,即是否故障已排除,而其故障代码仍未清除。

(4)若无故障代码,对有明显故障征兆的,可用诊断仪、示波器、万用表等读取有关发动机数据,进行数值、波形分析,并依据分析结果,检查有关部件,视需要进行维修或更换。若无明显故障征兆,则采用症状模拟方法对故障进行分析,以进一步检查故障的原因。

(5)若有故障代码,则根据故障代码的内容检查并排除故障。

(6)重新起动发动机,验证故障是否已排除。若故障未排除,则继续检查故障原因。

单元1 电控柴油发动机无法起动故障检修

学习目标

1. 能描述柴油发动机无法起动的现象。
2. 能根据柴油发动机无法起动的现象进行原因分析。
3. 能使用万用表、汽车故障诊断仪等相关工具对柴油发动机进行检测。
4. 能正确排除柴油发动机无法起动的故障,以顺利起动发动机。

任务描述

用户反馈,车辆在故障发生前期,在行驶中故障灯会突然亮一下,然后车辆就无法加速,停机后再次起动又正常,但此次故障用户停机后无法起动。用户将车开到服务站后,服务站用诊断仪检测后发现存在油路故障,但对低压油路进行了清洗并更换滤芯,然后清除故障代码,此时依然无法起动。服务站将正常车辆的喷油泵、ECU、喷油器等进行更换后依然无法起动。后由公司派出维修人员处理。维修人员经过测试之后确定故障很有可能是主传感器故障引起的。

柴油发动机能正常起动必须具备四个要素:足够的喷油压力与喷油量、足量的空气、正确的喷油时刻、正常的汽缸压缩压力。

某一工作要素异常便会引起发动机不能起动或起动困难。电控柴油发动机起动故障因素较多,有起动系统、燃油喷射系统和发动机机械故障等。发动机机械故障应在排除了燃油喷射系统和电控燃油喷射系统的故障后再作进一步的检查。起动故障一般表现为不能起动(无初始燃烧)和起动困难。

其检查与排除方法如下:

(1)检查有无故障代码,若有,应按故障代码内容进行检查。

(2)检查起动时,发动机能否转动:

①当起动时,起动机不转,应按起动系统故障原因进行检查。首先检查蓄电池存电情况和极柱连接与接触情况;如果正常,则检查起动线路、熔断器及点火开关。如果起动时,起动

机能转动而发动机不能转动,为起动机与发动机啮合部分故障。

②当起动时,发动机转速正常,而就是不起动,应对燃油喷射系统及进气系统分别进行检查。对于电控燃油喷射式发动机,其起动时不需踩加速踏板。如果起动时将加速踏板全踩下或反复踩加速踏板,以求增加供油量,往往会使发动机转速瞬时增高,从而导致发动机产生燃油消耗量增加的现象。

(3)脱开油门踏板线束,如此时发动机可以进入怠速运转,则说明油门踏板出现了故障。

(4)外观检查:检查进气管路有无漏气。

(5)油路检查:检查油管的连接状态,进空气的现象及燃油的品质。

(6)线束检查:检查线束连接状态是否有松动现象或插接不牢固的现象。

(7)传感器的检查:检查传感器是否失效、线路是否松动或断裂及曲轴与凸轮轴的同步信号。

(8)检查喷油器有无控制信号:若无控制信号,应检查熔断器、线路和ECU;若有控制信号,则应检查喷油器的喷雾情况是否正常。

学习任务1

共轨压力无法建立的检修

相关知识

1　低压油路检修

1.1　德国Bosch共轨系统

1.1.1　Bosch共轨系统简介

作为汽车技术领域的领导者之一,博世公司在基于电子管理系统的涡轮增压直喷柴油发动机领域,开发出了蓄压式燃油喷射系统,或称为共轨系统(CRS)。与其他喷射系统相比,共轨系统把产生压力的过程与燃油喷射过程相分离。"轨"被用做高压蓄压器,其内部始终保持最佳燃油压力,以适应发动机的具体工况要求。除此之外,共轨系统还提供了更多的扩展功能及在燃烧过程设计上更大的自由度,它可以使柴油发动机的排放更低、燃油经济性更好、噪声更低。

1.1.1.1　第一代共轨系统

第一代共轨高压泵总是保持在最高压力,导致燃油的浪费和很高的燃油温度。该系统是为商用车设计的,最高喷射压力为140 MPa,乘用车135 MPa。除此之外,特殊的共轨系统还可用于大型柴油发动机,如火车机车和船用发动机等。

1.1.1.2　第二代共轨系统(带有控制油量的油泵)

第二代共轨系统可根据发动机需求而改变输出压力,并具有预喷射和后喷射功能。此共轨系统的喷射压力可以达到160 MPa。该共轨系统使用可以控制油量的油泵,在量取单元的作用下,即使在压力较低的情况下,系统也可以根据实际情况提供合适的供油量。该系统不仅有助于降低燃油消耗,而且可以降低燃油温度,从而可以省去燃油冷却装置。

1.1.1.3　第三代共轨系统(带有压电直列式喷油器)

第三代共轨系统的最高喷射压力增加到了180 MPa。此款带有压电直列式喷油器的共轨系统使预喷和后喷的喷油曲线范围更为自由。该共轨系统由高压泵、喷油管、高压蓄压器(共轨)、喷油器、电控单元和传感器及执行器组成。

目前,国内车用柴油机广泛采用了 Bosch 第二代共轨系统(CRS2.0),最大供油压力在 135 ~ 160 MPa(视具体机型而有所区别,如图 1-1 ~ 图 1-6 所示)。第三代共轨系统(压电晶体喷油器,最大供油压力 180 MPa)采用较少。本任务主要以 CRS2.0 系统为例,介绍高、低压油路组成及检修。

1.1.2 Bosch 共轨系统低压油路

Bosch 共轨系统低压油路一般由油箱、输油管、燃油滤清器[包括燃油粗滤器(带油水分离器)和燃油细滤器]、输油泵等组成。各型号柴油机高压共轨系统管路布置如图 1-1 ~ 图 1-5 所示。

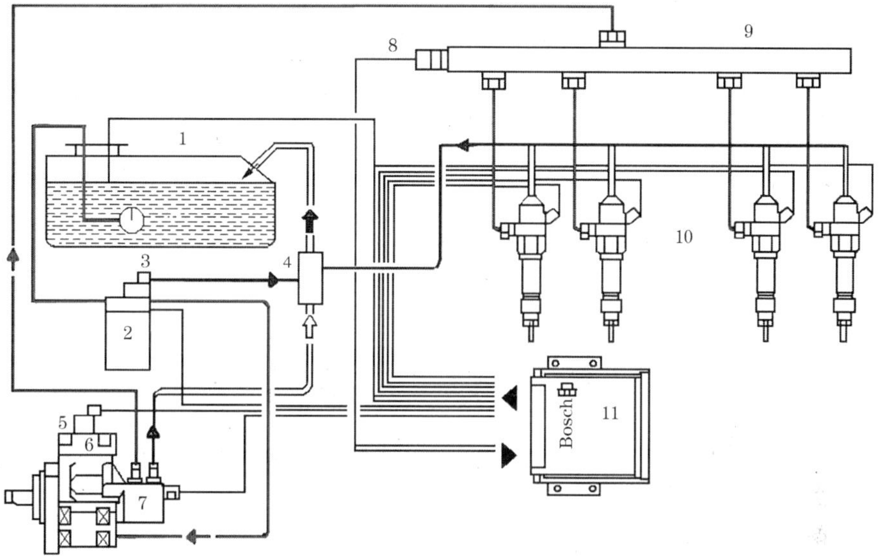

1—油箱;2—燃油滤清器;3—回油阀;4—回油三通;5—高压油泵进油计量比例电磁阀;
6—CP1H 高压油泵;7—输油泵;8—共轨压力传感器;9—高压共轨;10—喷油器;
11—EDC16C39 电控单元

图 1-1 GW2.8TC 型柴油机高压共轨系统管路布置

1.1.2.1 燃油粗滤器(必须带油水分离器)

不适当的过滤可能导致泵元件、出油阀以及喷油嘴元件的损伤。为此,需要通过一个特制的燃油滤清器——燃油粗滤器,来满足特殊喷射系统的要求,否则不能保证无故障运行以及较长时间的使用寿命。柴油可能以黏结的形式(乳液)或游离形式(如由于温度变化而造成的水分凝结)而含水分,如果这些水分进入喷射系统,可能导致腐蚀性损伤。燃油粗滤器下部安装了燃油含水率传感器,水位到达一定高度时,报警灯亮,提示驾驶员防水。燃油粗滤器上盖中安装有手动输油泵(燃油系统放气用),并可以根据需要安装燃油温度传感器及燃油加热器。图 1-6 所示为圣达菲车用柴油机的燃油粗滤器。

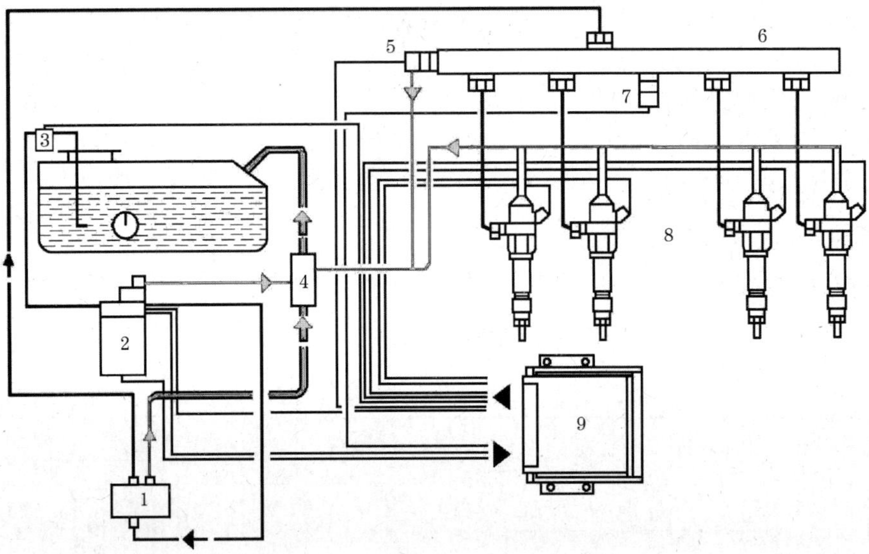

1—高压油泵;2—燃油滤清器;3—电动燃油泵;4—回油三通接头;5—燃油压力调节阀;
6—共轨;7—共轨压力调节器;8—喷油器;9—电控单元

图 1-2　圣达菲车 D4EA 柴油机电控高压共轨系统管路布置

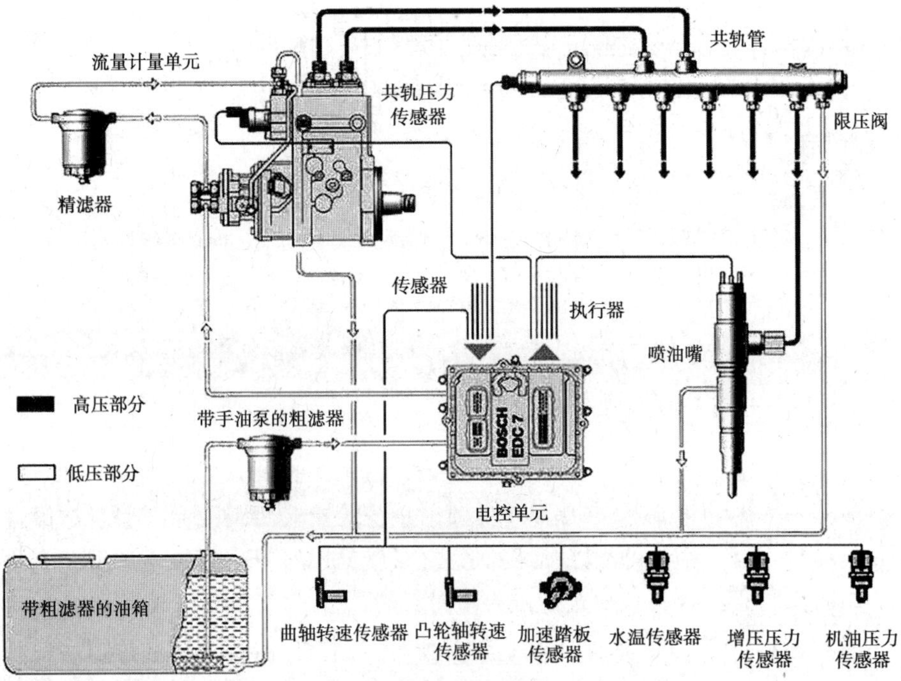

图 1-3　潍柴国 3WP10 重型柴油机 Bosch 共轨系统管路布置示意

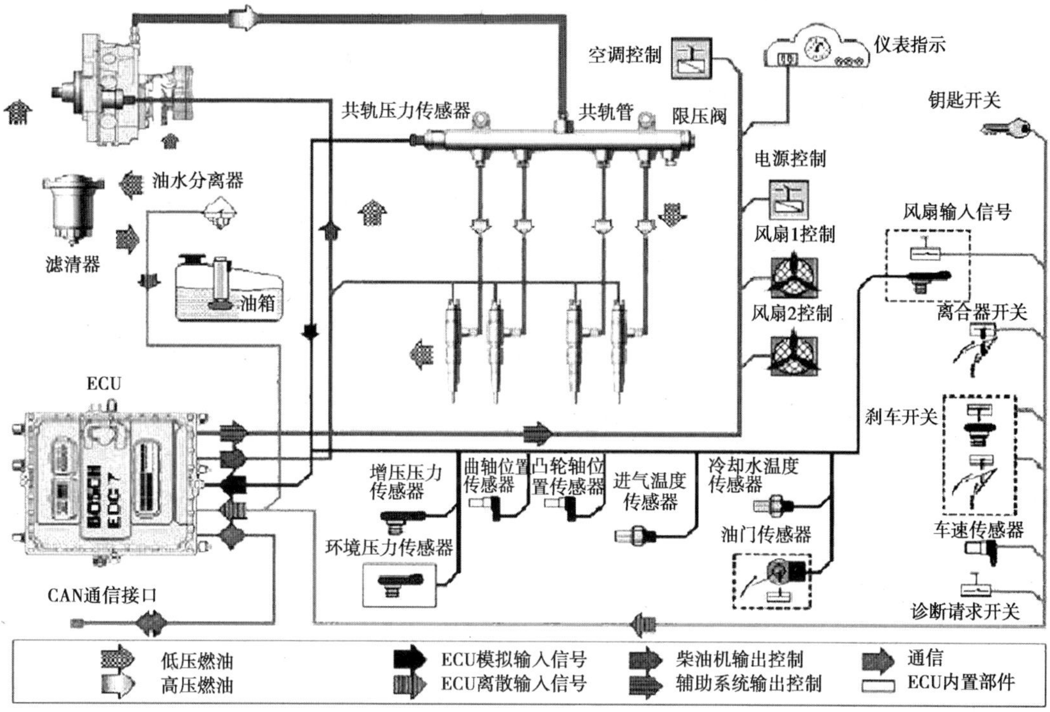

图 1-4　玉柴 6J 系列中型国Ⅲ柴油机 Bosch 系统燃油管路布置

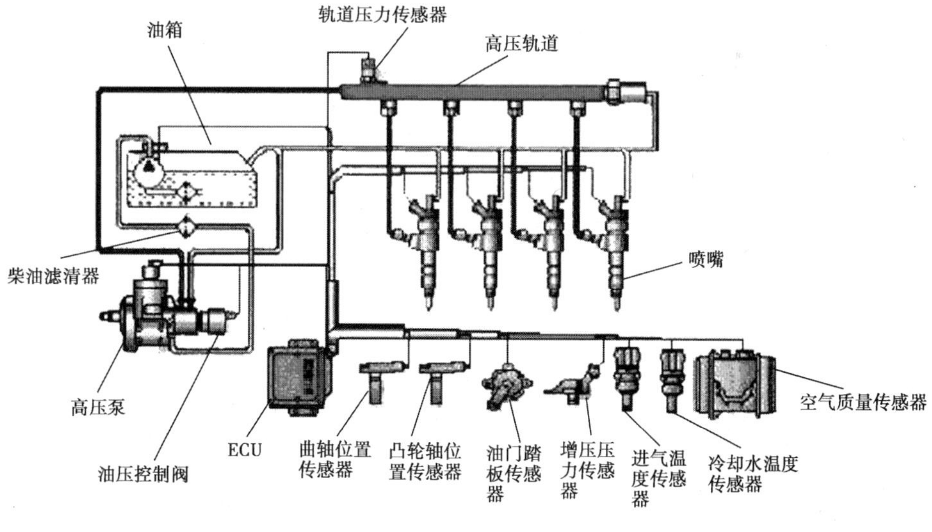

图 1-5　依维柯车索菲姆 8140－43 轻型柴油机 Bosch 系统燃油管路布置

1.1.2.2　燃油细滤器

乘用车及轻型车用的共轨柴油机,一般仅采用燃油细滤器。商用车中型及重型共轨柴油机普遍采用了燃油粗滤器及燃油细滤器。燃油细滤器安装在输油泵与高压泵之间,对进入高压泵前的燃油进一步过滤。

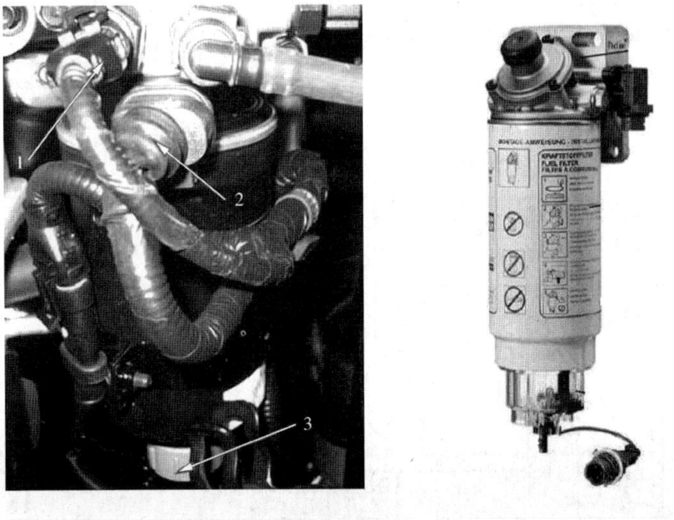

1—燃油温度传感器;2—燃油加热器;3—燃油含水率传感器

图 1-6　圣达菲车 D4EA 柴油机用燃油粗滤器

共轨系统不同的机型对滤清器过滤质量要求如图 1-7 所示。

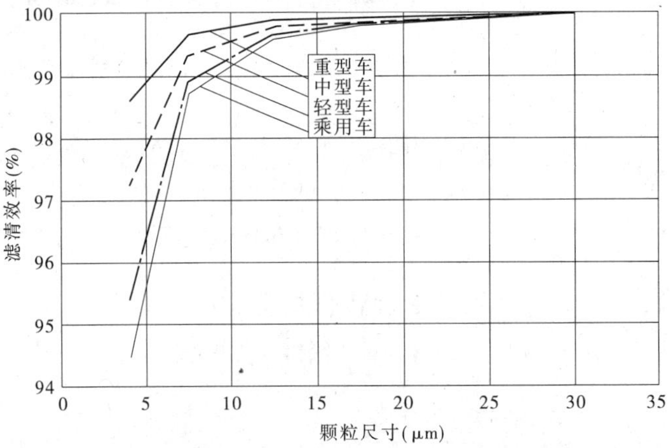

图 1-7　共轨系统不同的机型对滤清器过滤质量要求

1.1.2.3　输油泵

低压油泵可以是带有前置过滤器的电动输油泵,也可以是齿轮式输油泵。输油泵将燃油从油箱抽取,经燃油粗滤器过滤后,不断地向高压泵输送定量的燃油。

a. 电动输油泵

电动输油泵可以安装在油箱内或油箱外,现安装在油箱外面顶部的更常见。电动输油泵结构示意如图 1-8 所示。依维柯车索菲姆 8140 -.43 共轨柴油机电动输油泵如图 1-9 所示。

圣达菲车 D4EA 柴油机的电动输油泵的安装位置如 1-10 所示。

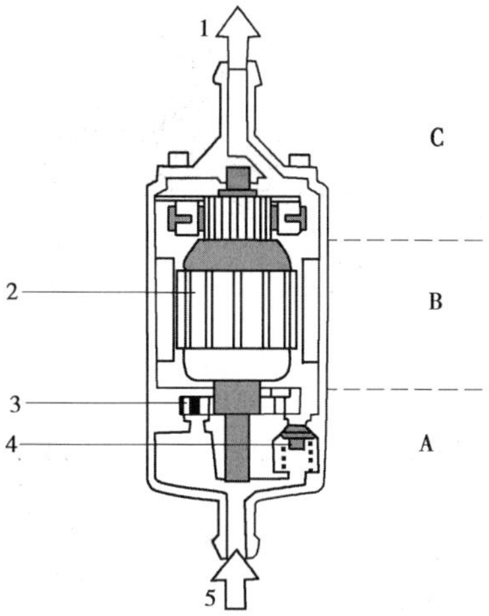

A—泵油元件;B—电动机;C—连接;

1—出油;2—电机;3—滚子叶片泵;4—限压阀;5—进油

图 1-8　电动输油泵结构示意

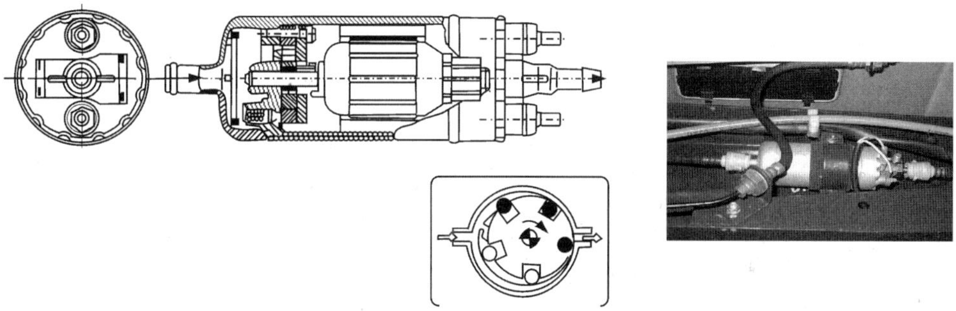

图 1-9　依维柯车索菲姆 8140－43 共轨柴油机电动输油泵

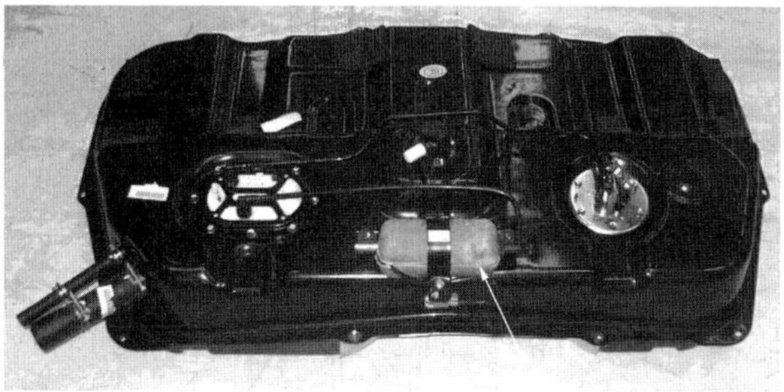

图 1-10　圣达菲车 D4EA 柴油机的电动输油泵的安装位置

b. 机械式输油泵

商用车柴油机一般采用机械式输油泵,而不采用电动输油泵。因机型的不同,其驱动方式略有差异。玉柴 6J 等中型系列国Ⅲ柴油机 Bosch 共轨系统 ZP18 输油泵的外形、内部结构及工作原理示意如图 1-11 所示。ZP18 齿轮式输油泵集成在高压油泵(CP3.3——三缸径向柱塞式)上,并由高压油泵的凸轮轴驱动。

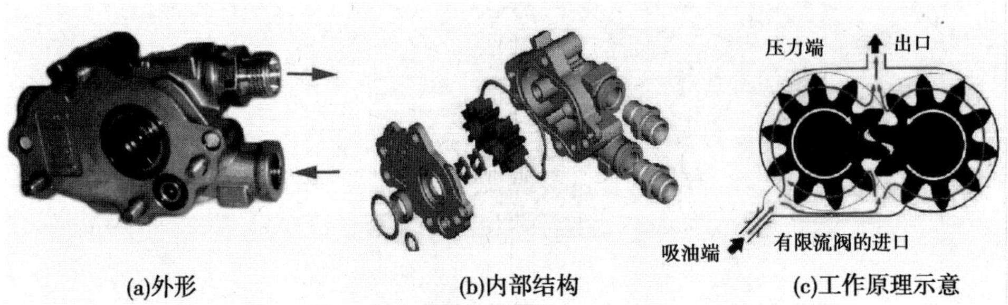

图 1-11　玉柴 6J 系列国Ⅲ柴油机 Bosch 共轨系统 ZP18 输油泵

潍柴 WP10/WP12 等重型系列国Ⅲ柴油机 Bosch 共轨系统 ZP5 输油泵的外形及内部传动结构如图 1-12 所示。ZP5 齿轮式输油泵集成在高压油泵(CP2.2——直列双柱塞式)上,并由高压油泵的凸轮轴驱动。ZP5 输油泵是一个外齿轮型的泵,它由一个驱动齿轮、一个主齿轮和一个副齿轮组成。内齿轮安装在高压油泵凸轮轴上,与内齿轮相啮合的外齿轮通过一个轴与齿轮泵相连。

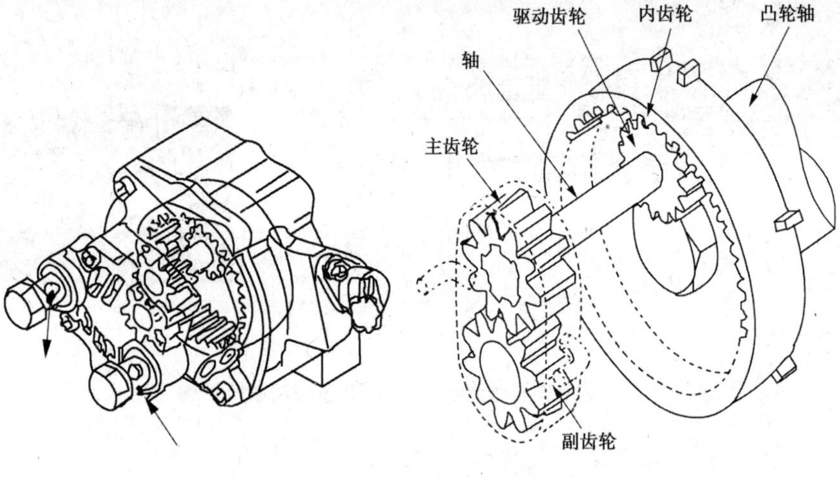

图 1-12　潍柴 WP10/WP12 系列国Ⅲ柴油机 Bosch 共轨系统 ZP5 输油泵

1.2　日本 Denso 共轨系统

日本 Denso(电装)公司 1995 年推出了世界上第一个用于卡车的共轨系统,1999 年推出了用于轿车的共轨系统(HP2 型输油泵),之后在 2001 年推出了使用 HP3 型输油泵(一种更小、更轻、提供更高油压的输油泵)的共轨系统,2004 年推出了基于 HP3 的三缸 HP4 型输油泵的共轨系统。HP3 型输油泵主要安装在轿车和小型卡车上,HP4 型输油泵主要安装在中型卡车上。日本电装公司的 ECD - U2 系列高压共轨系统最早应用于日野、三菱和日产等汽车公司生产的载重汽车柴油机上。在我国,ECD - U2 被广泛应用在上柴、锡柴、重汽杭发等柴油机上。

日本 Denso 共轨系统低压油路的组成与 Bosch 共轨类似,重汽杭发 WD615 国Ⅲ共轨柴油机燃油管路布置如图 1-13 所示。

燃油两级滤清器如图 1-14 所示,转子输油泵如图 1-15 所示。

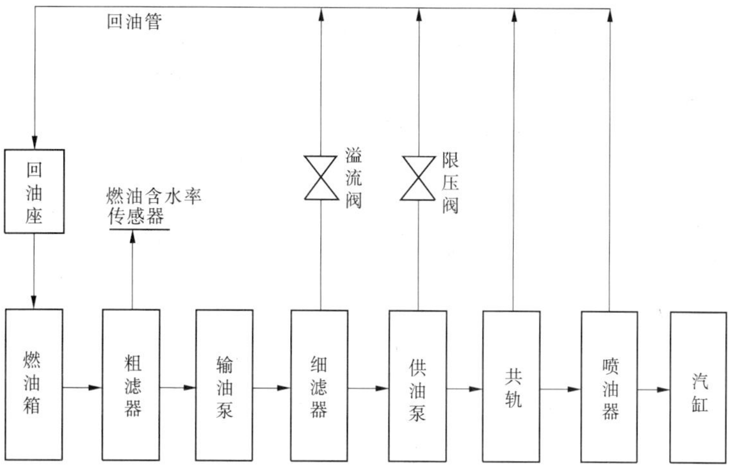

图 1-13 重汽杭发 WD615 国Ⅲ共轨柴油机燃油管路布置

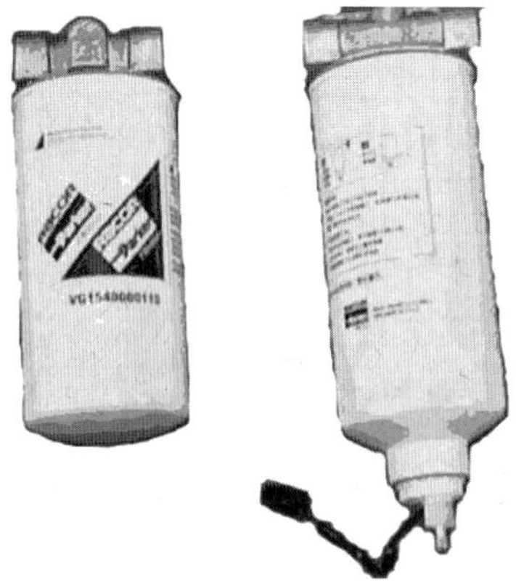

图 1-14 重汽杭发 WD615 的两级滤清器

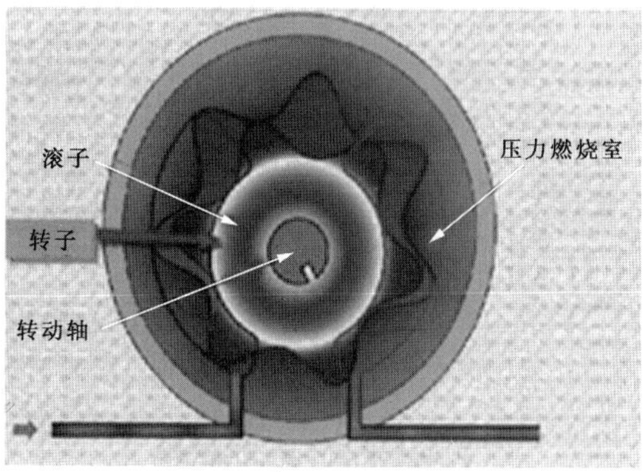

图 1-15 重汽杭发 WD615 的转子输油泵

1.3 美国 Delphi 共轨系统

美国 Delphi(德尔福)公司自 2000 年兼并了英国卢卡斯公司的柴油系统及其相关的售后市场业务以后,在柴油喷射系统和柴油发动机管理系统方面得到了进一步发展。玉柴 4F 及 4W 国Ⅲ柴油机采用了 Delphi 共轨系统,下面以潍柴产品为例,介绍 Delphi 共轨系统(DCM3.2 系统,最大供油压力 160 MPa)。

玉柴 4F 及 4W 国Ⅲ柴油机 Delphi 共轨系统的构成示意如图 1-16 所示。

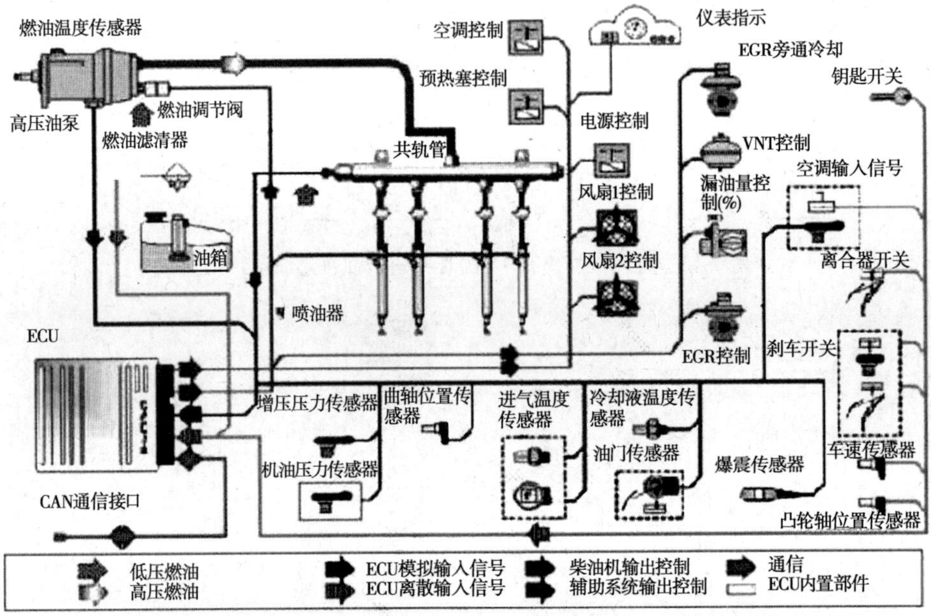

图 1-16　玉柴 4F 及 4W 国Ⅲ柴油机 Delphi 共轨系统的构成示意

玉柴 4F 及 4W 国Ⅲ柴油机 Delphi 共轨系统的管路布置如图 1-17 所示。

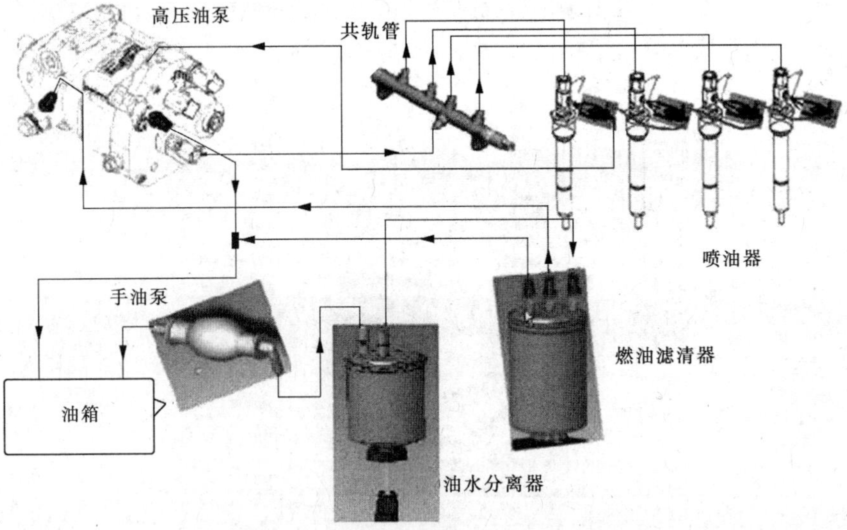

图 1-17　玉柴 4F 及 4W 国Ⅲ柴油机 Delphi 共轨系统的管路布置

玉柴 4F 及 4W 国Ⅲ柴油机 Delphi 共轨系统的手油泵如图 1-18 所示。

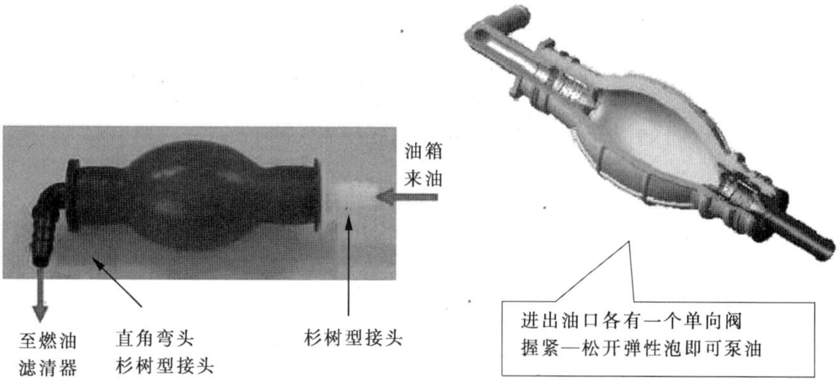

图 1-18　玉柴 4F 及 4W 国Ⅲ柴油机 Delphi 共轨系统的手油泵

Delphi 共轨系统燃油粗滤器(带油水分离器)及燃油细滤器(燃油滤清器)的结构与原理与 Bosch 共轨基本相似。玉柴 4F 及 4W 国Ⅲ柴油机 Delphi 共轨系统低压管路的典型参数如图 1-19 所示。

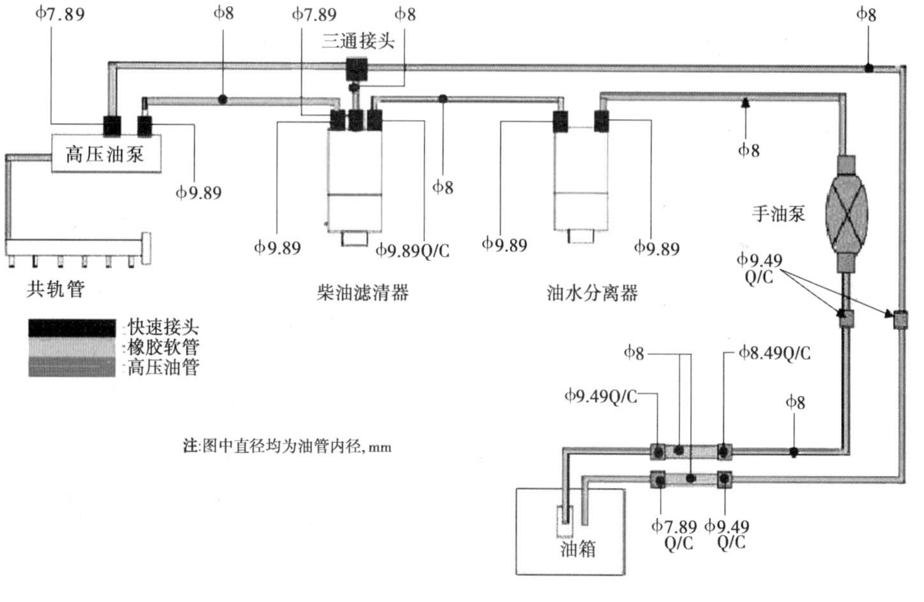

图 1-19　玉柴 4F 及 4W 国Ⅲ柴油机 Delphi 共轨系统低压管路的典型参数

输油泵集成在高压燃油泵中,为叶片式,结构及工作原理如图 1-20 所示。

1.4　电控单体泵系统

本部分以玉柴 Delphi 单体泵系统、南岳单体泵系统、威特单体泵系统为例,讲解电控单体泵系统。电控单体泵燃油系统控制示意如图 1-21 所示,电控单体泵系统工作描述如图 1-22 所示。

单体泵系统燃油油路示意如图 1-23 所示。

电控单体泵系统的低压油路一般由燃油粗滤器、燃油细滤器、燃油输油泵等组成。

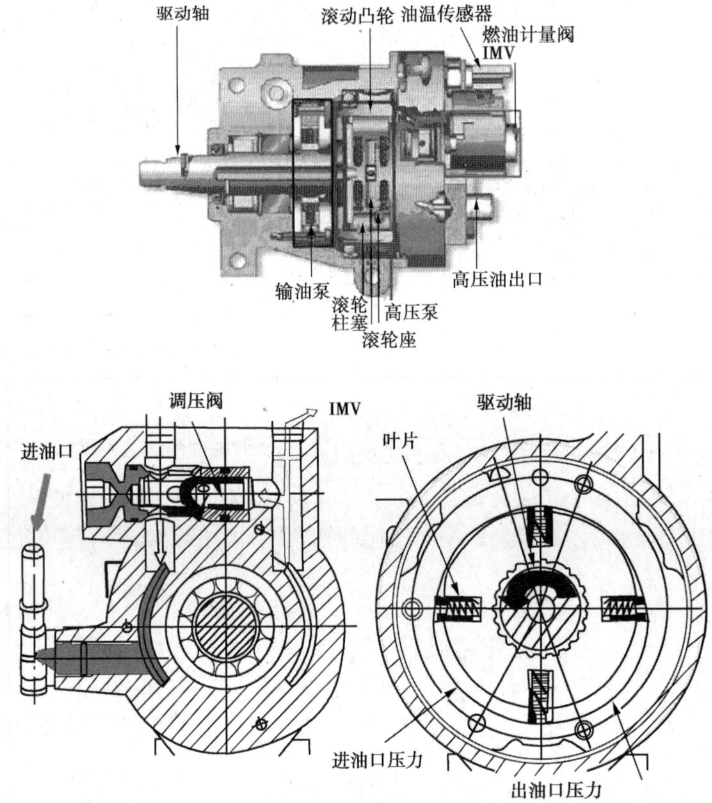

图 1-20　玉柴 4W 国Ⅲ柴油机 Delphi 共轨系统输油泵及工作原理示意

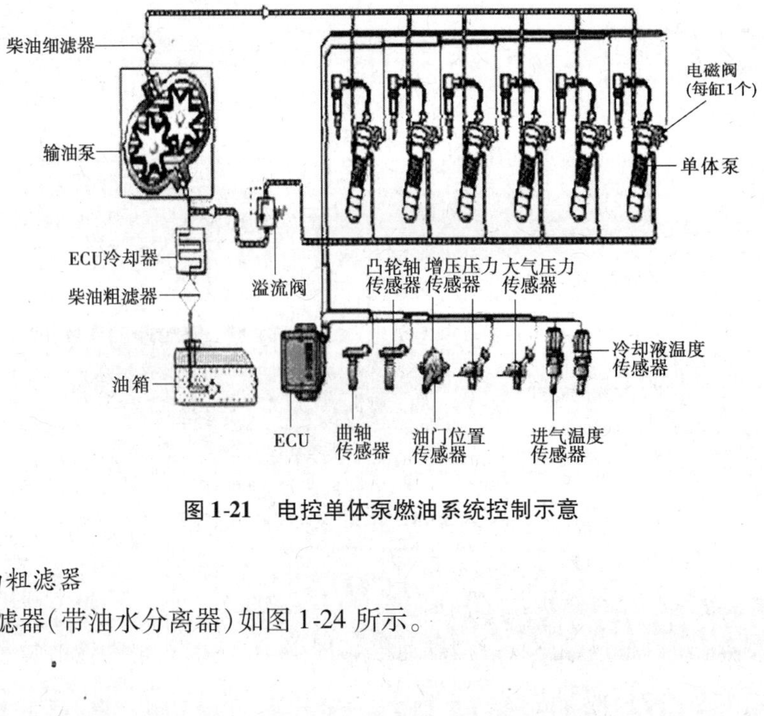

图 1-21　电控单体泵燃油系统控制示意

1.4.1　燃油粗滤器

燃油粗滤器(带油水分离器)如图 1-24 所示。

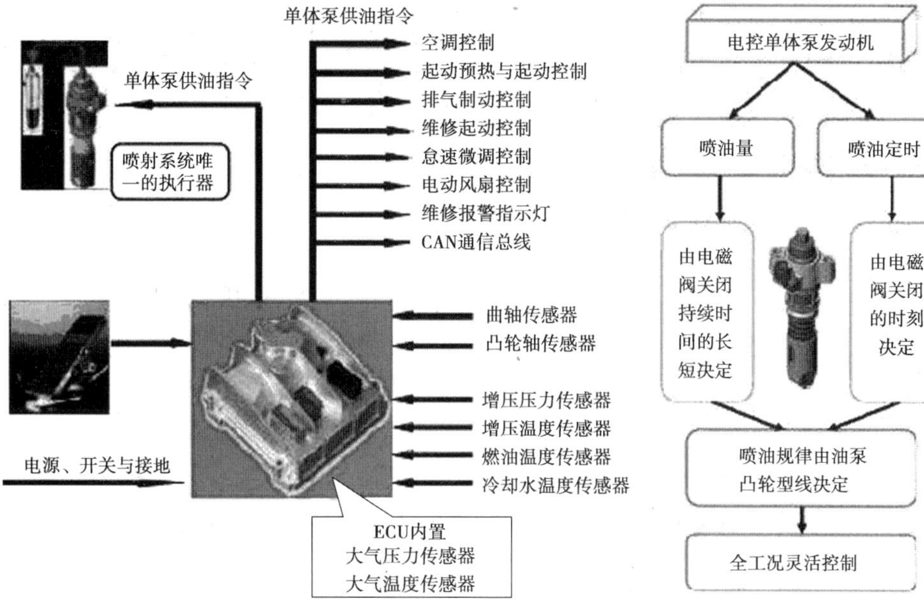

图 1-22　电控单体泵系统工作描述

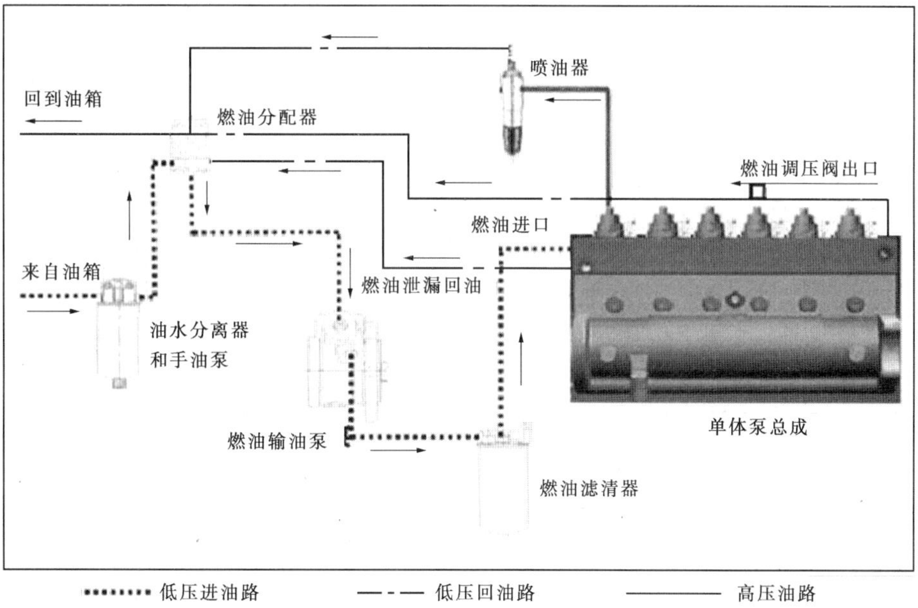

图 1-23　单体泵系统燃油油路示意

1.4.2　燃油细滤器

燃油细滤器如图 1-25 所示。

1.4.3　燃油输油泵

采用了齿轮式输油泵，其特点是流量大，安装在泵室后端，如图 1-26 所示。

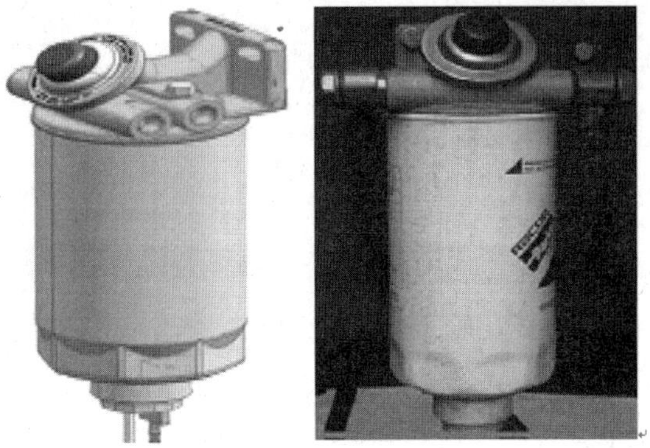

图 1-24　燃油粗滤器

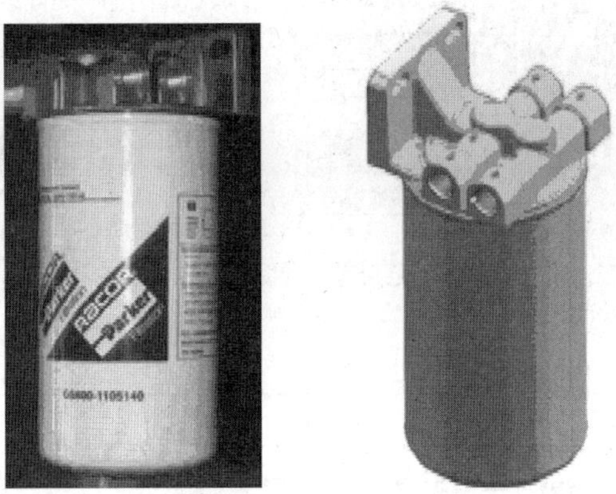

图 1-25　燃油细滤器

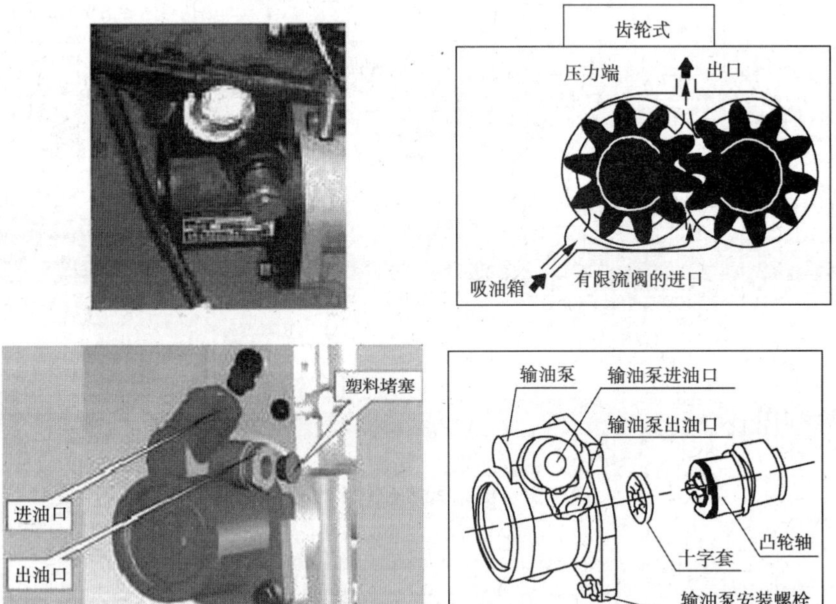

图 1-26　玉柴 Delphi 电控单体泵系统输油泵

2 高压油路检修

电控高压共轨系统的高压油路部分一般包括高压发生器(高压油泵)、压力蓄能器(共轨)和燃油计量元件(压力调节阀)。高压油路部分主要零部件有:高压油泵、高压共轨、共轨压力传感器、流量控制阀和喷油器、限压阀等。

2.1 德国 Bosch 共轨系统

2.1.1 高压油泵

高压油泵的主要作用是供给柴油机足够的高压柴油,同时保证柴油机迅速起动所需额外供油量和压力要求。目前,国内车用柴油机广泛采用了 Bosch 第二代共轨系统(CRS2.0),最大供油压力为 135 ~ 160 MPa(视具体机型而有所区别)。常见的高压油泵型号有 CP1、CP1H、CP2、CP3 等。

2.1.1.1 CP1 高压油泵

依维柯车索菲姆 8140 - 43 共轨柴油机 CP1 高压油泵最大供油压力为 135 MPa。高压油泵安装位置、驱动方式等视机型不同而有所差异。CP1 及 CP1H 高压油泵常采用曲轴正时齿轮通过正时齿形带传动来驱动。CP1 高压油泵如图 1-27 所示。它通过带轮法兰、带轮、齿带由凸轮轴正时皮带轮驱动。

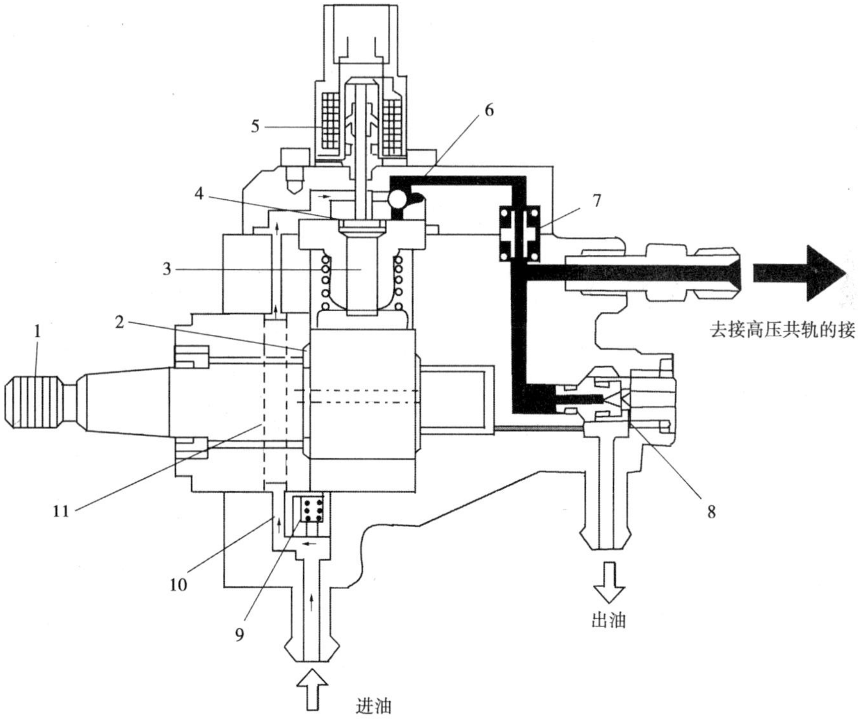

1—带偏心凸轮的驱动轴;2—多边环;3—柱塞油泵;4—进油阀;5—第三柱塞关闭电磁阀;
6—出油阀;7—套;8—共轨压力调节电磁阀;9—进油压力调节阀;
10—节流阀;11—燃油供给油道

图 1-27 依维柯车索菲姆 8140 - 43 共轨柴油机 CP1 高压油泵

高压油泵上安装有用来控制高压油路压力的进油计量比例电磁阀和控制低压油路压力的阶跃回油阀。燃油被 3 个呈辐射状安装、互隔 120°的泵油柱塞压缩,高压油泵每转 1 圈,有 3 次供油,峰值驱动扭矩较低。

输油泵将燃油从油箱吸出,经过带有油水分离器的燃油滤清器到达高压泵的进油口。输油泵使燃油经节流阀的节流孔,进入高压油泵的润滑和冷却回路。凸轮轴使 3 个柱塞按照凸轮的外形上下运动。

当供油油压超过安全阀的开启压力(0.5 ~ 1.5 bar,1 bar = 10^5 Pa)时,高压泵的柱塞向下运动(吸油行程),输油泵使燃油经高压油泵进油阀进入柱塞腔。在高压油泵柱塞越过下止点后,进油阀关闭。

柱塞腔内的燃油被密封压缩后,当压力升高到共轨的油压时,出油阀被打开,被压缩的燃油进入高压循环。柱塞继续供油,直到到达上止点(供油行程),压力减小,导致出油阀关闭。柱塞继续向下运动,当柱塞腔内的压力低于输油泵的供油压力时,进油阀又开启,吸油过程又开始。

值得注意的是,共轨压力调节电磁阀是常开电磁阀,调节输送的燃油压力为 25 ~ 135 MPa。当发动机转速超过 4 200 r/min 时,第三柱塞关闭电磁阀被激活,关闭第三柱塞,使汽车进入经济状态。

哈弗车 GW2.8TC 型柴油机采用了 CP1H 高压油泵,最大供油压力为 145 MPa,高压油泵的主体结构与 CP1 基本相同,其最大区别在于压力调节方式由高压端调节变为进油调节。

2.1.1.2 CP3.3 高压油泵

商用车中型系列国Ⅲ柴油机 Bosch 共轨系统广泛采用了 CP3.3 高压油泵,其外形及接口如图 1-28 所示。

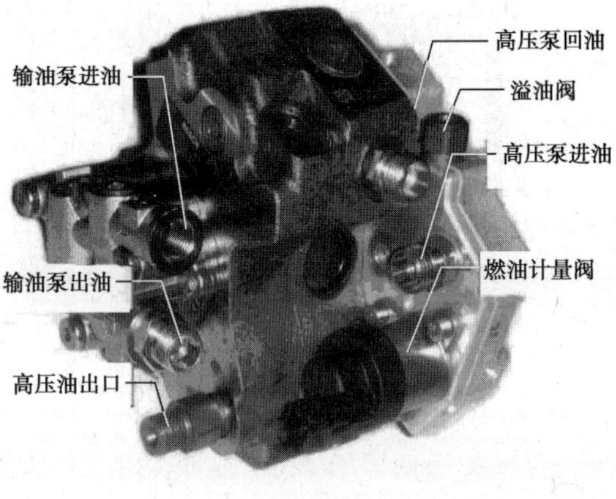

图 1-28 商用车中型系列国Ⅲ柴油机 CP3.3 高压油泵

CP3.3 高压油泵由曲轴正时齿轮通过齿轮传动而带动旋转,泵内有 3 个呈辐射状安装、互隔 120°的柱塞。驱动轴每转 1 圈,高压油泵有 3 次供油,所需的驱动扭矩较低。

CP3.3 高压油泵上,集成了燃油输油泵,并安装了燃油计量阀(进油调节),ECU 通过占空比信号对燃油计量阀进行控制,实现对共轨压力的调节。

2.1.1.3　CP2.2 高压油泵(直列双缸)

如图 1-29 所示,商用车重型系列国Ⅲ柴油机 CP2.2 高压油泵由曲轴正时齿轮通过齿轮传动而带动旋转,泵内有 2 个直列柱塞,驱动每个直列柱塞的凸轮轴凸轮有 3 个凸起,驱动轴每转 1 圈,每个直列柱塞有 3 次供油(双缸共 6 次)。因此,CP2.2 高压油泵同 CP3.3 高压油泵相比较,供油量更大,适合重型系列柴油机。

CP2.2 高压油泵上,集成了燃油输油泵,并安装了燃油计量阀(进油调节),ECU 通过占空比信号对燃油计量阀进行控制,实现对共轨压力的调节。

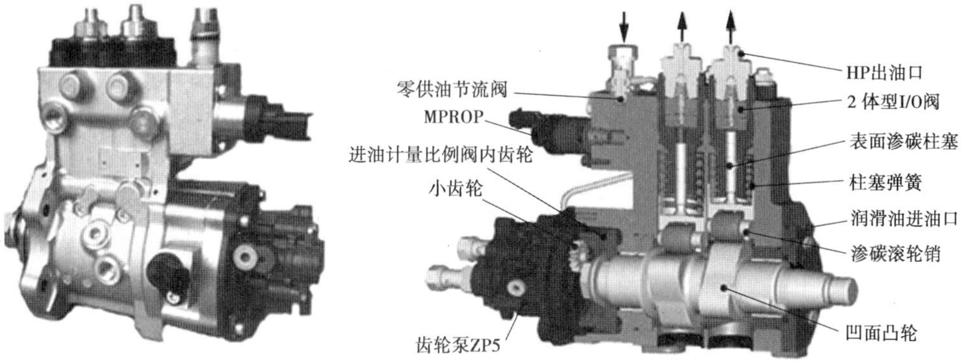

图 1-29　商用车重型系列国Ⅲ柴油机 CP2.2 高压油泵

圣达菲车 D4EA 柴油机凸轮轴驱动的高压油泵如图 1-30、图 1-31 所示。

图 1-30　高压油泵外形

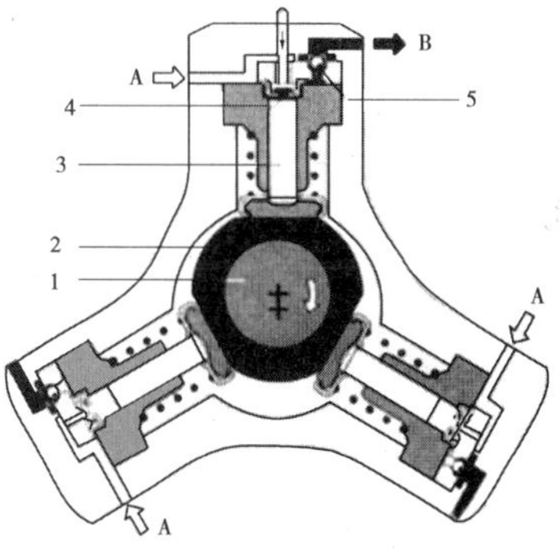

A—进油孔(接燃油滤清器);B—出油孔(接共轨);1—驱动轴;2—偏心凸轮;3—带泵油柱塞的分泵;4—进油阀;5—出油阀

图 1-31　高压油泵横剖面

2.1.2　共轨

高压共轨在储存高压燃油的同时,使高压油泵供油和喷油器喷油时产生高压振荡衰减,因此喷油器的开启时刻和喷油压力能维持定值。高压共轨同时还起燃油分配器的作用。在高压共轨上装有用于测量共轨压力的共轨压力传感器(燃油通过高压共轨上的一个小孔流向高压共轨压力传感器)及流量限制器(在管接头内部)。

(1)哈弗车 GW2.8TC 型柴油机共轨如图 1-32 所示。

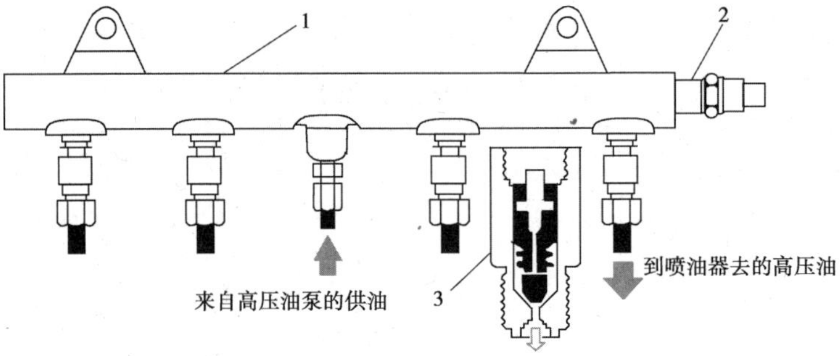

1—高压共轨;2—共轨压力传感器;3—流量限制器

图 1-32　哈弗车 GW2.8TC 型柴油机共轨

(2)商用车与 CP3.3 高压油泵配套的四缸机共轨如图 1-33 所示。

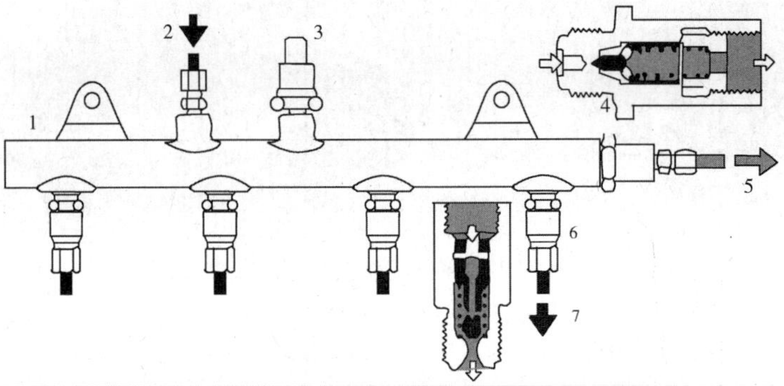

1—共轨;2—来自高压油泵的供油;3—共轨压力传感器;
4,6—限压阀;5—回油;7—接喷油器的高压油管

图 1-33　与 CP3.3 高压油泵配套的四缸机共轨

(3)圣达菲车 D4EA 柴油机共轨如图 1-34、图 1-35 所示。

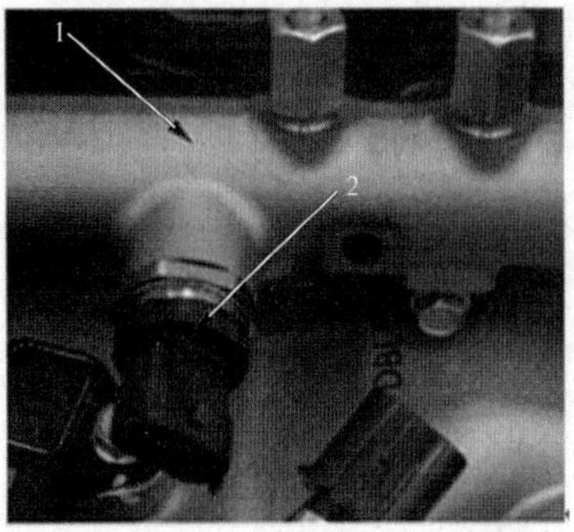

1—共轨;2—共轨压力传感器

图 1-34　共轨及共轨压力传感器

1—共轨;2—共轨压力调节阀;
3—回油管;4—回油空心螺栓

图 1-35　共轨及共轨压力调节阀

2.1.3 流量限制器

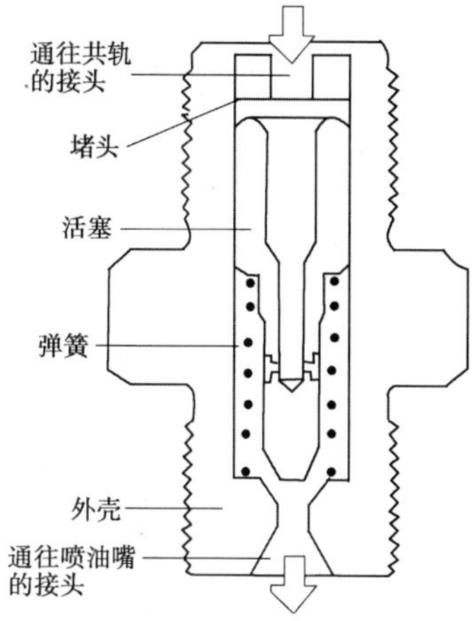

图 1-36 流量限制器

流量限制器的结构如图 1-36 所示。流量限制器的作用是防止喷油器可能出现的持续喷油现象。为此，由共轨流出的油量超过最大流量时，流量限制器将自动关闭流向相应喷油器的进油口，防止继续喷油。流量限制器有一个金属外壳，外壳两端有外螺纹，上端拧在共轨上，下端用来拧入喷油器的进油管。外壳两端有孔，以便与共轨或喷油器进油管建立液压联系。流量限制器内部有一个活塞，一根弹簧将此活塞向共轨方向压紧；活塞上的纵向孔连接进油孔和出油孔，纵向孔直径在末端是缩小的，起到精确计量的节流孔的作用。

流量限制器的工作原理如下：正常工作状态时，活塞处在静止位置，即靠在共轨端的限位体上。一次喷油后，喷油器端的压力略有下降，从而活塞向喷油器方向运动；活塞压出的容积补偿了喷油器喷出的容积；在喷油终了时，活塞停止运动，不关闭密封锥面，弹簧将活塞压回静止位置，燃油经节流孔流出。泄油量过大时的保护性工作原理：当喷出油量过大时，活塞从静止位置被压到出油端的密封锥面上，关闭通往喷油器的进油口，使发动机停机。

2.1.4 限压阀

限压阀为一机械式阀门。若压力过大，限压阀将打开回油通道来控制共轨压力，限压阀允许的瞬时最大共轨压力为系统的额定压力加 50 bar 左右。限压阀的结构如图 1-37 所示。

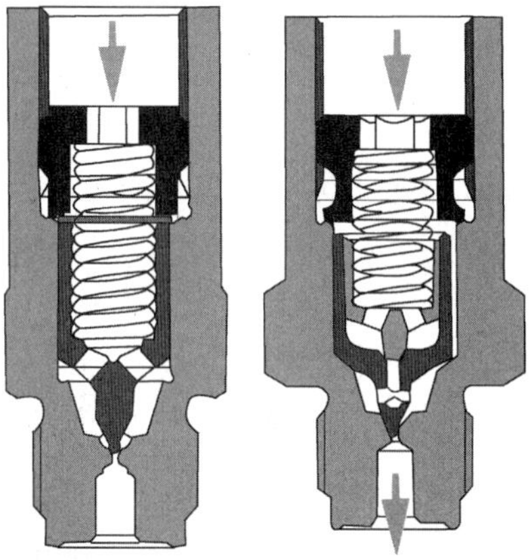

图 1-37 Bosch 共轨系统的限压阀

2.1.5 喷油器

Bosch 共轨系统第二代喷油器采用的是电磁阀式喷油器，由孔式喷油嘴和电磁阀（喷油器电磁阀的灵敏度为 0.2 ms 左右）等组成。喷油器喷孔的数量一般为 6 个左右。来自高压共轨的高压燃油，经油道流向喷油嘴，同时经节流孔流向针阀控制腔，针阀控制腔通过球阀控制的泄油孔与回油管路相连。如图 1-38 所示，当喷油孔的电磁阀不通电时，泄油孔关闭，作用在针阀控制活塞顶部的压力大于作用在针阀承压面上的压力，针阀被迫进入阀座而将高压油道与燃烧室隔离。当喷油器的电磁阀通电时，泄油孔被打开，针阀控制腔的压力降低,作用于针阀控制活塞顶部的压力也随之下降。一旦压力降至低于作用于喷油嘴针阀承压面上的压力,针阀上升,燃油经喷油嘴喷孔喷入燃烧室。此外,在控制柱塞处泄漏的燃油,通过回油管和从高压油泵出来的回油一起流回燃油箱。

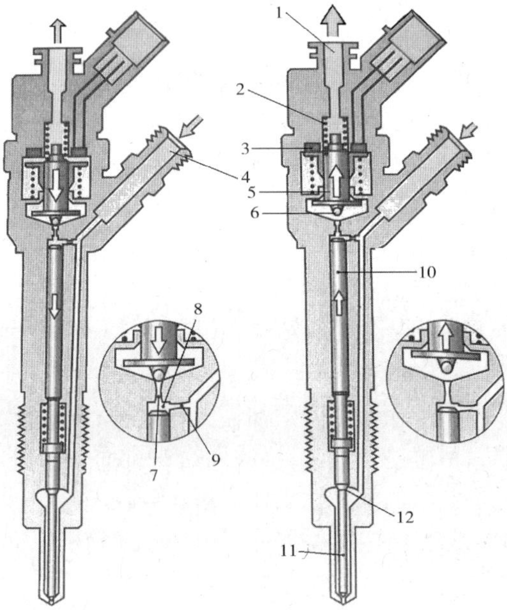

1—球阀;2—电枢轴;3—高压燃油连接管;4—线圈;5—回位弹簧;6—回油管;
7—针阀控制活塞;8—承压腔;9—喷油嘴;10—针阀;11—进油口;12—承压腔

图 1-38　喷油器

2.2　日本 Denso 共轨系统

Denso 共轨系统的高压油路部分一般包括高压供油泵、共轨和喷油器等。高压油路部分主要零部件有:高压油泵、高压共轨、共轨压力传感器、流动缓冲器和喷油器、压力调节阀等。

2.2.1　高压油泵(HP0)

日本电装公司的 ECD – U2 共轨系统采用三作用凸轮直列式高压油泵 HP0,适合载重汽车柴油机。HP0 主要由三作用凸轮、挺杆、柱塞、柱塞弹簧、泵腔、出油阀、压力控制阀(PCV 阀)等组成,结构见图 1-39。

三作用凸轮由发动机带动旋转,驱动挺杆、柱塞向上运动,柱塞弹簧的作用是使柱塞、挺杆及时下移回位。出油阀是高压单向阀,能有效防止共轨内的高压柴油倒流;PCV 阀的作用是根据 ECU 的指令控制 HP0 内回油通道的开闭。重汽杭发 WD615 国Ⅲ共轨柴油机 HP0 高压油泵的实车安装位置如图 1-40 所示。

HP0 的供油和压力控制机理如下。

2.2.1.1　进油过程

凸轮凸缘下降,柱塞和挺杆下移,泵腔容积增大。此时,PCV 阀无控制信号而处于常开状态,低压油腔中的柴油进入泵腔,见图 1-41(a)。

2.2.1.2　无效供油过程

凸轮凸缘上升,推动柱塞上行,泵腔容积变小。此时,PCV 阀无控制信号,仍处于常开

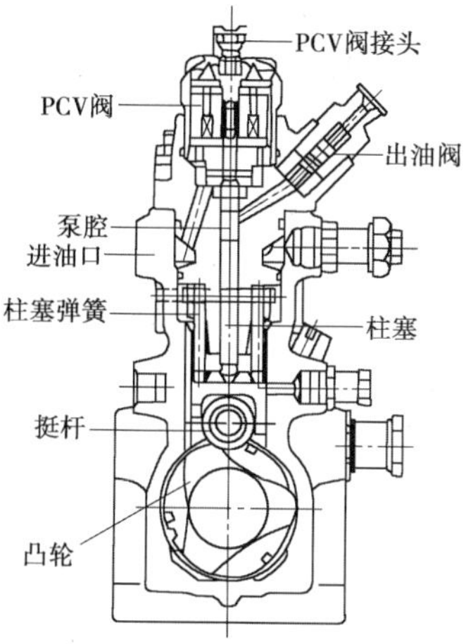

图 1-39 ECD－U2 高压油泵 HP0

1—压力限制阀;2—共轨;3—共轨压力传感器;4—进油调节阀;
5—供油泵;6—手油泵;7—回油座;8—燃油温度传感器

图 1-40 重汽杭发 WD615 国Ⅲ共轨柴油机 HP0 高压油泵的实车安装位置

状态,泵腔内的柴油经 PCV 阀和回油通道流回低压油腔,不能向共轨供油,共轨内压力无法上升,见图 1-41(b)。

2.2.1.3 有效供油过程

凸轮凸缘上升,推动柱塞上行,泵腔容积变小。此时,PCV 阀接收到 ECU 的脉冲信号而关闭,泵腔内的柴油压力迅速升高,当压力大于共轨内压力时,出油阀打开,高压柴油经出油阀流向共轨,共轨内压力随之上升,见图 1-41(c)。

2.2.1.4 供油结束,进油开始

凸轮凸缘下降,柱塞也下移,泵腔内的压力降低,出油阀关闭,供油结束。这时 PCV 阀无信号,处于开启状态,低压燃油进入泵腔而进入下一个循环,见图 1-41(d)。

2.2.1.5 PCV 阀的轨压控制特点

ECU 通过向 PCV 阀发送一定占空比的脉冲,来控制 PCV 阀关闭回通油道的时刻和关闭持续的时间,调节泵腔内被压缩的柴油量,控制高压油泵供油量,最终控制共轨内的柴油压力。燃油在没有经过压缩的状况下进行回油，避免了高压回油，这种调节方法不产生额外的泵油量和功率消耗，最大驱动扭矩只有传统直列泵的三分之一。

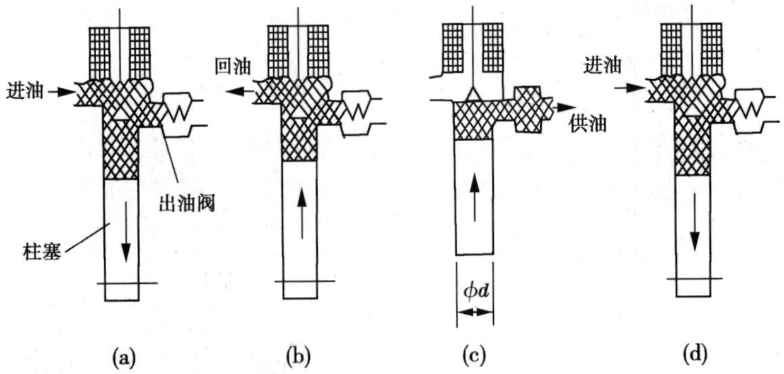

图 1-41　HP0 工作原理图

2.2.2　高压共轨

ECD－U2 系统的共轨由共轨管、液流缓冲器、压力限制器和共轨压力传感器等组成。重汽杭发 WD615 国Ⅲ柴油机的共轨如图 1-42 所示。

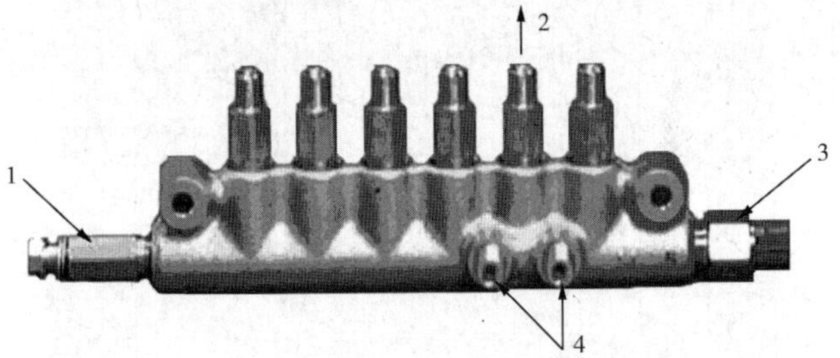

1—压力限制器;2—去喷油器;3—共轨压力传感器;4—来自高压供油泵

图 1-42　重汽杭发 WD615 国Ⅲ柴油机的共轨

如图 1-43 所示，液流缓冲器与高压油管接头制成一体，保证在出现燃油泄漏故障时，切断共轨向外的供油，并可减小共轨和高压油管中的压力波动，其结构见图 1-44。当出现高压油管破裂或喷油器持续喷油等严重泄漏现象时，量孔处的流量不能及时供应活塞右侧的泄漏，致使活塞左右压力差骤升，活塞在巨大的压力差的作用下迅速推动球阀落座，将出油口关闭，切断共轨向外的供油，避免燃油泄漏造成的危险和损失。

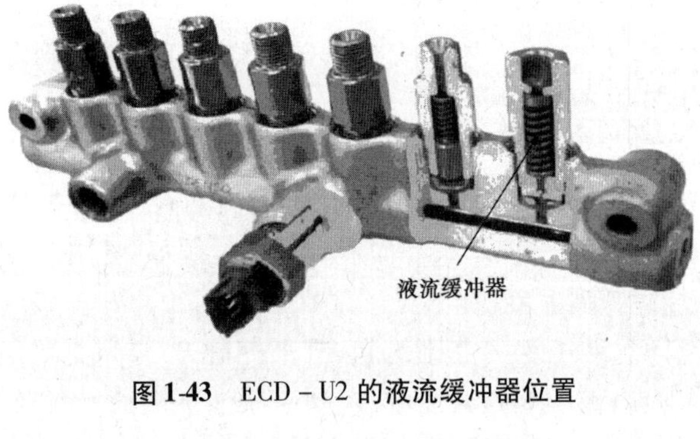

图 1-43　ECD－U2 的液流缓冲器位置

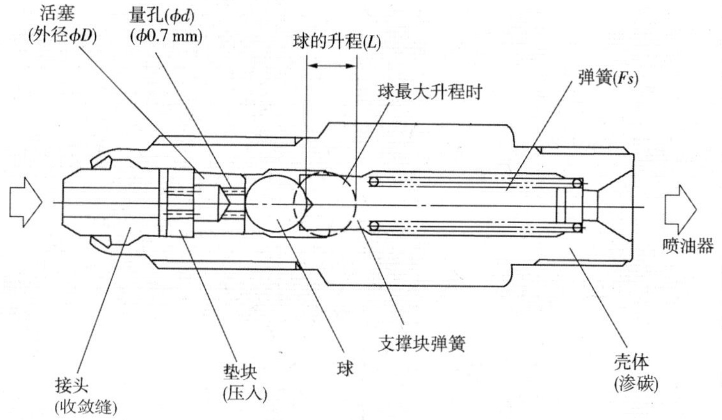

图 1-44　ECD－U2 液流缓冲器

2.2.3　压力限制器

压力限制器主要由燃油进出口接头、阀及阀座、弹簧、壳体等组成，如图 1-45 所示。当共轨压力传感器、ECU 或 PCV 阀等出现故障而造成压力控制失灵时，进油口接头处压力会持续升高到极限值，过高的压力会推动阀右移而离开阀座，部分燃油会经过阀的缝隙、回油管回流到油箱，从而降低共轨内的燃油压力，确保共轨管内压力在安全范围内。

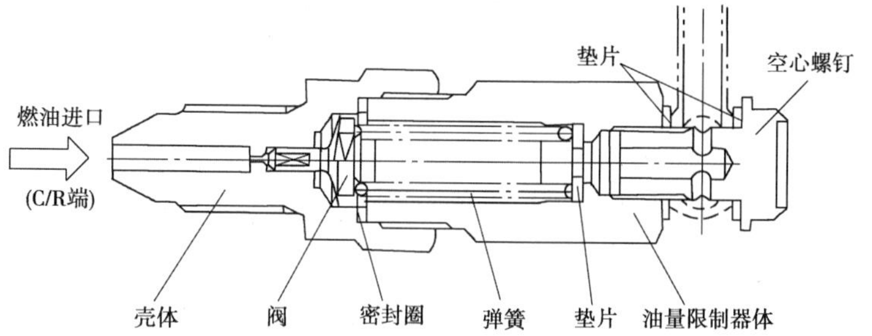

图 1-45　压力限制器

2.2.4　喷油器

喷油器主要由控制室、压力室、喷油嘴、调压弹簧、量孔、控制活塞、喷油器电磁阀 TWV 等组成。其顶端印有快速识别代码 QR（见图 1-46），安装喷油器时将该码输入 ECU，可将各缸喷油量的差别控制在 1.5%。喷油器结构如图 1-47 所示。

喷油器控制机理如下。

2.2.4.1　不喷油状态

高压油经进油管接头进入喷油器，一路经量孔 1 进入上方的控制室，TWV 阀接收不到喷油脉冲信号而关闭回油通道，控制室内的油压对控制活塞产生向下的推力；另一路高压油进入下方的压力室，压力室油压和调压弹簧共同形成对控制活塞的向上合推力。由于控制

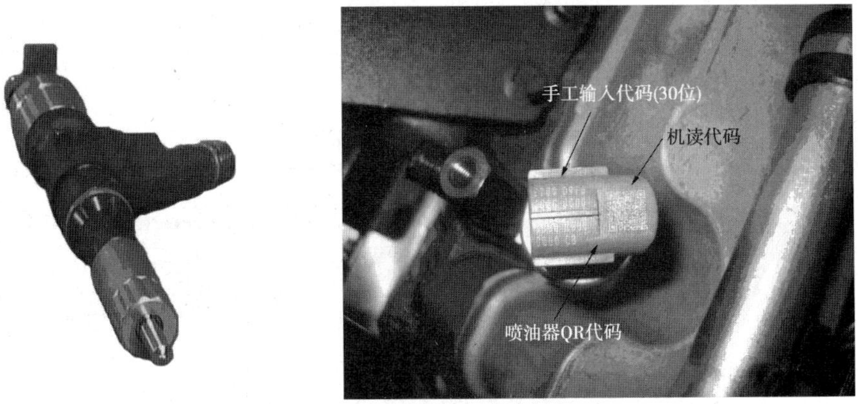

图 1-46　重汽杭发 WD615 国Ⅲ柴油机的喷油器及识别代码

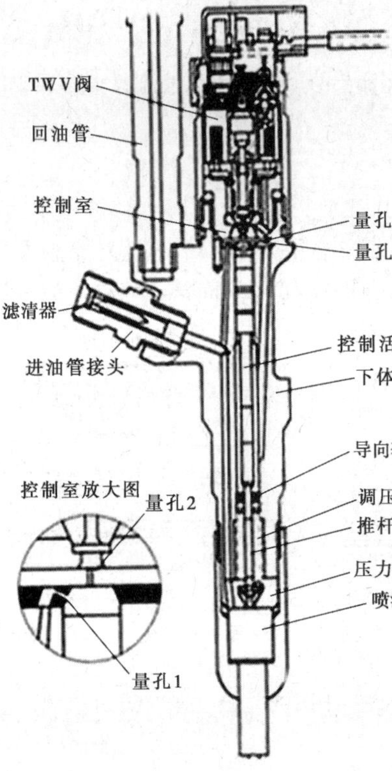

图 1-47　Denso ECD－U2 **喷油器**

活塞上端受力面积远比导杆下端大，向下推力大于向上合推力，控制活塞将喷油嘴针阀紧压在阀座上，不喷油。

2.2.4.2　喷油过程

TWV 阀接收到喷油脉冲信号而开启回油通道，控制室内的高压油经量孔 2、回油通道流回油箱，控制室内油压下降，向下推力小于向上合推力，喷油嘴针阀开启，开始喷油。

2.2.4.3　喷油结束

喷油脉冲信号消失，TWV 阀重新关闭回油通道，控制室内油压迅速升高，向下推力又大于向上合推力，喷油嘴针阀重新关闭，喷油结束。

2.3 美国 Delphi 共轨系统

2.3.1 高压油泵

德尔福公司的 DCR 型高压油泵具有一对相向往复运动的对置柱塞,油泵每旋转一周可产生 4 个进油和泵油行程。驱动轴带动旋转凸轮环绕着油泵轴线旋转,使柱塞相向往复运动。该柱塞位于固定不动的泵头内的径向油缸中,而进油和出油单向阀与柱塞位于同一平面内。为了优化系统的成本和紧凑性,德尔福设计者取消了电子低压输油泵,而用一个集成在高压燃油泵中的输油泵代替。这种内装式输油泵在每个泵油行程之前,将燃油从汽车油箱抽出后充入两个柱塞之间的油缸中。

油泵中装有进油计量阀,用于调节高压燃油量。该电磁阀由 ECU 控制,通过计量由输油泵注入泵油室的燃油流量来控制共轨压力。它只容许为保持所要求的共轨压力需要的燃油量进入泵油室,因此实际上并无多余的燃油从共轨中溢流出来。由于用进油计量阀控制了共轨压力,从而明显地改善了燃油经济性,并且在整个发动机转速范围内降低了返回油箱的燃油温度。油泵的最大泵油能力取决于为迅速起动发动机而提升共轨压力所需要的最短时间和在所有负荷工况下所需的供油量。为了获得良好的油量控制和发动机运转稳定性,泵油行程的数目对于每个汽缸都必须相同。为了在所有的应用场合都能达到相同的燃油控制质量,高压油泵有 3 种结构形式,以适应不同的发动机机型:

单缸泵 1——适用于小排量柴油机,传动比为 0.5,有 4 个凸轮凸起和 2 个对置柱塞;

双缸泵——适用于较大排量柴油机,传动比 0.5 不变,也有 4 个凸轮凸起,每个油缸有 2 个对置柱塞;

单缸泵 2——传动比为 2/3,有 3 个凸轮凸起和 3 个柱塞。

玉柴国Ⅲ 4W 柴油机采用了单缸泵 1,如图 1-48 所示。

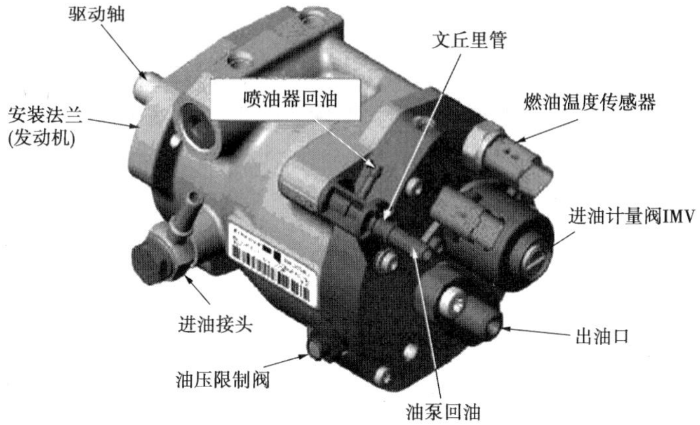

图 1-48 玉柴国Ⅲ 4W 柴油机高压油泵

玉柴国Ⅲ 4F 柴油机采用了双缸泵,如图 1-49 所示。

玉柴国Ⅲ 4W 柴油机单缸泵的横剖面示意,如图 1-50 所示。

(1)燃油温度传感器。高压油泵上集成了燃油温度传感器,用于燃油温度测量,具有温度补偿功能。

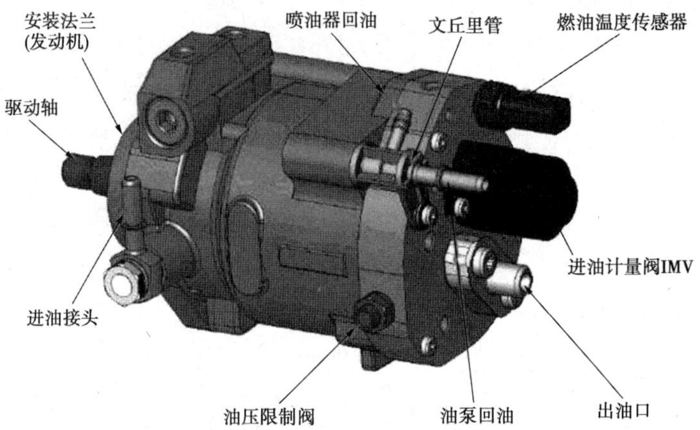

图 1-49　玉柴国Ⅲ 4F 柴油机采用的双缸泵

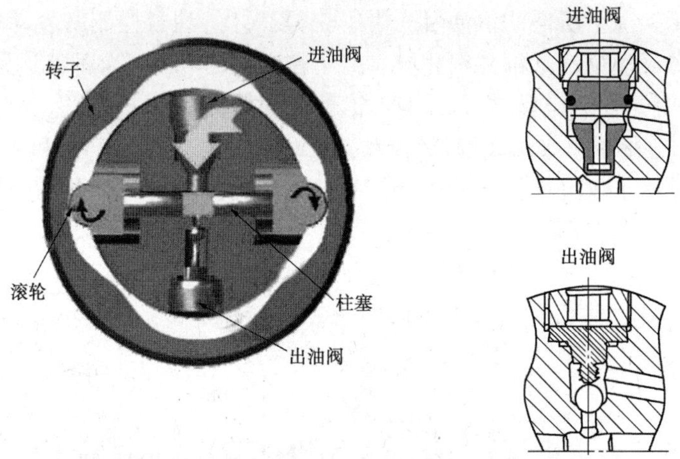

图 1-50　玉柴国Ⅲ 4W 柴油机单缸泵的横剖面示意图

(2)输油压力调节阀。调节进入高压泵(IMV 前)的燃油压力,调节范围:约 7 bar/2 000 rpm。

(3)进油计量阀(油压调节阀)。高压油泵上集成了进油计量阀,常开型,如图 1-51 所示。

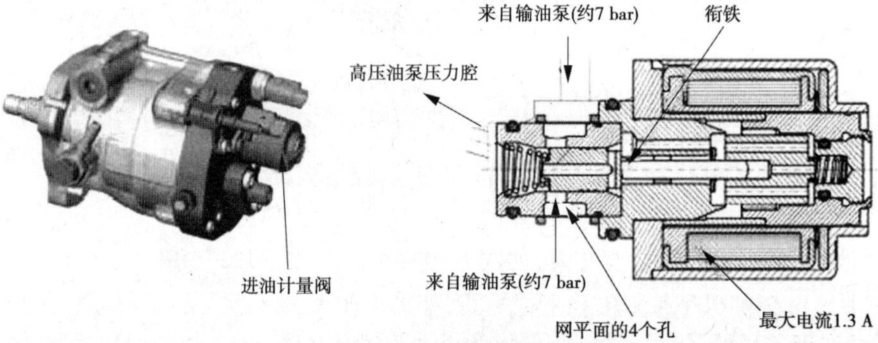

图 1-51　进油计量阀

(4)油压限制阀。高压油泵上集成了油压限制阀(见图1-52),高限制压力2 000 bar,安全组件,不能拆卸或调节。

2.3.2 共轨

玉柴国Ⅲ4F及4W柴油机共轨的主要功能是蓄压和分配高压油到喷油器,共轨经过强化热处理锻造而成;体积:(19.5 ± 1)cm^3(内径 ϕ6 mm);一个进油口,四个出油口:M14 × 1.5;在共轨管的一端安装有油压传感器;油压传感器工作范围:0 ~ 1 800 bar;传感器采用防松接插件;高压油管螺母扭矩:(40 ± 4)N·m;共轨管通过两个螺孔安装在缸盖上,扭矩:(33 ± 2)N·m;质量:0.494 kg ± 50 g。

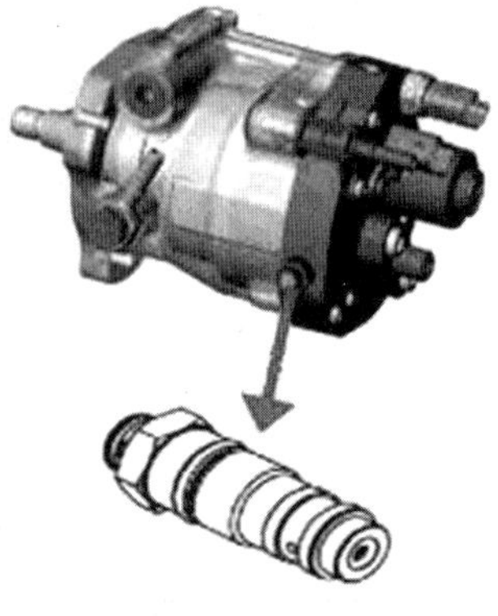

图1-52 油压限制阀

2.4 电控单体泵系统

单体泵的高压油路主要包括:单体泵(严格意义上应称为电控组合泵)、高压油管、喷油器(国Ⅲ柴油机采用了机械式喷油器)。

2.4.1 单体泵

2.4.1.1 Delphi电控单体泵

技术参数如下:柱塞直径 × 冲程:ϕ11 mm × 16 mm;50 V执行器;Tyco 2pin接插件;激光点阵修正码;单油槽低压进油,独立泄油;外置燃油滤网;独立的挺柱总成－导向定位;欧Ⅲ&Ⅳ排放潜力;高达2 000 bar的喷射压力;独立的电气控制特性;1.5 ~ 2.6 L/缸的典型应用范围。单体泵及挺柱滚轮总成如图1-53所示。

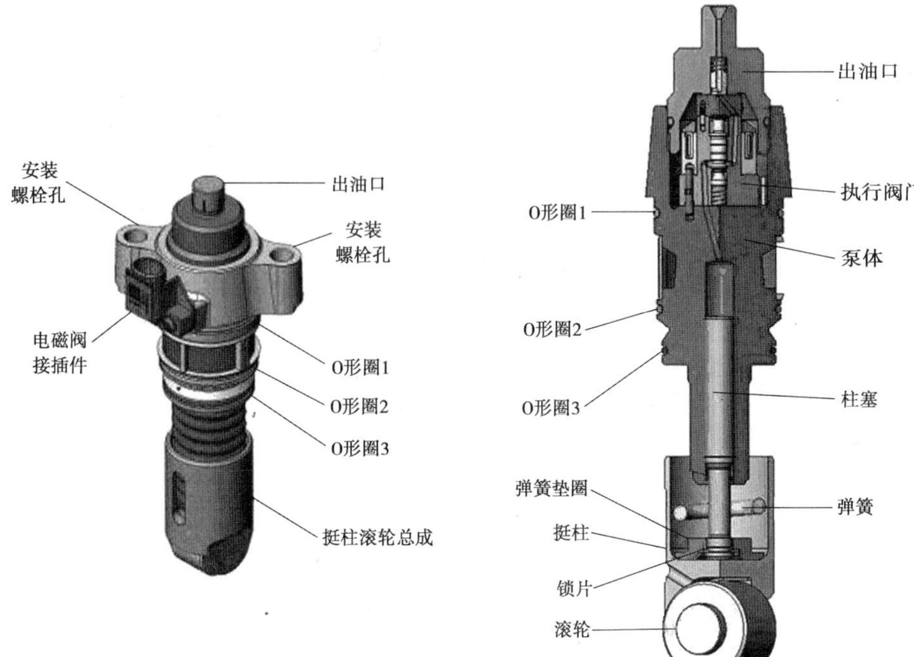

图1-53 Delphi单体泵及挺柱滚轮总成

Delphi 单体泵的泵室结构如图 1-54 所示。

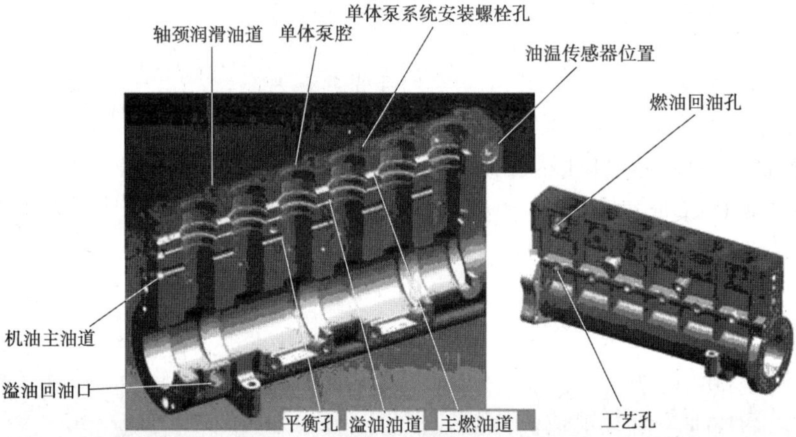

图 1-54　Delphi 单体泵的泵室结构

2.4.1.2　国产威特 EP1000 电控单体泵

国产威特 EP1000 电控单体泵总成，如图 1-55 所示。

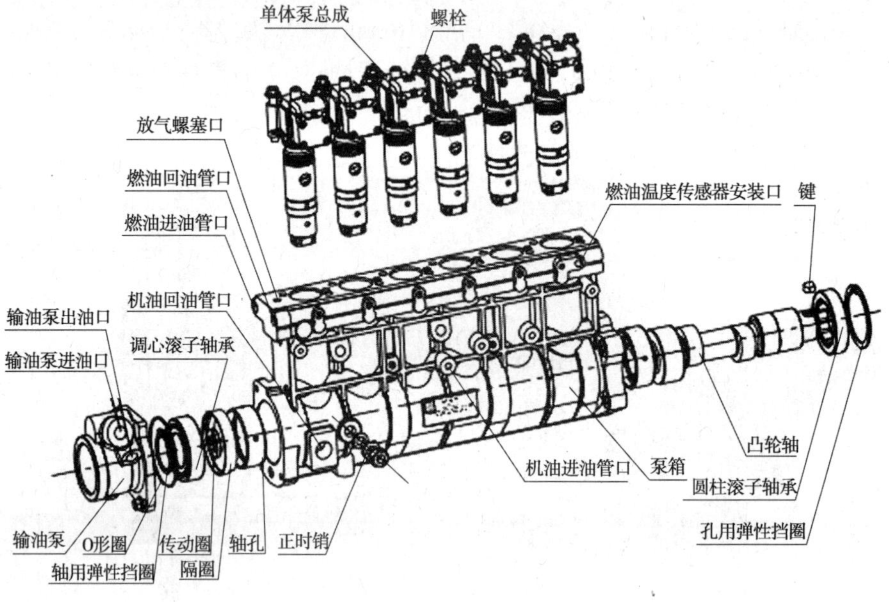

图 1-55　国产威特 EP1000 电控单体泵总成

2.4.1.3　国产南岳衡阳电控单体泵

特性参数如下：最高喷油压力：1 600 bar；最大循环供油量：300 mm^3/循环；喷油控制精度：3 mm^3/循环；适用范围：20 ~ 90 kW/缸；发动机缸数：3 ~ 8 缸；静态电阻：(0.52 ± 0.1) Ω (20 ℃ ± 2 ℃)；静态电感：(273 ± 90) μH(1 V，100 kHz)；环境温度：－40 ~ 125 ℃。单体泵总成如图 1-56 所示。

2.4.2　喷油器

目前，玉柴国Ⅲ柴油机电控单体泵系统采用了机械式喷油器，如图 1-57 所示。其主要

图 1-56　国产南岳衡阳电控单体泵总成

特点如下：机械式 P 型喷油器，喷射压力高，开启压力为 25 ~ 27 MPa，小孔径，低成本，快速安装。

2气门斜置安装型

4气门中置安装型

图 1-57　玉柴国Ⅲ柴油机电控单体泵系统的机械式喷油器

3　共轨压力无法建立的诊断

若共轨压力无法建立，可先从自诊断系统读取故障信息或使用发动机专用诊断仪检测共轨压力，确认故障部位。实际轨压值小于设定的轨压值 500 bar 时，发动机无法起动。共轨压力不能建立的原因有两种可能：一是低压油路有堵塞泄漏，二是高压油路有泄漏，严重的泄漏会造成共轨油压无法建立。常规的判断办法如下：用手触摸高压油管，起动发动机，如明显感觉有较强的脉动油流，则说明共轨能提供一定压力的燃油。其次，查看喷油器回油管回油情况是否正常，反之回油过多泄漏，导致共轨系统中燃油压力降低。喷油器失常的检查方法：首先检查比较各缸回油情况，以此来判定喷油器的好坏。若某个回油管出现异常过多泄漏，则表明喷油器柱塞卡死在封闭位置，喷嘴不能正常喷油，燃油不能进缸造成起动困难。再次，高压油泵中燃油计量阀或共轨控制装置出现故障，喷油器电磁阀损坏等，也不能为共轨提供足够的油量，共轨中不能建立足够的燃油压力，都会造成起动困难。

3.1 低压油路堵塞、进入空气的简单诊断

如果低压油路配置了手油泵，可用手油泵判断油路故障：压动手油泵，应有明显反弹阻力，能感到柴油在流动，并能听到手泵阀门发出的“吱吱”声，压下去有弹力，拉上来有吸力，松开放气螺钉，柴油喷涌而出，感到压力很大，而且没有气泡和油沫，则说明油路正常；反之，则说明低压油路有问题。

低压油路堵塞检查：打开手油泵压动几下，感觉阻力较大，有时甚至压不下去，可能原因是柴油只进不出，说明手油泵后端到输油泵进油口前的油路有堵塞现象。排除方法：逐个松开该段油路部件的油管接头，一边松开一边泵油，就能很快找到堵塞部位。

低压油路进空气的检查：利用手油泵泵油时，燃油流量不是很大，泵出的油夹杂着气泡或泡沫，总感觉空气排不尽，说明是手油泵进油口前端到油箱有进气现象。可能的原因：柴油箱油面过低，吸油立管脱焊裂缝、ECU 冷却板内泄，ECU 出油管处焊接不实，有裂缝等。注意：共轨式发动机禁止运转时拧松高压管路接头进行排气，禁止使用起动机拖动发动机进行燃油系统排气。

3.2 高压油泵供油能力的诊断

将高压油泵出油阀处的出油接头松开，不能完全拧开，只需拧开 3 ~4 扣的螺纹，此时起动发动机，如果接头燃油溢出，则表明低压油路正常。若该接头无油流出，则可能是低压油路堵塞或泄漏或是高压油泵回油压力阀、电子计量单元溢流阀封闭不严（如存在铁屑或异物，导致阀处于常开状态），造成低压油路不来油。

3.3 高压油泵的检测

（1）排查低压油路是否堵塞、漏气（可以断开燃油滤清器总成的出油管，按动手油泵，燃油喷出 30 cm 左右为正常，如燃油喷出的距离远小于 30 cm，表明低压油路存在堵塞、漏气现象）。

（2）检查高压油泵工作情况：①检查进油计量比例阀，打开点火开关后进油计量比例阀应发出连续不断的嗡鸣声，如声音尖锐，表明油路内有空气；如没有声音，表明该元件内电磁阀损坏。另外，还可通过测量电阻的方法来验证电磁阀的好坏。②在不通电情况下，断开高压油泵的出油管、回油管，按动手油泵，观察出油情况（此时回油管应有回油，出油管应不出油），如回油管不回油，表明高压油泵内的回油油道堵塞；如出油管出油，表明进油计量比例阀卡滞、关闭不严。③在打开点火开关但不起动发动机情况下，断开高压油泵的出油管，按动手油泵，观察出油情况（此时出油管应出油，如不出油，表明进油计量阀无法打开或高压油泵内出油油道堵塞），燃油品质不良会造成油泵故障。

任务实施

1. 任务相关知识描述

共轨压力无法建立故障的检查项目主要有：

（1）低压油路的检查；

（2）高压油路的检查；

（3）共轨调压阀、限压阀的检查；

（4）高压油泵的测试。

2. 信息资料收集与分组

（1）完好油路的技术要素；

(2)被测元器件的技术资料；
(3)高压油泵外观检测所需工具；
(4)安全操作注意事项；
(5)分组并产生组长，明确任务。

3. 制订计划

(1)以小组讨论的方式制订共轨压力无法建立故障检修计划；
(2)讨论工作计划并最终定稿；
(3)填写工作计划表(见表1-1)。

表1-1 共轨压力无法建立故障检修工作计划表

姓名：	学号：	班级：	组别：
任务名称			
个人工作实施计划			
小组其他计划特色点			
辅导教师意见			
个人工作实施计划定稿			

4. 实施计划

(1)学生按既定工作计划完成检查并填写任务工单(见表 1-2);

(2)教师监控学生操作过程,及时更正学生的错误。

表 1-2　共轨压力无法建立故障检修任务工单

<table>
<tr><td colspan="2">姓名:</td><td>学号:</td><td>班级:</td><td>组别:</td></tr>
<tr><td colspan="3" rowspan="2">评价等级:</td><td>教师签字:</td><td>成绩:</td></tr>
<tr><td>日期:</td><td>学时:</td></tr>
<tr><td>任务名称</td><td colspan="4">共轨压力无法建立故障的检修</td></tr>
<tr><td>能力目标</td><td colspan="4">1. 能够对照实物说出柴油机油路各部件名称;
2. 能够说出高压油泵的功用;
3. 会正确安装拆卸油路;
4. 会正确使用万用表检测调压阀。</td></tr>
<tr><td>工具、设备的准备</td><td colspan="4">实训汽车、常规拆装工具和专用工具、万用表</td></tr>
<tr><td>信息获取</td><td colspan="4">1. 借助长城车 GW2. 8TC 型柴油机(或其他)实验台或整车,找出 Bosch 共轨系统低压油路的各组成部分的安装位置并记录。
____
____
____
2. Bosch 共轨系统低压油路的作用。
____
____
____
3. 参考下图,指出数字所代表部件的含义。
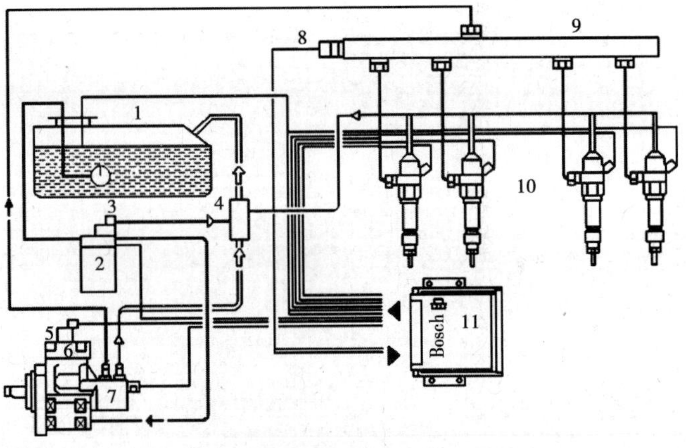

GW2. 8 TC 型柴油机高压共轨系统管路布置</td></tr>
</table>

续表 1-2

<table>
<tr>
<td>信息获取</td>
<td>
1. ________ 2. ________ 3. ________
4. ________ 5. ________ 6. ________
7. ________ 8. ________ 9. ________
10. ________ 11. ________
4. 参考下图,标出低压油路及回油油路的燃油流动路线。
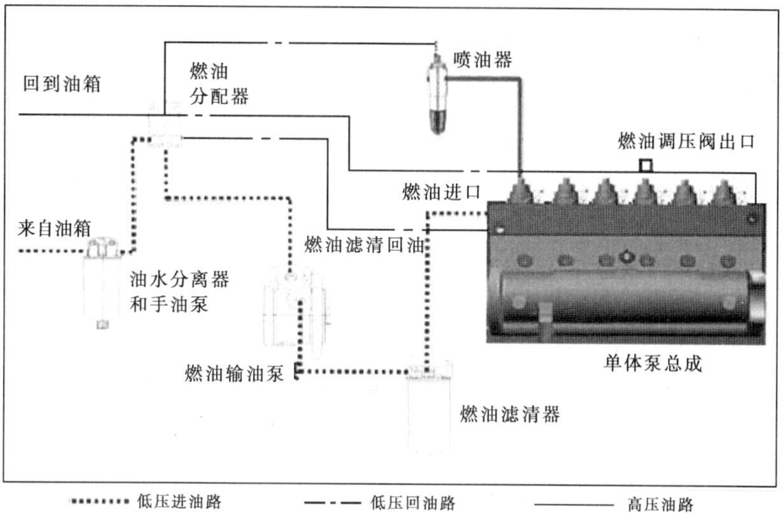

5. 电控柴油机的低压油路是否都需要排空气？如何排空气？
____
____
____
6. 燃油滤清器如何排水？
____
____
____
</td>
</tr>
<tr>
<td>任务操作与要点</td>
<td></td>
</tr>
</table>

5. 检查结果

(1)检查学生是否填写完整任务工单;

(2)回答学生所提出的问题;

(3)学生以小组讨论方式进行工作评估。

评价反馈

(1)对小组工作进行综合评价;

(2)提出改进意见和注意事项;

(3)填写任务评价表(见表1-3)。

表1-3 轨压无法建立故障检修任务评价表

评价内容	评价指标	评价等级		
		自我	小组	教师
专业能力	A. 具有安全、文明生产和环境保护的相关知识和技能。(10分)			
	B. 高质量地完成工作任务,操作娴熟,任务工单得85分以上。(10分)			
	C. 任务工单中数据真实、步骤完整,能用来判断并排除故障。(10分)			
	D. 具备了共轨压力无法建立故障检修的能力。(10分)			
社会能力	A. 具有良好的职业道德,遵守实验室管理规定。(5分)			
	B. 具有较强的口头和书面表达能力、良好的人际交流沟通能力。(10分)			
	C. 具有良好的团队合作精神和客户服务意识。(10分)			
	D. 具有良好的心理素质和克服困难的能力。(5分)			
方法能力	A. 能够制订完善的工作计划。(5分)			
	B. 能借助网络、文件资料等手段查找所需信息。(10分)			
	C. 独立完成任务。(5分)			
	D. 能够检查评估工作任务,并能从个案中寻找共性。(10分)			
辅导教师关于此次任务的改进意见	总评			

学习任务2
主传感器的检修

相关知识

1　曲轴位置传感器CKPS(Crankshaft Position Sensor)的检修

1.1　曲轴位置传感器工作原理

电控柴油机曲轴位置传感器广泛采用电磁感应式(可变磁阻式),较少采用霍尔式(具体参见凸轮轴位置传感器部分)。

1.1.1　Bosch共轨系统的曲轴位置传感器

Bosch共轨系统广泛采用了电磁感应式的曲轴位置传感器,经常安装在飞轮壳上或齿轮室处,通常有2个接线端子(若为3个端子,增加的端子为屏蔽线)。Bosch共轨系统曲轴位置传感器的信号盘可以采用凸齿的形式或者采用凹槽或钻孔的形式。

Bosch共轨系统曲轴位置传感器信号盘,有57个短齿槽(或孔)(齿间角度为6°)、1个长齿槽(或孔)(齿间角度为18°)。当发动机工作时,曲轴每转过一圈,曲轴位置传感器的电磁感应线圈会输出57个规则的交流脉冲电压信号和一个畸变的交变电压。输出波形如图1-58所示。

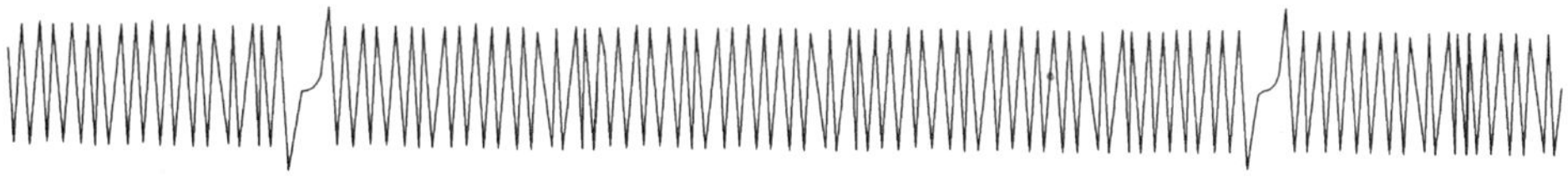

图1-58　Bosch共轨系统曲轴位置传感器输出波形

长城车GW2.8TC型柴油机的曲轴位置传感器的信号盘如图1-59所示。

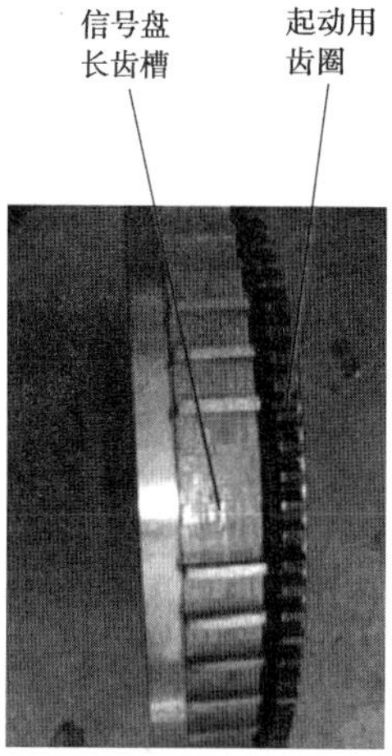

图1-59　长城车GW2.8TC型柴油机的曲轴位置传感器信号盘

圣达菲车 D4EA 柴油机的曲轴位置传感器信号盘如图 1-60 所示(安装在最后一道曲拐上)。

图 1-60　圣达菲车 D4EA 柴油机的曲轴位置传感器信号盘

1.1.2　Denso 共轨系统的曲轴位置传感器

Denso 共轨系统也经常采用电磁感应式的曲轴位置传感器,经常安装在飞轮壳上或齿轮室处,通常有两个接线端子。重汽杭发 WD615 国Ⅲ柴油机 Denso 共轨系统曲轴位置传感器的安装位置及信号盘如图 1-61 所示。

图 1-61　重汽杭发 WD615 国Ⅲ柴油机曲轴位置传感器安装位置及信号盘(孔式)

曲轴位置传感器输出波形如图 1-62 所示。

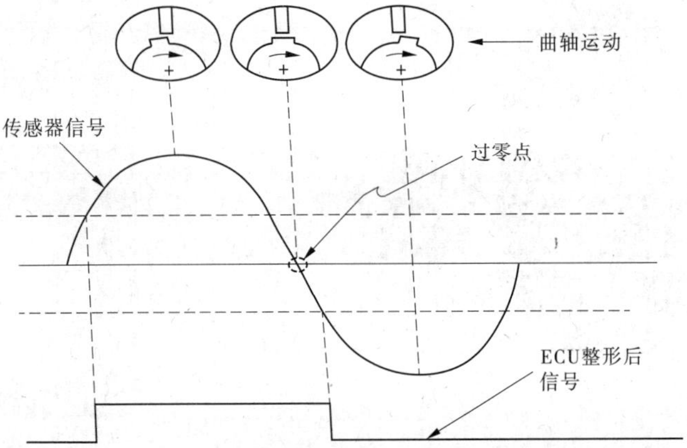

图 1-62　Denso 共轨系统曲轴位置传感器输出波形

1.1.3 Delphi 共轨系统的曲轴位置传感器

Delphi 共轨系统的曲轴位置传感器与上述 Bosch 及 Denso 共轨系统类似，在此不再重述。

1.1.4 单体泵系统的曲轴位置传感器

玉柴国Ⅲ柴油机 Delphi 电控单体泵 6 缸机用曲轴位置传感器信号盘如图 1-63 所示，共有 54 个短齿槽（间距为 6°曲轴转角）、3 个长齿槽（间距为 12°曲轴转角）。

威特及南岳电控单体泵 6 缸机用曲轴位置传感器的信号盘如图 1-64 所示。

威特及南岳电控单体泵 4 缸机用曲轴位置传感器的信号盘（孔式）如图 1-65 所示。

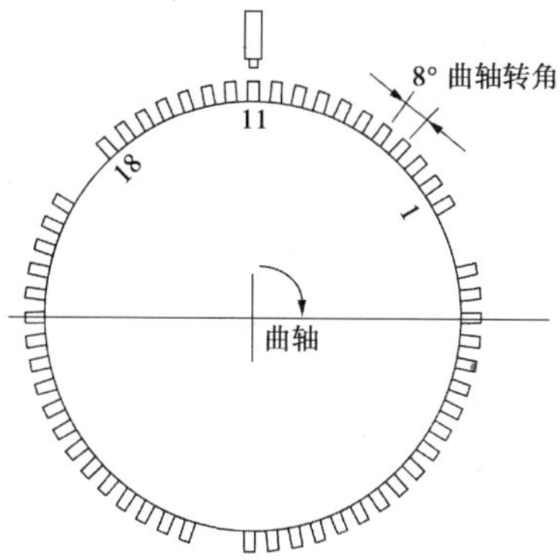

图 1-63 Delphi 电控单体泵 6 缸机用曲轴位置传感器的信号盘

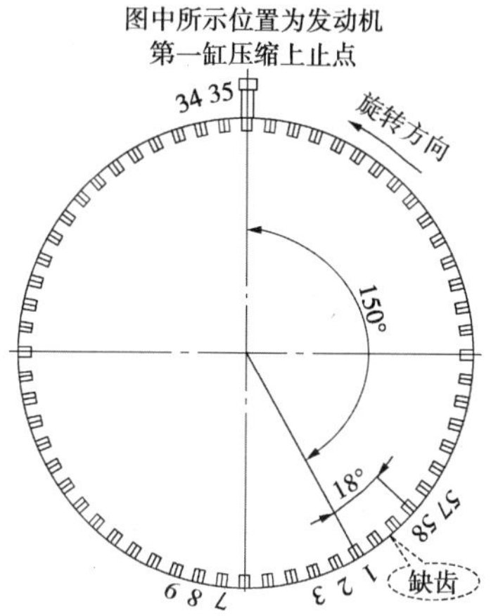

图 1-64 威特及南岳电控单体泵 6 缸机用曲轴位置传感器的信号盘

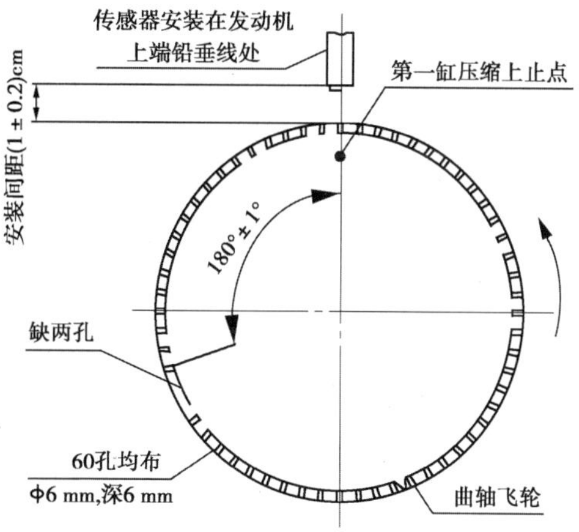

图 1-65 威特及南岳电控单体泵 4 缸机用曲轴位置传感器的信号盘（孔式）

1.2 曲轴位置传感器检修及失效策略分析

1.2.1 CKPS 的检修

1.2.1.1 外观检查

（1）检查传感器安装状态是否符合要求（传感器与信号盘的标准间隙一般为 0.8 ~ 1 mm）；

(2)拆下传感器,检查永久磁铁部位是否吸附有铁屑。

1.2.1.2 外线路检查

参考电路图,用万用表的电阻挡,分别测量传感器两个端子与 ECU 两个对应端子之间的电阻值,来判断外线路是否存在短路及断路故障。

1.2.1.3 传感器阻值测量

关闭点火开关,拔下曲轴位置传感器插头,测量1#与2#端子间的电阻值(机型不同,差异较大)。

1.2.1.4 波形检测

可以用故障检测仪测量曲轴位置传感器输出波形。因波形所含的信息量丰富,曲轴位置传感器的波形检测十分实用。

1.2.2 CKPS 失效策略分析

讨论:曲轴位置传感器失效,发动机是否能够打着火? 能打着火时,对发动机性能是否有影响?

当曲轴位置传感器失效(例如,拔掉 CKPS 插头)时,发动机能否打着火,不能一概而定,应视具体机型而定。即使采用了同一个电控系统(如 Bosch 的 CRS2.0),有的车型可以打着火,有的车型不能,主要取决于系统的控制策略。下面具体举例说明。

1.2.2.1 长城车 GW2.8TC 型增压共轨柴油机(Bosch 的 CRS2.0 系统)

当曲轴位置传感器失效时,发动机无法起动及运行。

原因分析:当飞轮转动2圈后,系统仍检测不到发动机转速信号时,便无法得知当前的曲轴位置,不能确定正确的喷射时刻,系统会控制喷油器不工作。

1.2.2.2 玉柴及潍柴国Ⅲ柴油机 Bosch 共轨系统

当曲轴位置传感器失效时,发动机可以正常起动及运行[跛行回家(Limp Home)]。

原因分析:当曲轴位置传感器失效时,在起动过程中,仅有凸轮轴位置传感器信号。当 ECU 检测到曲轴位置传感器的缺齿信号时,先假设柴油机此时处于第一缸压缩上止点前,然后按照此假定的角度相位,依做功顺序持续一定次数的燃油喷射,当发动机的转速超过一定的阈值时,可判定此相位正确,从而判缸成功;若没有转速升高的迹象,则重新假定一相位(改变360°曲轴转角)喷油以判缸,起动过程所需的时间稍长。但是会出现下列情况:

(1)点亮故障灯;

(2)产生相关的故障代码 P0008、P0016、P0340、P0341、P0335、P0336(视具体情况,有所差异);

(3)起动时间可能会较正常状况稍长;

(4)油门感觉正常;

(5)车辆运行没有明显影响,但油耗和排放可能会变差。

1.2.2.3 玉柴 4F 及 4W 国Ⅲ柴油机 Delphi 共轨系统

当曲轴位置传感器失效时,发动机无法起动及运行。

会产生下列相关的故障代码:P0341、P0335、P0371、P0372、P0336、P0340。

1.2.2.4 玉柴 Delphi 电控单体泵系统

当曲轴位置传感器失效时,发动机可以正常起动及运行[跛行回家(Limp Home)]。

ECU 处理措施:

（1）点亮故障灯，产生相关故障代码 P1016、P0016、P0335、P0336、P0340、P0341、P1335、P1336、P1340、P1341 等。

特别说明：当曲轴位置传感器与凸轮轴位置传感器同时缺失时，发动机无法起动。

（2）发动机依靠单传感器继续工作。

（3）对动力性能没有明显影响。

（4）起动时间可能会较正常状况稍长。

（5）油门感觉正常。

（6）运行没有明显影响，但油耗和排放可能会变差。

（7）当曲轴位置及凸轮轴位置两路信号均错误或者安装相位不同步时，则无法起动。

1.3　补充知识：电控柴油机故障失效策略

失效策略是指电控系统故障状态下的运行策略。它分为 4 级，即一级：缺省值；二级：减扭矩；三级：跛行回家（Limp Home）；四级：停机。

1.3.1　缺省值失效策略

对于不涉及驾驶安全性的轻微故障，ECU 仅使用缺省值（故障后的默认值）代替真实值。缺省值运行模式：ECU 存储故障代码，并闪亮故障指示灯，发动机继续正常运行。

1.3.2　减扭矩失效策略

部分较重要电喷组件故障后，为了保证驾驶安全性、继续驾驶性以及排放性能等，ECU 使用缺省值，发动机以减扭矩（降低功率）的方式继续运行。

减扭矩运行模式：ECU 存储故障代码，并闪亮故障指示灯；外特性油量会减小一定百分比；在限制范围内电子油门仍然起作用。

例如，当水温、机油温度及进气温度过高时，进入减扭矩失效策略。

1.3.3　跛行回家（Limp Home）失效策略

对于部分严重系统故障，控制器运行于较危险情况下，但为了保证发动机能够继续工作以便到最近服务站维修，ECU 采用减扭矩、限转速运行，即跛行回家（Limp Home）失效策略，代替立即停机的失效策略。

跛行回家（Limp Home）运行模式：ECU 存储故障代码，并闪亮故障指示灯，发动机限制转速运行。

例如，潍柴及玉柴国Ⅲ柴油机 Bosch 共轨系统，当发动机处于以下几种情况时，控制策略将进入 Limp Home 状态：

（1）曲轴传感器损坏或信号线路开路、短路；

（2）凸轮相位传感器损坏或信号线路开路、短路；

（3）共轨油压传感器损坏或信号线路开路、短路；

（4）高压油泵燃油量计量阀损坏或驱动线路开路、短路；

（5）电子油门传感器损坏或信号线路开路、短路。

1.3.4　停机失效策略

对于部分重要电喷组件的特别严重故障，为了保护发动机，ECU 采用延时停机或立即停机的失效策略。

停机运行模式：ECU 存储故障代码，并闪亮故障指示灯，发动机延时停机、停机。

2　凸轮轴位置传感器 CMPS(Camshaft Position Sensor)的检修

电控柴油机凸轮轴位置传感器广泛采用霍尔式,也有采用电磁感应式(可变磁阻式)的,电磁感应式凸轮轴位置传感器与电磁感应式曲轴位置传感器原理相同,下面仅介绍霍尔式凸轮轴位置传感器。

电控柴油机的霍尔式凸轮轴位置传感器与电控汽油机的工作原理完全相同,下面就一些特殊之处进行介绍。

2.1　凸轮轴位置传感器的安装位置

凸轮轴位置传感器的安装位置视凸轮轴的位置不同而异。当凸轮轴下置或中置时,电控柴油机的凸轮轴位置传感器经常安装在高压油泵上(有时也称为高压油泵相位传感器)或单体泵上;当凸轮轴上置于缸盖时,凸轮轴位置传感器位于缸盖上。圣达菲车 D4EA 共轨柴油机的凸轮轴位置传感器安装位置如图 1-66 所示。

图 1-66　圣达菲车 D4EA 共轨柴油机的凸轮轴位置传感器安装位置

2.2　凸轮轴位置传感器的信号盘

凸轮轴位置传感器信号盘更多采用凸齿式,也有采用凹孔式的。电控柴油机的凸轮轴位置传感器信号盘的齿数广泛采用的是缸数加 1,6 缸机用的凸轮轴位置传感器信号盘如图 1-67所示。注意:“0 标识用”的多齿用于判断 1 缸处于压缩上止点。

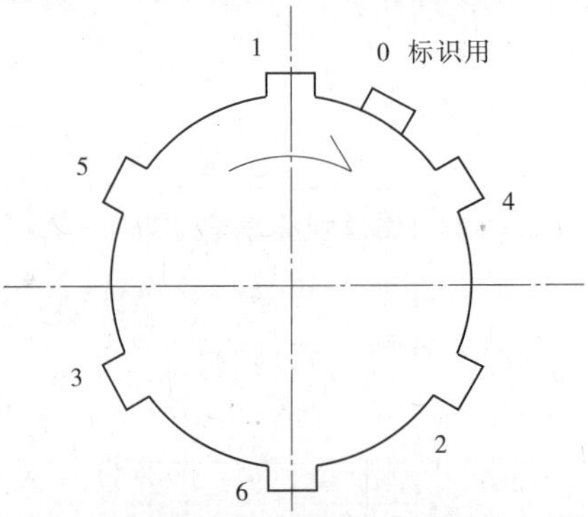

(做功顺序 1 - 5 - 3 - 6 - 2 - 4)

图 1-67　6 缸机用的凸轮轴位置传感器凸齿式信号盘

重汽杭发 WD615 柴油机 Denso 共轨系统采用的凸轮轴位置传感器位于高压油泵上，采用孔式信号盘，孔的数量为缸数加 1，如图 1-68 所示。

图 1-68　位于高压油泵上的凸轮轴位置传感器的孔式信号盘

玉柴 Delphi 单体泵的凸轮轴位置传感器（在单体泵上，霍尔式）信号盘如图 1-69 所示。

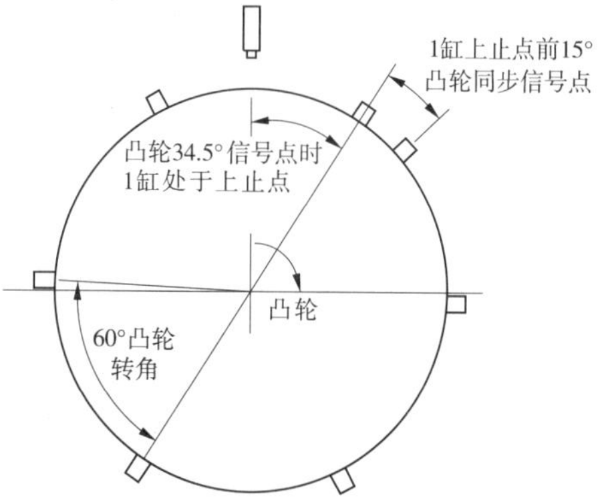

图 1-69　玉柴 Delphi 单体泵的 CMPS 信号盘

2.3　双感应片霍尔效应式凸轮轴位置传感器

玉柴国Ⅲ Delphi 共轨采用了双感应片霍尔效应式凸轮轴位置传感器，有 3 个接线端子（电源、信号、搭铁）。某 6 缸机双感应片霍尔效应式凸轮轴位置传感器如图 1-70 所示。

Denso 共轨 HP0 系统的曲轴位置传感器及凸轮轴位置传感器（汽缸识别传感器）的安装位置、电路图及输出波形如图 1-71 所示。

2.4　凸轮轴位置传感器的检修与失效策略分析

2.4.1　凸轮轴位置传感器的检修

以长城车 GW2.8TC 型柴油机为例，该柴油机的凸轮轴位置传感器为霍尔式，有 3 个接线端子，CMPS 的 1#端子为搭铁线、2#端子为信号线、3#端子为电源线（5 V），如图 1-72 所示。

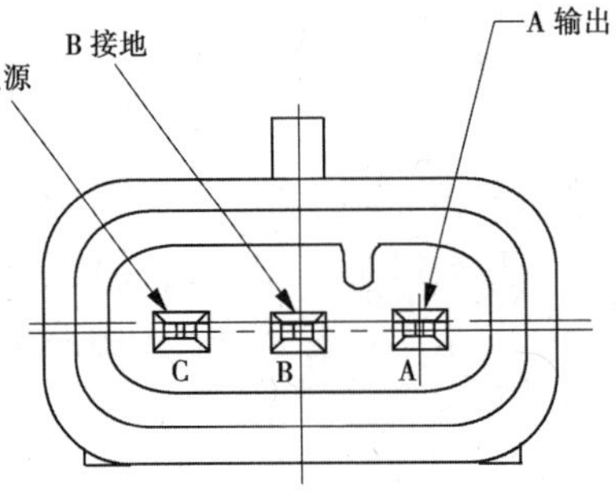

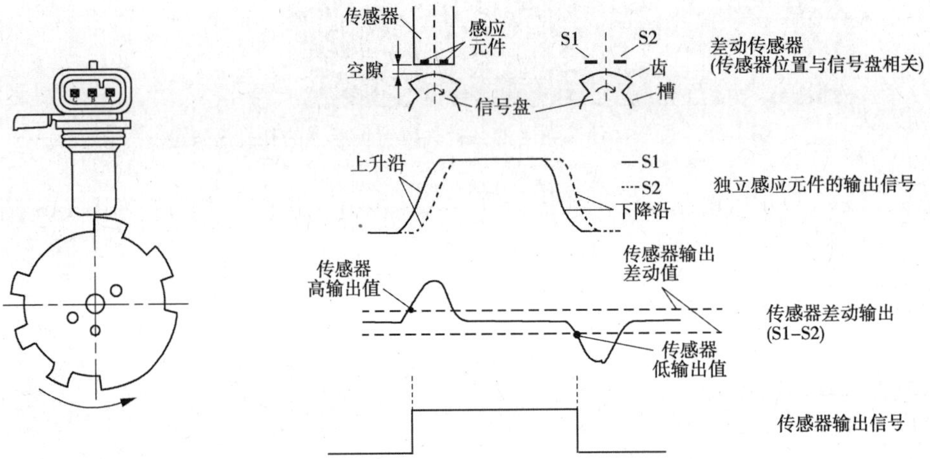

图 1-70　某 6 缸机双感应片霍尔效应式凸轮轴位置传感器

(1)外线路检查。参考图 1-72,用万用表的电阻挡,分别测量 1#端子与 A20#端子、2#端子与 A50#端子、3#端子与 A11#端子之间的电阻值,来判断外线路是否存在短路及断路故障。

(2)传感器电压值测量。关闭点火开关,拔下凸轮轴位置传感器插头,点火开关置 ON,测量传感器侧插头 3#端子与搭铁间的电压应为 5 V,2#端子与搭铁间的电压也应为 5 V,1#端子与搭铁间的电压为 0 V。

(3)波形检测。可以用故障检测仪测量凸轮轴位置传感器的输出波形。

2.4.2　CMPS 失效策略分析

讨论:凸轮轴位置传感器失效,发动机是否能够打着火?能打着火时,对发动机性能是否有影响?

当凸轮轴位置传感器失效(例如,拔掉 CMPS 插头)时,发动机能否打着火,不能一概而定,应视具体机型而定。即使采用了同一个电控系统(如 Bosch 的 CRS2.0),有的车型可以打着火,有的车型不能,主要取决于系统的控制策略。下面具体举例说明。

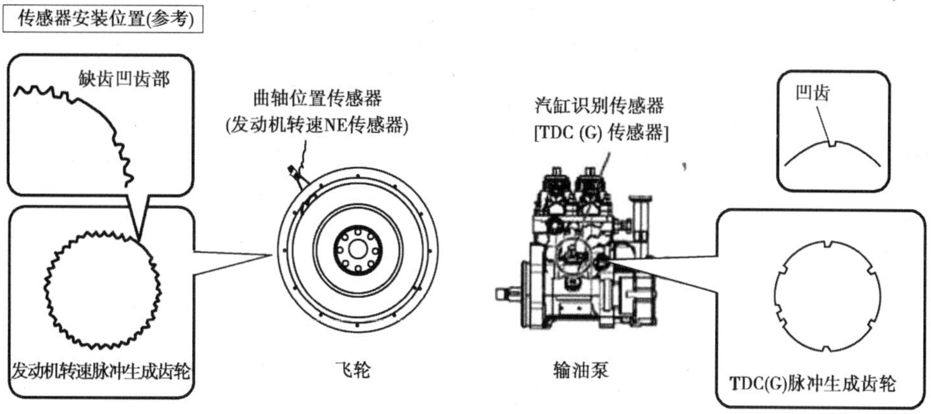

(a)安装位置

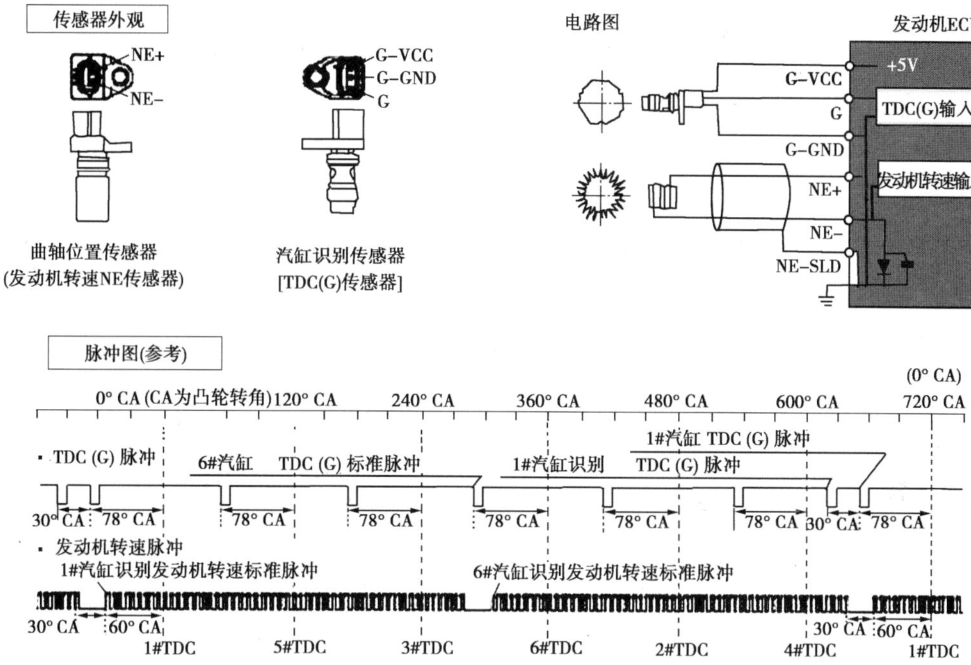

(b)电路图及输出波形

图 1-71 Denso 共轨 HP0 系统的曲轴及凸轮轴位置传感器的安装位置、电路图及输出波形

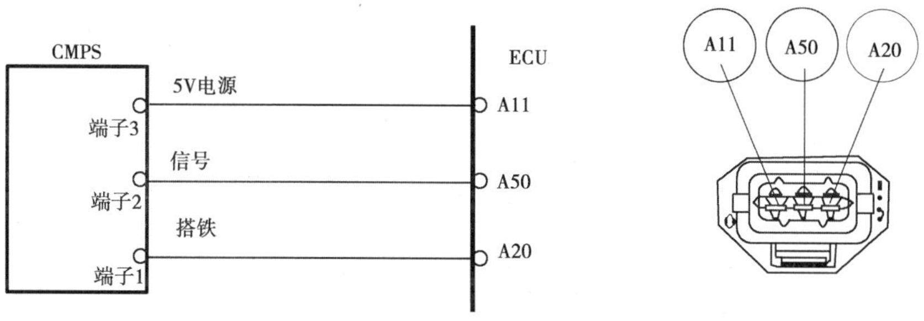

图 1-72 CMPS 与 ECU 的电路连接及 CMPS 插头

2.4.2.1 长城车 GW2.8TC 型增压共轨柴油机(Bosch 的 CRS2.0 系统)

当凸轮轴位置传感器失效时,发动机无法起动及运行。

原因分析:起动发动机时,ECU 需采集曲轴位置及凸轮轴位置信号来判定第一缸压缩上止点,如失去凸轮轴位置信号,系统无法设定喷油时刻。

2.4.2.2 玉柴及潍柴国Ⅲ柴油机 Bosch 共轨系统

当凸轮轴位置传感器失效时,发动机可以正常起动及运行[跛行回家(Limp Home)]。

原因分析:当凸轮轴位置传感器失效时,利用曲轴位置传感器读取发动机转速及上止点信息,发动机可以正常起动。但是会出现下列情况:

(1)点亮故障灯;

(2)产生相关的故障代码:P0008、P0016、P0340、P0341、P0335、P0336(视具体情况,有所差异);

(3)起动时间可能会较正常状况稍长;

(4)油门感觉正常,车辆运行没有明显影响,但油耗和排放可能会变差。

特别说明:当曲轴位置传感器与凸轮轴位置传感器同时缺失时,发动机无法起动。

2.4.2.3 玉柴 4F 及 4W 国Ⅲ柴油机 Delphi 共轨系统

当凸轮轴位置传感器失效时,发动机无法起动及运行。

会产生下列相关的故障代码:P0341、P0335、P0371、P0372、P0336、P0340。

2.4.2.4 玉柴 Delphi 电控单体泵系统

当凸轮轴位置传感器失效时,发动机可以正常起动及运行[跛行回家(Limp Home)]。

ECU 处理措施:

(1)点亮故障灯,产生相关故障代码:P1016、P0016、P0335、P0336、P0340、P0341、P1335、P1336、P1340、P1341 等;

(2)发动机依靠单传感器继续工作;

(3)对动力性能没有明显影响;

(4)起动时间可能会较正常状况稍长;

(5)油门感觉正常;

(6)运行没有明显影响,但油耗和排放可能会变差;

(7)当曲轴位置及凸轮轴位置传感器均失效时,两路信号均错误或者安装相位不同步,则无法起动。

2.5 Bosch 对凸轮轴位置传感器信号盘与曲轴位置传感器信号盘的设计要求

2.5.1 材料要求

信号盘所采用的材料必须具有软磁和低剩磁的特性,如:快削钢、调和钢、St37、9SMn28、C45、GG-20、GGG-40 和 X8Cr17。

2.5.2 信号盘表面光洁度要求

信号盘的表面应不受振动、不平整等因素的影响而产生干扰信号。建议凸轮轴传感器尽量采用凸齿,曲轴信号盘可以采用孔的形式。

2.5.3 防腐蚀要求

为了抗腐蚀,要进行相应的表面处理,比如浸渍和电镀等。但是这些处理不能改变信号盘的电磁特性。

2.5.4 信号盘直径要求

对信号盘直径的要求如下：

曲轴信号盘直径	≥190 mm
凸轮轴信号盘直径	≥100 mm

若信号盘的直径小于以上的推荐值,会使得发动机的冷起动和抗干扰能力变差。

2.5.5 信号盘厚度、宽度和高度等局部尺寸及工差要求

(1)信号盘的厚度必须大于传感器探头的直径(Bosch DG6 传感器的探头直径为 3.5 mm,所以信号盘的厚度应大于 3.5 mm)。

(2)信号盘齿的宽度要不小于信号盘的厚度,因此也必须大于 3.5 mm。

(3)信号盘齿的高度或孔的深度不小于 5 mm。

(4)曲轴信号盘的齿或孔中心之间的误差应该小于 0.1°曲轴转角(KW),如图 1-73 所示。

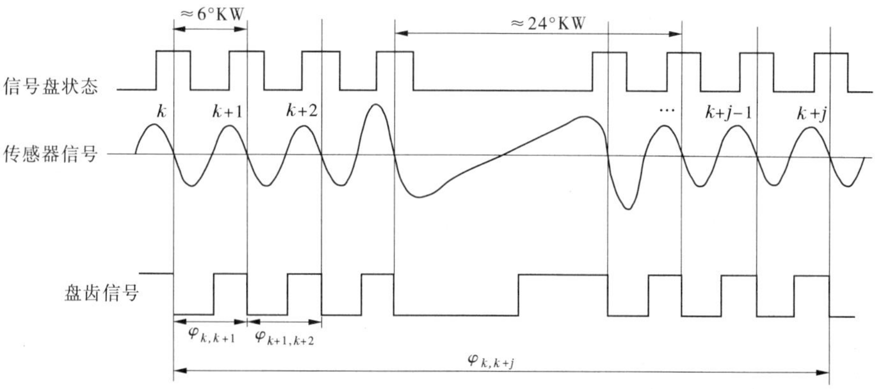

$|\varphi_{k,k+j}-j\cdot 6°KW|<0.1°KW$　　其中,$k=1,2,3,\cdots$

$j=k\times 360°/(z\times 6°)$

开始喷射时 $j=k$

图 1-73　曲轴信号盘的允许误差

(5)信号齿(或槽)的齿(或槽)顶边缘的圆角半径为 0.05 mm,齿(或槽)根部的圆角半径要小于 0.5 mm,如图 1-74 所示。

(6)TDC1 对应的曲轴信号孔或齿的中心与实际的 TDC1 之间的最大误差应该不超过 ±1°曲轴转角。

进行设计时,应该以第一缸压缩 TDC 作为设计的基准位置。根据已知的旋转方向,到达第一缸压缩上止点的时候,凸轮轴位置传感器应该指示到凸轮轴信号盘多齿过后 81°(凸轮转角)的位置;曲轴位置传感器应该指示到曲轴信号盘缺齿过后的第 36 个齿,或第 2 个齿后 204°(曲轴转角)的位置(注意:图 1-74 所示的标注 156° = 360° − 204°)。凸轮轴和曲轴信号盘的安装对应关系是:曲轴信号盘缺齿过后的第 4 个齿中心应该与凸轮轴第 1 或第 4 个齿的中心对应(之所以有两种对应关系是由于凸轮轴旋转一周、曲轴旋转两周的缘故)。

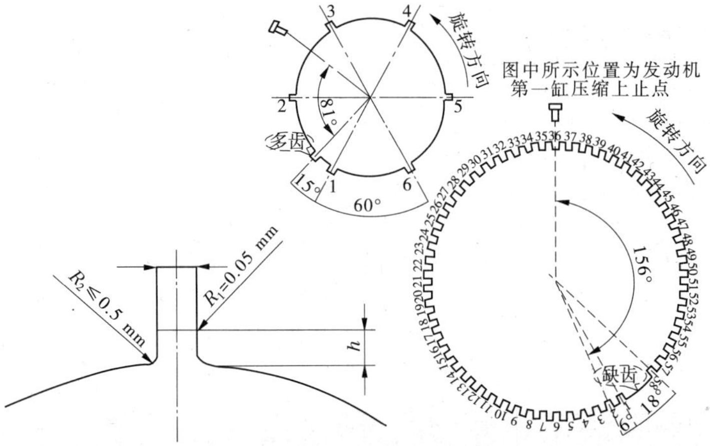

图 1-74　第一缸压缩上止点时信号盘的位置示意

2.6　Bosch 对凸轮轴信号盘与曲轴信号盘及传感器的安装要求

(1)传感器和信号盘均不能安装于振动大的地方,例如飞轮的自由端。

(2)传感器与信号盘之间的气隙要求:(1.0 ±0.5)mm(曲轴和凸轮轴传感器都适用)。

(3)曲轴信号孔或齿位置的绝对误差应为:不超过 ±0.1°曲轴转角。

(4)传感器相对于安装平面的水平和垂直方向的倾斜误差要求(曲轴和凸轮轴传感器都适用):垂直方向倾斜角的要求为:ALPHA = 0° ±1°;水平方向倾斜角的要求为:BETA = 0° ±5°,如图 1-75 所示。

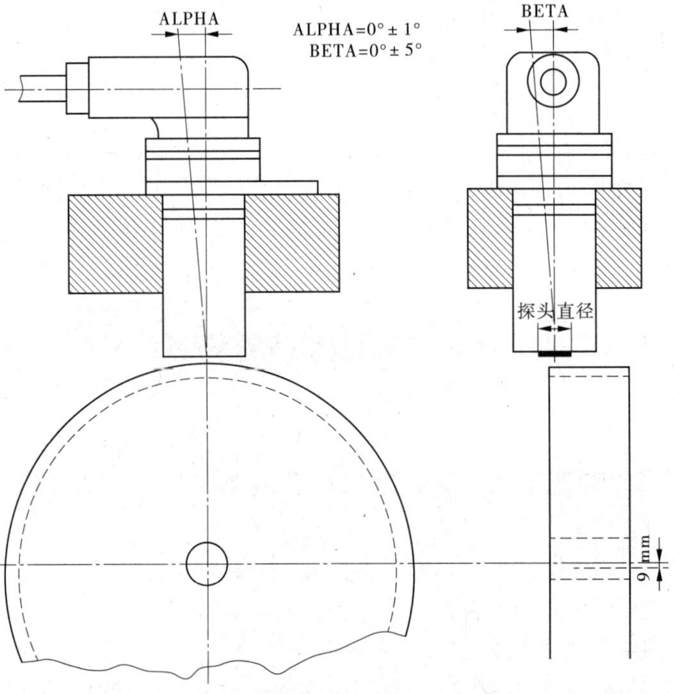

图 1-75　水平和垂直方向的倾斜误差要求

（5）Bosch 当信号盘采用凸齿的时候，转速传感器的引脚 A（PIN1）在经过信号盘的导磁材料时输出的正弦波电压信号应该为由正向负过零。采用凹槽或钻孔，转速传感器与线束的连线必须反接。

（6）信号盘和传感器的布置要求（曲轴和凸轮轴传感器都适用）：为了避免信号盘周边一些部件对传感器信号的干扰，Bosch 系统对信号盘以及传感器周边零部件的安装有要求，具体要求的事项和参数见图 1-76。

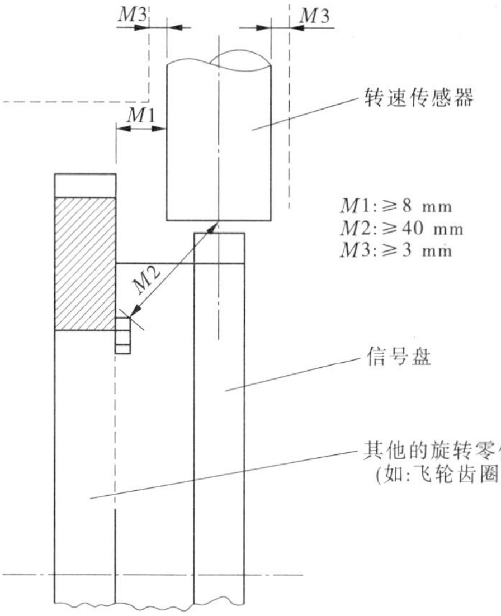

图 1-76　传感器与周边零部件安装要求

3　油门踏板位置传感器 APPS（Accelerator Pedal Position Sensor）的检修

电控柴油机已普遍采用了油门踏板位置传感器，将驾驶员的意图送给 ECU。常见的形式有双电位计式、带有冗余的双电位计式、霍尔效应式、带怠速触点单电位计式等。

3.1　双电位计式油门踏板位置传感器

长城车 GW2.8TC 型柴油机采用了双电位计式油门踏板位置传感器，如图 1-77 所示。

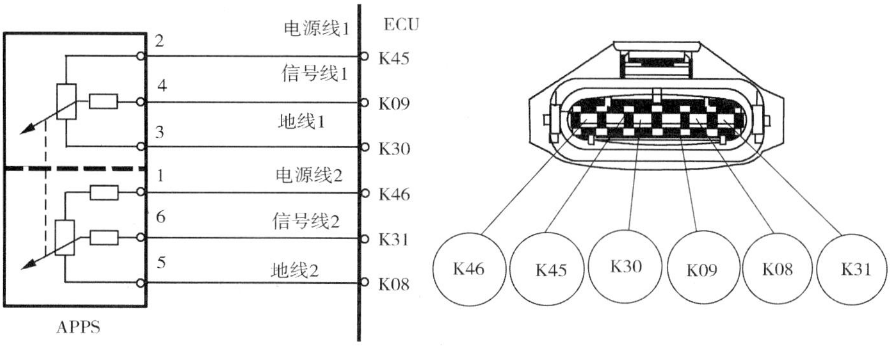

图 1-77　长城车 GW2.8TC 型柴油机油门踏板位置传感器

双电位计式油门踏板位置传感器以分压电路原理工作，ECU 供给传感器电路 5 V 电压。电子油门踏板通过转轴与传感器内部的滑动变阻器的电刷连接,油门踏板位置传感器的位置改变时,电刷与接地端的电压发生改变,ECU 将该电压转变成油门踏板的位置信号。油门踏板位置传感器同时输出两组信号给 ECU,保证输出信号的可靠性。

3.2 带有冗余的双电位计式油门踏板位置传感器

Bosch 带有冗余的双电位计式油门踏板位置传感器如图 1-78 所示。

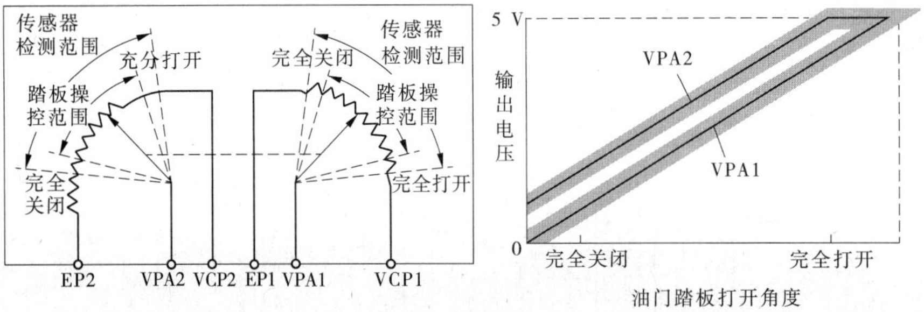

图 1-78 Bosch 带有冗余的双电位计式油门踏板位置传感器

3.3 霍尔效应式油门踏板位置传感器

Bosch 霍尔效应式油门踏板位置传感器如图 1-79 所示。

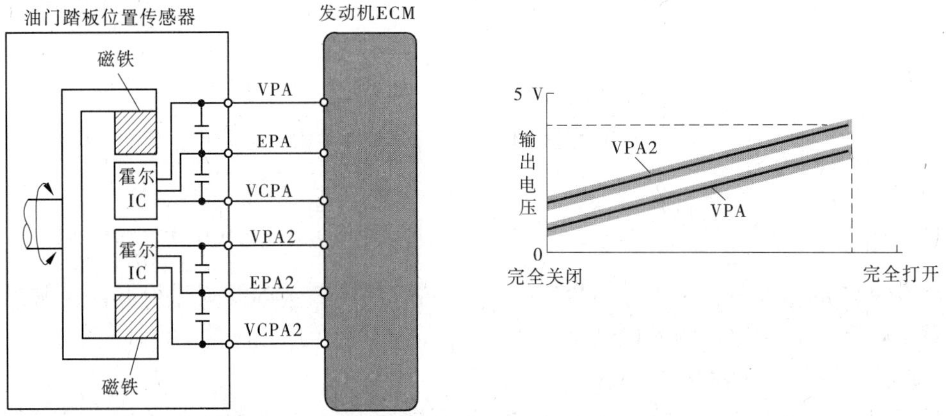

图 1-79 Bosch 霍尔效应式油门踏板位置传感器

3.4 带怠速触点单电位计式

这种形式有 6 个端子和 5 个端子两种形式。Delphi 单体泵用的 6 个端子 APPS 如图 1-80所示。

威特和南岳单体泵用的 6 个端子 APPS 实物及电路如图 1-81 所示。

威特和南岳单体泵用的 6 个端子 APPS 的输出特性及插头如图 1-82 所示。

3.5 APPS 的检修

(1)外线路检查。参考图 1-77,用万用表的电阻挡,分别测量 APPS 的各端子与对应的 ECU 端子之间的电阻值,来判断外线路是否存在短路及断路故障。

(2)传感器电压值测量。关闭点火开关,拔下 APPS 传感器插头。点火开关置 ON,测量

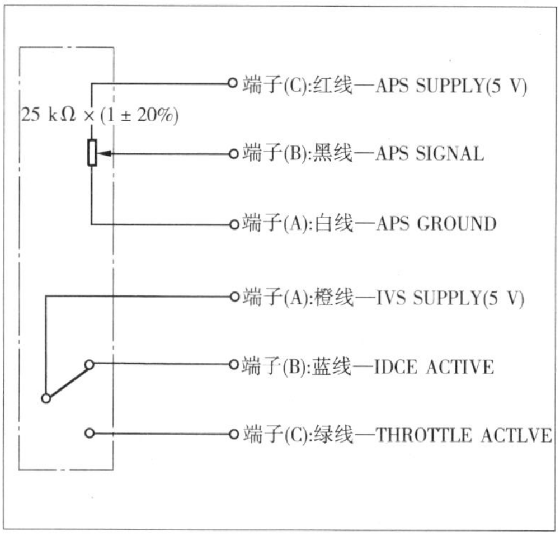

图 1-80 Delphi 单体泵用的 6 个端子 APPS

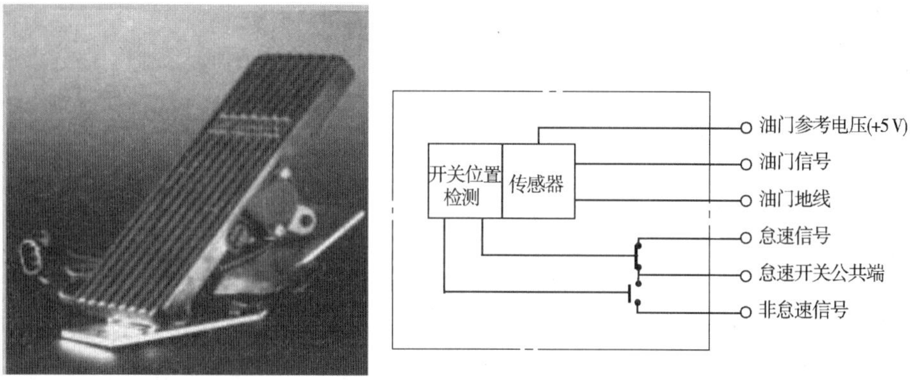

图 1-81 威特和南岳单体泵用 APPS 实物及电路

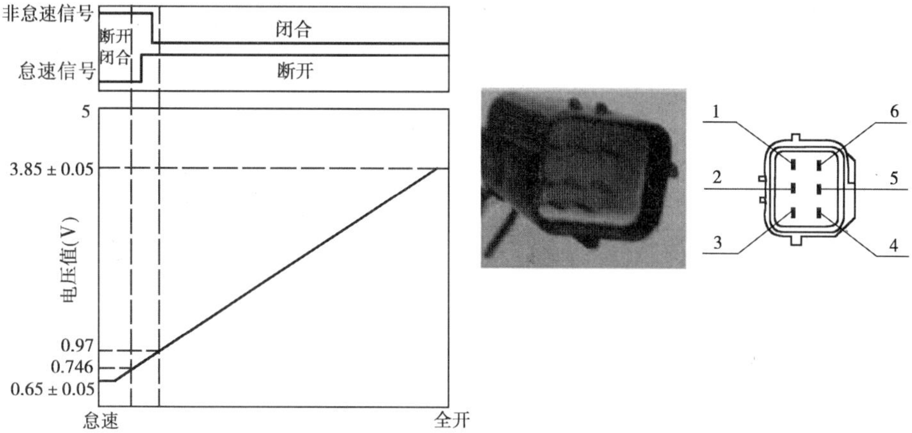

图 1-82 威特和南岳单体泵用 APPS 的输出特性及插头

线束侧插头1#、2#端子与搭铁之间电压值应为5 V,3#、5#端子与搭铁之间的电压为0 V。

(3)传感器电阻值测量。关闭点火开关,拔下APPS传感器插头,测量传感器侧插头5#、6#端子之间的电阻为(1.2 ±0.4)kΩ,1#、5#端子之间的电阻为(1.7 ±0.8)kΩ。

(4)数据流检测。用"X-431故障诊断仪"读取发动机系统数据流,涉及油门踏板位置传感器的数据流有3个:"油门踏板1电位计电压值"、"油门踏板2电位计电压值"、"滤波前的油门踏板开度"。

接入诊断仪,点火开关置ON(发动机置OFF),读取发动机系统数据流。不踩动油门踏板时,"油门踏板1电位计电压值"应为0.7 V左右,"油门踏板2电位计电压值"应为0.35 V左右,"滤波前的油门踏板开度"应为0%。

缓慢踩下油门踏板,上述3个数据流应同时变化,其变化规律如下:"滤波前的油门踏板开度"数值应逐渐增加至100%;"油门踏板1电位计电压值"与"油门踏板2电位计电压值"应同时增加,但是前者的瞬时数值约等于后者数值的2倍。

某哈弗CUV车APPS实测数据流如表1-4所示。

表1-4 哈弗CUV车APPS实测数据流

序号	油门踏板1电位计电压值(V)	油门踏板2电位计电压值(V)	滤波前的油门踏板开度(%)
1	0.80	0.39	0
2	1.10	0.55	8.63
3	1.39	0.69	17.25
4	1.53	0.77	22.35
5	1.71	0.84	27.84
6	1.98	0.98	37.25
7	2.18	1.08	43.53
8	2.38	1.18	49.80
9	2.57	1.28	56.86
10	2.79	1.37	63.53
11	3.08	1.53	73.33
12	3.42	1.69	84.31
13	3.63	1.79	91.37
14	3.75	1.86	94.90
15	4.06	2.02	100

3.6 APPS 故障失效模式

若油门踏板位置传感器失效,会出现下列故障:

(1)电子油门信号错误;

(2)油门接插件脱落;

(3)两路油门信号中任一路出现故障;

(4)两路油门信号不一致;

(5)油门开度与刹车踏板逻辑关系错误。

ECU 处理措施如下:

(1)点亮故障灯;

(2)产生故障代码:P0123、P0122、P2135、P0222、P0223、P2299;

(3)油门失效,发动机起动后(及随后的运行过程),维持 Limp Home 转速(1 100 r/min 左右,视车型略有差异)。

任务实施

1. 任务相关知识描述

主传感器检修的检查项目主要有:

(1)曲轴位置传感器的检查;

(2)凸轮轴位置传感器的检查。

2. 信息资料收集与分组

(1)完好主传感器的要素;

(2)被测主传感器的技术资料;

(3)主传感器检测所需工具;

(4)安全操作注意事项;

(5)分组并产生组长,明确任务。

3. 制订计划

(1)以小组讨论的方式制订主传感器检修的计划;

(2)讨论工作计划并最终定稿;

(3)填写工作计划表(见表 1-5)。

4. 实施计划

(1)学生按既定工作计划完成检查并填写任务工单(见表 1-6);

(2)教师监控学生操作过程,及时更正学生的错误。

5. 检查结果

(1)检查学生是否填写完整任务工单;

(2)回答学生所提出的问题;

(3)学生以小组讨论方式进行工作评估。

表 1-5　主传感器检修工作计划表

姓名：	学号：	班级：	组别：
任务名称			
个人工作实施计划			
小组其他计划特色点			
辅导教师意见			
个人工作实施计划定稿			

表 1-6　主传感器检修任务工单

<table>
<tr><td colspan="2">姓名：</td><td>学号：</td><td>班级：</td><td>组别：</td></tr>
<tr><td colspan="3" rowspan="2">评价等级：</td><td>教师签字：</td><td>成绩：</td></tr>
<tr><td>日期：</td><td>学时：</td></tr>
<tr><td>任务名称</td><td colspan="4">主传感器的检查</td></tr>
<tr><td>能力目标</td><td colspan="4">1. 能够对照实物说出主传感器各部件的名称；
2. 能够说出各主传感器的功用；
3. 会正确安装、拆卸各主传感器；
4. 会正确使用万用表检测各主传感器电压；
5. 能够正确地排除各主传感器的故障。</td></tr>
<tr><td>工具、设备的准备</td><td colspan="4">实训汽车、常规拆装工具和专用工具、万用表</td></tr>
<tr><td>信息获取</td><td colspan="4">1. 借助长城车 GW2. 8TC 型柴油机（或其他）实验台或整车，找出电控柴油机曲轴位置传感器、凸轮轴位置传感器、油门踏板位置传感器的安装位置、接线端子并记录。
曲轴位置传感器：________________
凸轮轴位置传感器：________________
油门踏板位置传感器：________________
2. Bosch 共轨系统柴油机电磁感应式曲轴位置传感器的信号盘可以采用凸齿式或凹槽式，凸齿式如下图所示，试叙述电磁感应式曲轴位置传感器的工作原理并画出波形。
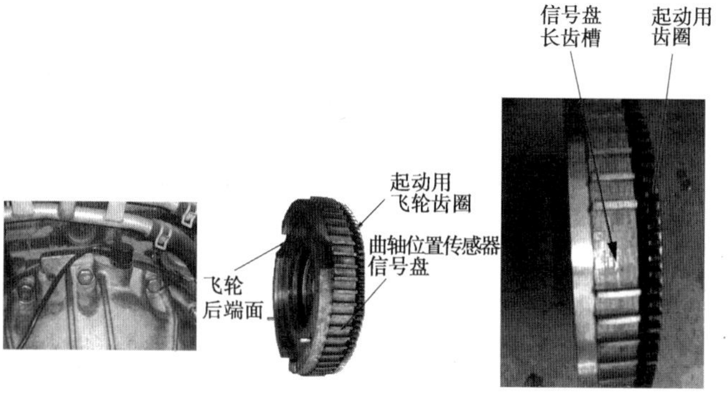

工作原理：________________
____
输出的波形曲线：________________
____
3. 电磁感应式曲轴位置传感器的检测。
（1）外观检查：________________
（2）外线路检查：________________
（3）传感器阻值测量：________________
（4）波形检测：________________
4. 拔掉电磁感应式曲轴位置传感器插头，柴油机能否打着火？对发动机性能是否有影响？读取闪码及故障代码并记录。
能否打着火？________________
对发动机性能是否有影响？________________
闪码及故障代码：________________</td></tr>
</table>

续表 1-6

<table>
<tr><td>信息获取</td><td>5. 电控柴油机凸轮轴位置传感器的信号盘(见下图),凸齿数量为 $Z+1$ 个(Z 为缸数),试分析加 1 个凸齿的作用。信号盘的安装位置一般在何处?
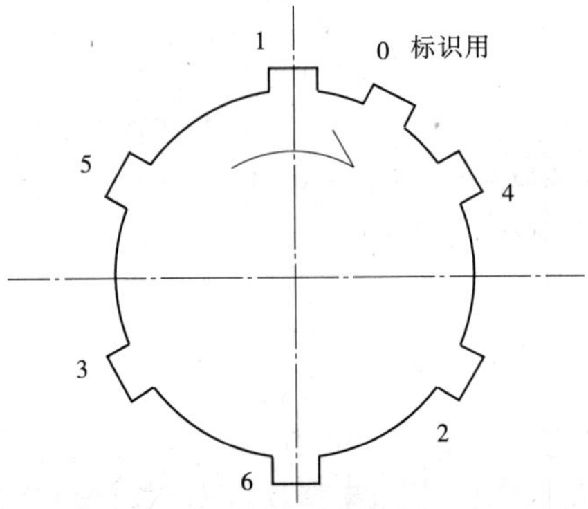

作用:________________
____
安装位置:________________
________________</td></tr>
<tr><td>任务操作与要点</td><td></td></tr>
</table>

评价反馈

(1)对小组工作进行综合评价;

(2)提出改进意见和注意事项;

(3)填写任务评价表(见表 1-7)。

表 1-7　主传感器检修任务评价表

评价内容	评价指标	评价等级		
		自我	小组	教师
专业能力	A. 具有安全、文明生产和环境保护的相关知识和技能。(10 分)			
	B. 高质量地完成工作任务,操作娴熟,任务工单得 85 分以上。(10 分)			
	C. 任务工单中数据真实、步骤完整,能用来判断并排除故障。(10 分)			
	D. 具备了主传感器的检查和故障排除的能力。(10 分)			
社会能力	A. 具有良好的职业道德,遵守实验室管理规定。(5 分)			
	B. 具有较强的口头和书面表达能力、良好的人际交流沟通能力。(10 分)			
	C. 具有良好的团队合作精神和客户服务意识。(10 分)			
	D. 具有良好的心理素质和克服困难的能力。(5 分)			
方法能力	A. 能够制订完善的工作计划。(5 分)			
	B. 能借助网络、文件资料等手段查找所需信息。(10 分)			
	C. 独立完成任务。(5 分)			
	D. 能够检查评估工作任务,并能从个案中寻找共性。(10 分)			
辅导教师关于此次任务的改进意见	总评			

学习任务 3
电控预热系统的检修

相关知识

1　预热装置

发动机在严寒冬季起动困难,这是由于机油黏度增高,起动阻力矩增大,蓄电池工作能力降低,以及燃油汽化性能变坏的缘故。为使之便于起动,在冬季应设法将进气、润滑油和冷却水预热。柴油机冬季起动困难情况尤其严重。车用柴油机为了能在低温下迅速可靠地起动,常采用一些用以改善燃料着火条件和降低起动转矩的起动辅助装置,如电热塞、进气预热器、起动液喷射装置以及减压装置等。

1.1 电热塞

一般在采用涡流室式或预燃室式燃烧室的发动机中装有电热塞,如图 1-83 所示,以便在起动时对燃烧室内的空气进行预热。螺旋形的电阻丝一端焊于中心螺杆上,另一端焊在耐高温不锈钢制造的发热钢套底部,在钢套内装有具有一定绝缘性能、导热好、耐高温的氧化铝填充剂。各电热塞中心螺杆用导线并联,并连接到蓄电池上。在发动机起动以前,先用专用的开关接通电热塞电路,很快红热的发热钢套使汽缸内空气温度升高,从而提高了压缩终了时的空气温度,使喷入汽缸的柴油容易着火。

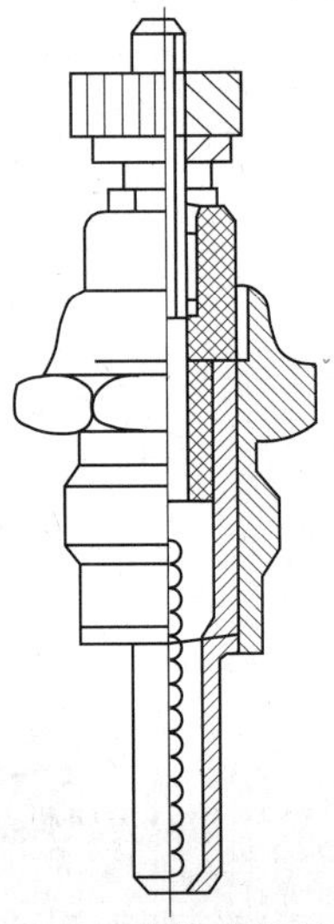

图 1-83 电热塞的结构

1.2 进气预热器

在中、小功率柴油机上常采用进气预热器作为冷起动的辅助装置,如图 1-84 所示。空心阀体由膨胀系数较大的金属材料制成。其一端与进油管接头相连,另一端有内螺纹,与一端带有外螺纹的阀芯相连。阀芯的锥形端在预热器不工作时将油管接头的进油口堵塞。阀体外绕有外表面绝缘的电热丝。柴油机起动时,接通预热器电路后,电热丝发热,同时加热阀体,阀体受热伸长,带动阀芯移动,使阀芯的锥形端离开进油孔。燃油流进阀体内腔受热汽化,从阀体的内腔喷出,并被炽热的电热丝点燃生成火焰喷入进气管,使进气得以预热。当关闭预热开关时,电路切断,电热丝变冷,阀体冷却收缩,其锥形端又堵住进油孔而截止燃油的流入,于是火焰熄灭,预热停止。

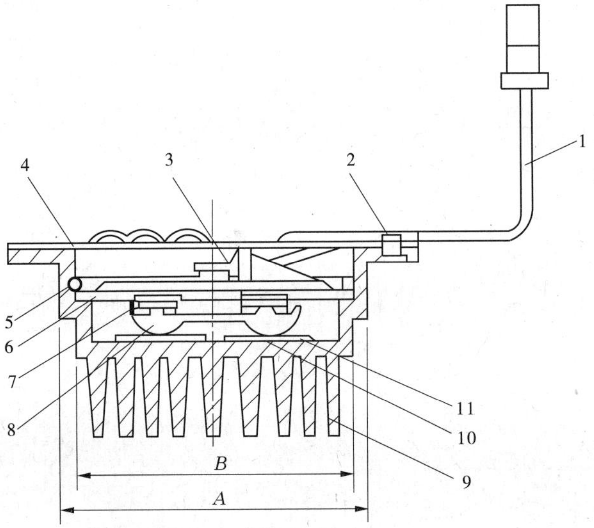

1—耐温导线;2—铆钉;3—镍银合金电极(4 个);4—屏蔽板;5—固定卡紧环;
6—弹簧固定板;7—不锈钢弹簧;8—镍银接触电极(4 个);9—铝合金散热柱(45 个);
10—银导电硅胶;11—陶瓷片(4 片);A—与进气歧管相配尺寸(带锥度);B—与密封圈相配尺寸(带锥度)

图 1-84 热敏电阻进气预热器

2 预热系统

预热系统是柴油发动机所特有的。发动机冷态起动时，即使压缩充分，由于温度低，喷入的燃油并未升温至自燃温度，所以必须用预热系统来改善点火性能。预热系统有两种，即起动预热系统（空气预热）和辅助预热系统（冷却液预热）。

2.1 起动预热系统

起动预热系统在发动机冷态起动前，通过电子装置加热压缩空气，提高了发动机的起动性能，即使在起动后，依据冷却液温度，将对空气继续加热一定时间，从而可以减少柴油发动机的爆燃和冒白烟现象。起动预热系统有两种类型：预热塞式和进气加热式。预热塞式用于加热燃烧室的空气，进气加热式用于直接加热来自空气滤清器的空气，如图1-85～图1-87所示。

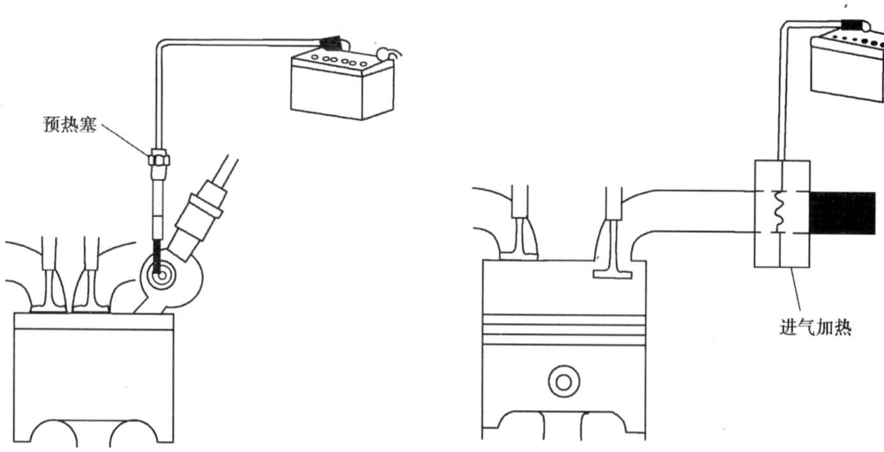

(a)预热塞式　　(b)进气加热式

图1-85　预热塞式和进气加热式原理示意

(a)预热塞式

图1-86　潍柴国Ⅲ进气加热装置

(b)进气加热式

续图 1-86

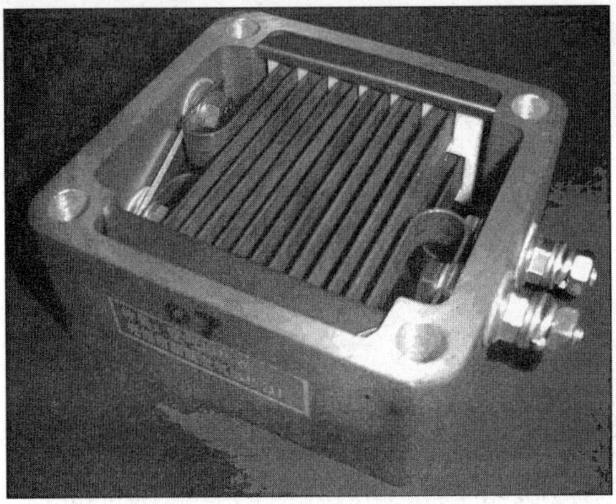

图 1-87　进气加热格栅

2.1.1　预热塞

预热塞的结构原理如图 1-88 所示,预热塞内装有其电阻随温度上升而增加的控制线圈。随温度的升高,线圈的电阻增加,从而降低流往与控制线圈串联的热线圈的电流量,使预热塞的温度不致上升过高。预热塞的温度可升至约 900 ℃。

2.1.2　运行原理

预热系统的运行如图 1-89 所示,当发动机冷却液温度低时,在点火开关接通后,预热定时器或排放控制 ECU 内部的定时器 1 和 2 都接通。定时器 1 接组合仪表内的预热指示灯;定时器 2 接通预热塞继电器,使预热塞产生热量。

(1)在由冷却液温度决定的时间内,定时器 1 和 2 都接通,然后,同时断开。当定时器 1 断开时,预热指示灯也断开。

(2)当点火开关旋至“起动(ST)”时,预热定时器或排放控制 ECU 将预热塞继电器接通,防止预热塞温度在起动时下降,改善起动性能。

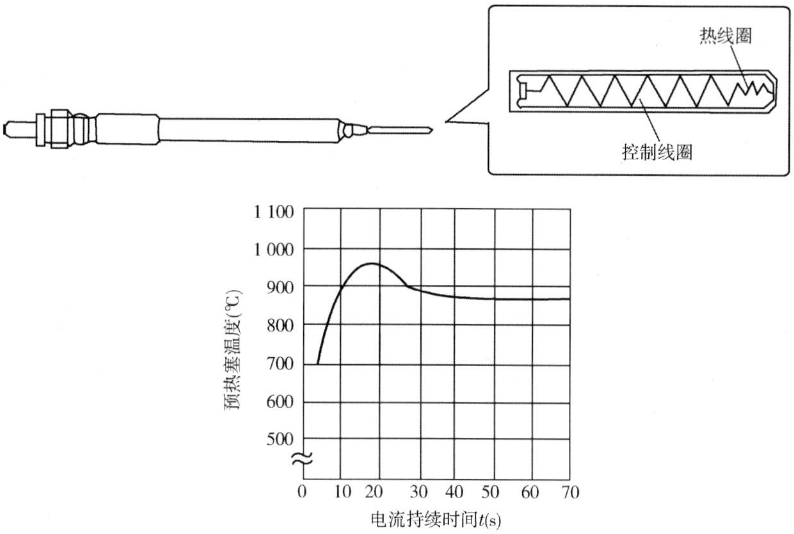

图 1-88　预热塞

(3)当定时器 3 运行时,将预热塞继电器接通,点火开关从“起动(ST)”旋至“点火(ON)”,为发动机的起动产生作用。

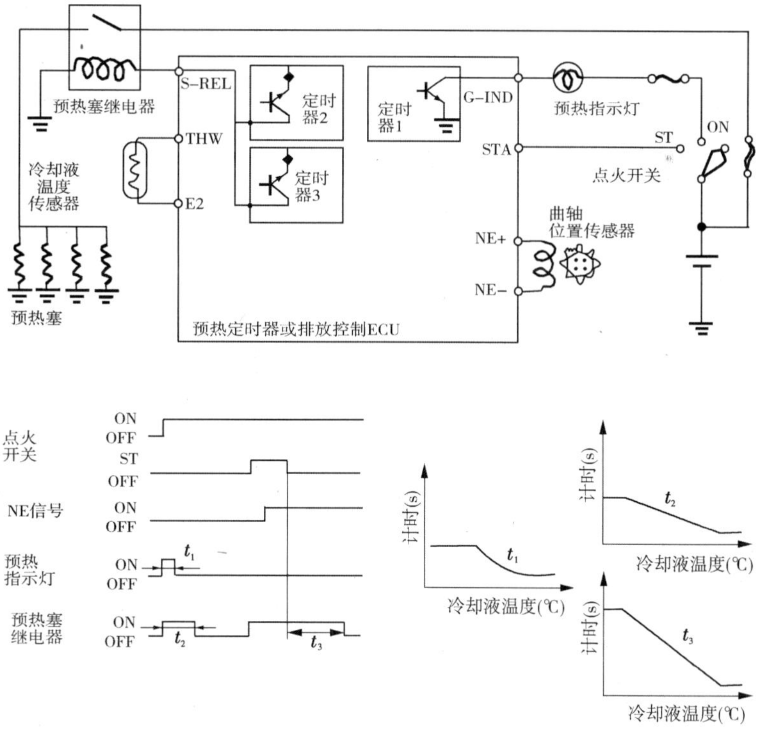

图 1-89　预热系统的运行

2.1.3 预热系统的电路

2.1.3.1 固定延时型电路

固定延时型电路如图 1-90 所示。在固定延时型预热系统中，预热定时器控制预热指示灯发光时间和预热塞继电器接通的时间(预热时间)。指示灯发光时间约为 5 s，预热时间约为 18 s，两者都按固定时间控制。

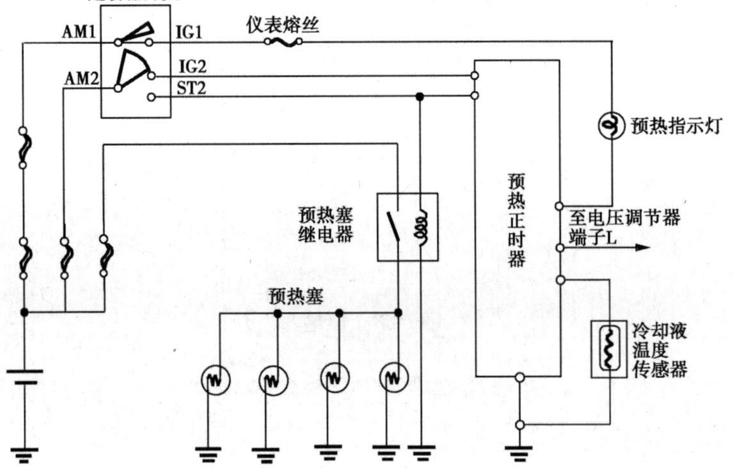

图 1-90 固定延时型电路

2.1.3.2 可变延时型电路

可变延时型电路如图 1-91 所示。在可变延时型预热系统中，预热定时器控制预热指示灯发光时间和根据发动机冷却液温度和交流发电机电压(可用做发动机运转信号)而决定

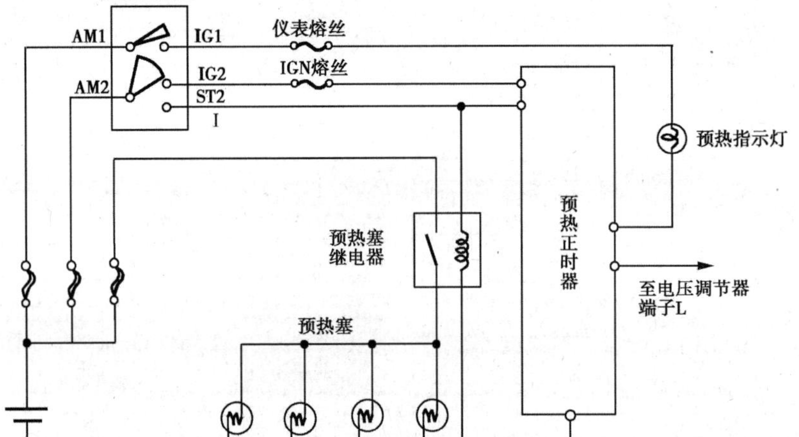

图 1-91 可变延时型电路

的预热塞继电器接通时间(预热时间)。指示灯发光时间:一般为 2 ~ 28 s,预热时间:一般为 2 ~ 55 s,两者都根据冷却液而变化。

2.1.3.3 电控单元控制型电路

以一汽大众宝来柴油机为例,起动预热系统示意见图 1-92。电控单元控制型电路由电控单元控制预热塞继电器和预热塞的工作。预热塞系统使发动机在低温条件下容易起动。当冷却液温度低于 9 ℃时,发动机电控单元起动预热系统。

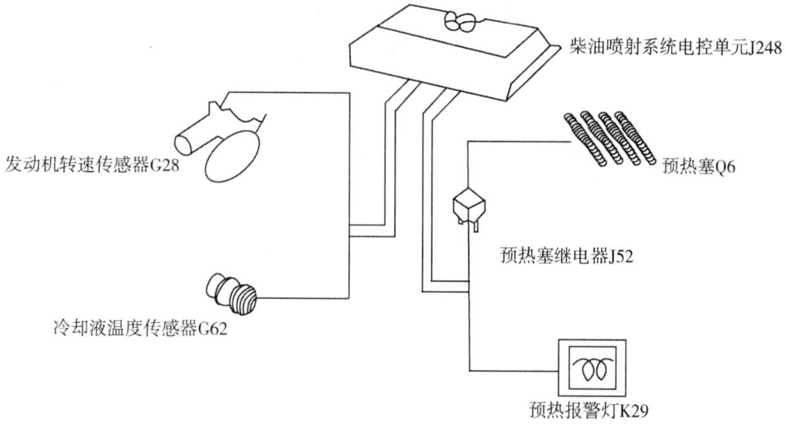

图 1-92 起动预热系统示意

预热塞继电器 J52 的电路见图 1-93。

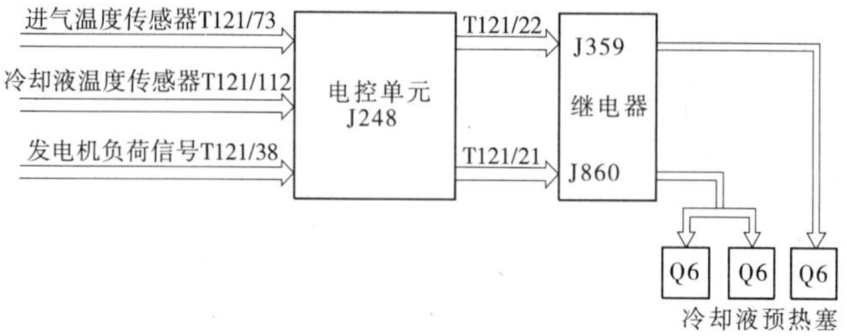

图 1-93 控制电路示意图

2.2 辅助预热系统(冷却液预热)

辅助预热系统根据进气温度传感器、冷却液温度传感器和发动机负荷传感器等的信号,控制冷却液预热塞的工作,以提高燃烧质量,从而提高发动机的动力性、经济性和排放性。捷达电喷汽车辅助预热系统控制过程分两个阶段:预热阶段和后预热阶段。预热阶段:点火开关打开后,当冷却液温度低于 9 ℃时预热塞被接通,预热期间报警灯亮。预热循环阶段结束时报警灯熄灭,发动机可以起动。后预热阶段:发动机起动后即为后预热阶段,时间不超过 4 min,当发动机转速超过 2 500 r/min 后,后预热阶段结束。这将降低燃烧噪声,提高怠速质量和降低碳氢化合物排放水平。

2.2.1 预热继电器控制使用说明

(1)在低温条件下通过加热进气的办法来辅助发动机顺利起动。

(2)电控发动机 ECU 可以方便地对加热过程进行控制,适合使用电加热的方式来预热进气。

(3)选用预热控制功能,ECU 上电(威特系统需同时打开预热开关),根据当前发动机冷却液温度决定是否需要进行预热来辅助起动,并通过控制预热继电器来执行。

(4)若整车装了辅助预热起动装置,在低温情况下用户打开钥匙到 ON 挡后,请一定注意仪表板上的预热指示灯是否点亮,如果该灯点亮,说明温度太低发动机需要预热后才能起动。此时切不可直接起动马达,一定要等预热指示灯熄灭后再起动。

2.2.2 系统电路及流程

长城车 GW2.8TC 型共轨柴油机的进气预热系统电路,如图 1-94 所示。

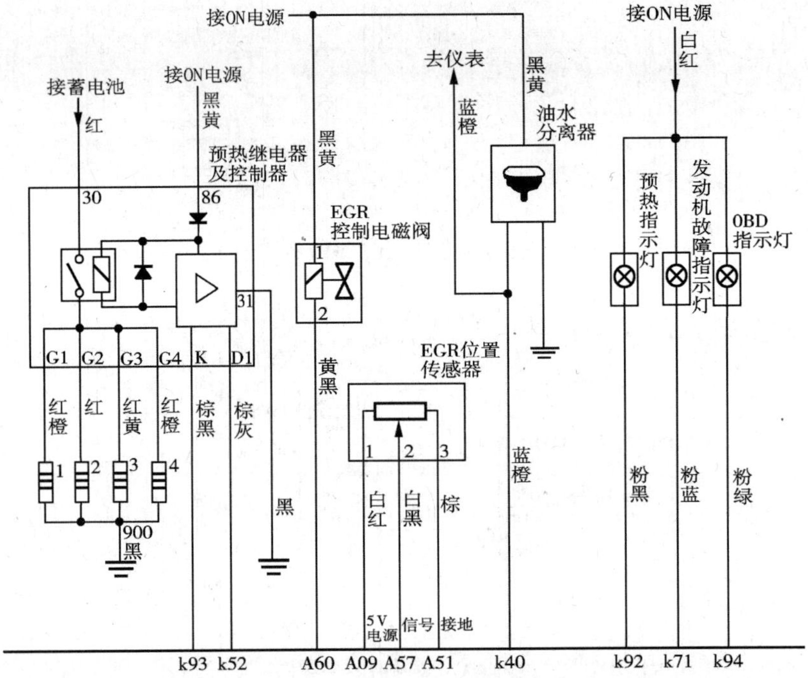

图 1-94 长城车 GW2.8TC 型共轨柴油机的进气预热系统电路

预热继电器控制使用流程如图 1-95 所示。

2.3 预热指示灯控制

(1)适用于德尔福系统,如图 1-96、图 1-97 所示。

(2)适用于威特系统,如图 1-98 ~ 图 1-100 所示。

(3)适用于南岳系统,如图 1-101 ~ 图 1-103 所示。

(4)预热继电器诊断电路见图 1-104。

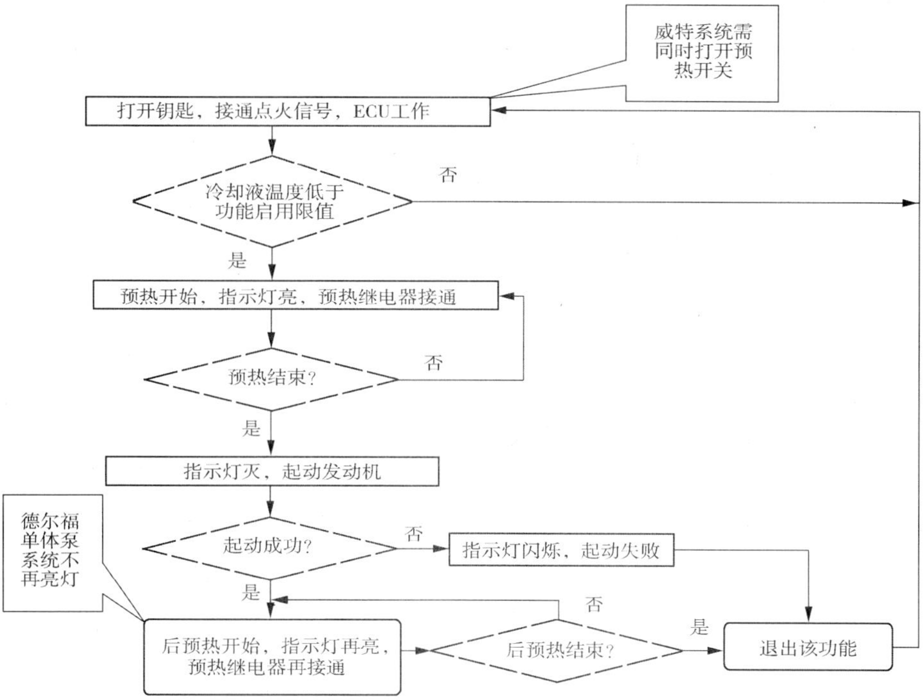

图 1-95　预热继电器控制使用流程示意

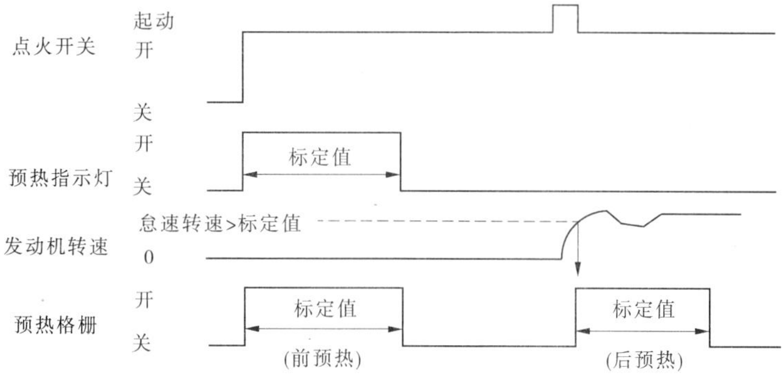

图 1-96　预热起动成功示例(德尔福系统)

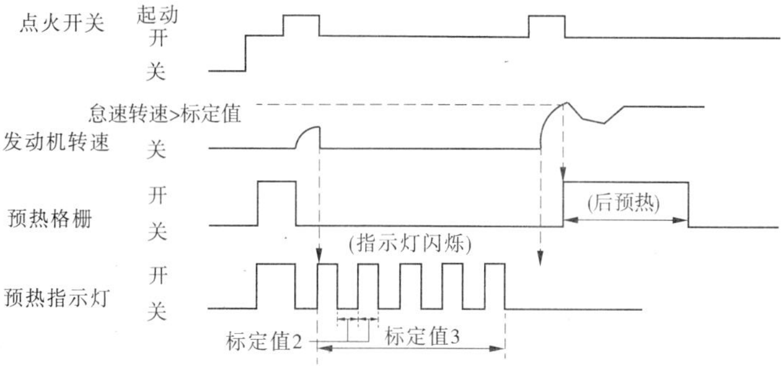

图 1-97　预热无起动示例(德尔福系统)

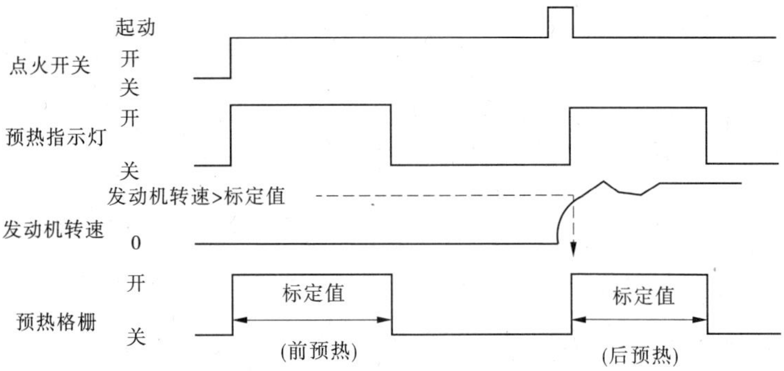

图 1-98　预热起动成功示例 1(威特系统)

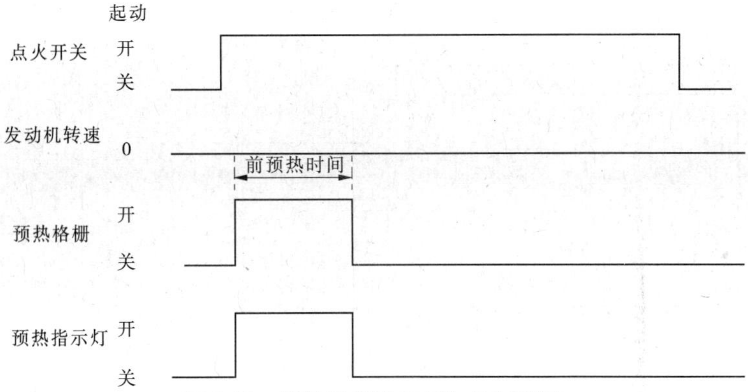

图 1-99　预热无起动示例(威特系统)

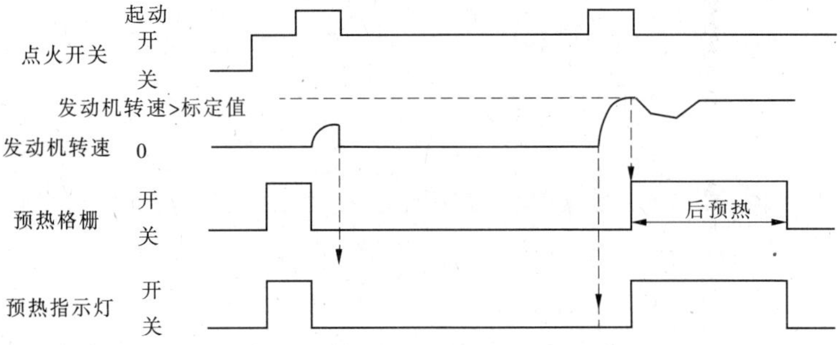

图 1-100　预热起动成功示例 2(威特系统)

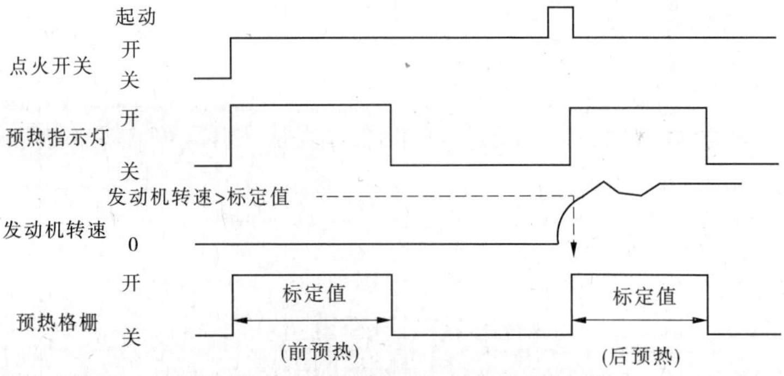

图 1-101　预热起动成功示例(南岳系统)

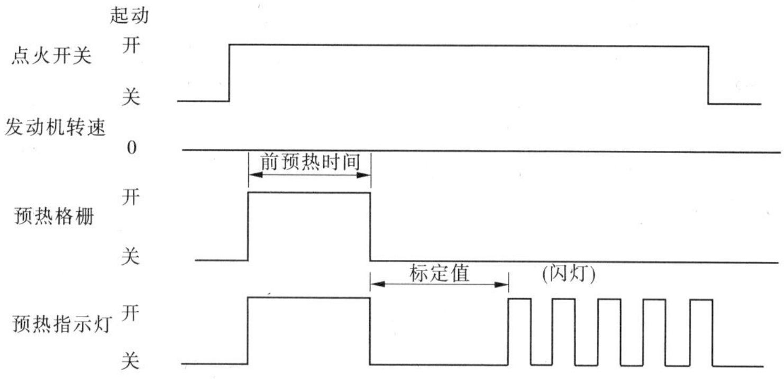

图 1-102　预热无起动示例(南岳系统)

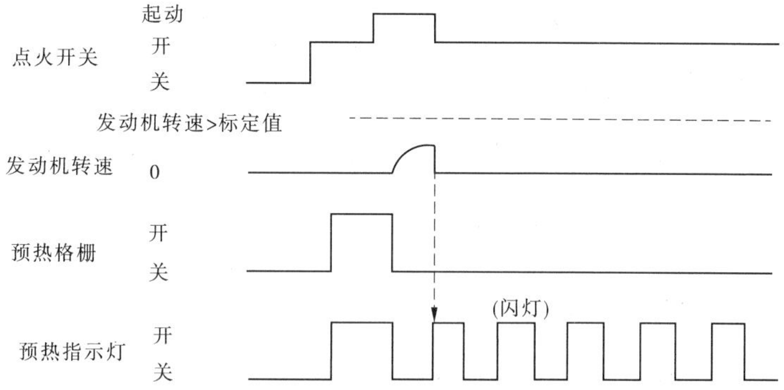

图 1-103　预热起动不成功示例(南岳系统)

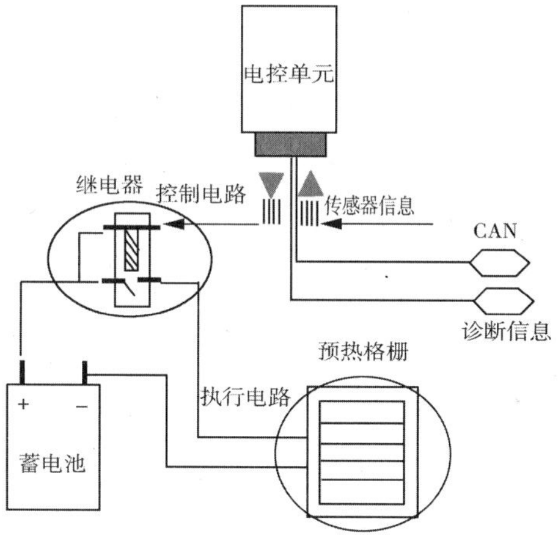

图 1-104　预热继电器诊断电路

任务实施

1. 任务相关知识描述

预热装置故障的检查项目主要有：

(1)预热装置外观的检查；

(2)预热塞工作性能的检查；

(3)辅助预热装置工作性能的检查；
(4)预热继电器工作性能的检查。

2. 信息资料收集与分组

(1)完好电控柴油机预热装置的技术要素；
(2)被测电控柴油机预热装置的技术资料；
(3)电控柴油机预热装置检测所需工具；
(4)安全操作注意事项；
(5)分组并产生组长，明确任务。

3. 制订计划

(1)以小组讨论的方式制订电控柴油机预热装置的检查计划；
(2)讨论工作计划并最终定稿；
(3)填写工作计划表(见表1-8)。

表1-8 电控柴油机预热装置检查工作计划表

姓名:	学号:	班级:	组别:
任务名称			
个人工作实施计划			
小组其他计划特色点			
辅导教师意见			
个人工作实施计划定稿			

4. 实施计划

(1)学生按既定工作计划完成检查并填写任务工单(见表1-9);

(2)教师监控学生操作过程,及时更正学生的错误。

表1-9　电控柴油机预热装置检查任务工单

<table>
<tr><td>姓名:</td><td>学号:</td><td>班级:</td><td>组别:</td></tr>
<tr><td colspan="2" rowspan="2">评价等级:</td><td>教师签字:</td><td>成绩:</td></tr>
<tr><td>日期:</td><td>学时:</td></tr>
<tr><td>任务名称</td><td colspan="3">电控柴油机预热装置的检查</td></tr>
<tr><td>能力目标</td><td colspan="3">1. 能够对照实物说出电控柴油机预热装置各部件名称;
2. 能够说出电控柴油机预热装置的功用;
3. 会正确安装和拆卸电控柴油机预热装置;
4. 会正确使用万用表检测电控柴油机预热装置工作电压;
5. 能够正确地保养电控柴油机预热装置。</td></tr>
<tr><td>工具、设备的准备</td><td colspan="3">实训汽车、常规拆装工具和专用工具、万用表</td></tr>
<tr><td>信息获取</td><td colspan="3">1. 借助长城车GW2.8TC型柴油机(或其他)实验台或整车,找出进气预热系统的主要组成部件及安装位置、接线端子并记录。
预热塞的位置:________________
____
预热继电器及控制器的安装位置:________________
____
接线端子:________________
2. 目前,国Ⅲ柴油机常用的电控进气预热系统有哪几种类型?设置进气预热系统的目的是什么?
预热系统的类型:________________
设置进气预热系统的目的:________________
____
________________</td></tr>
</table>

续表 1-9

<table>
<tr>
<td>信息获取</td>
<td>
3. 参考下图,分析长城车 GW2.8TC 型共轨柴油机的进气预热系统工作原理。

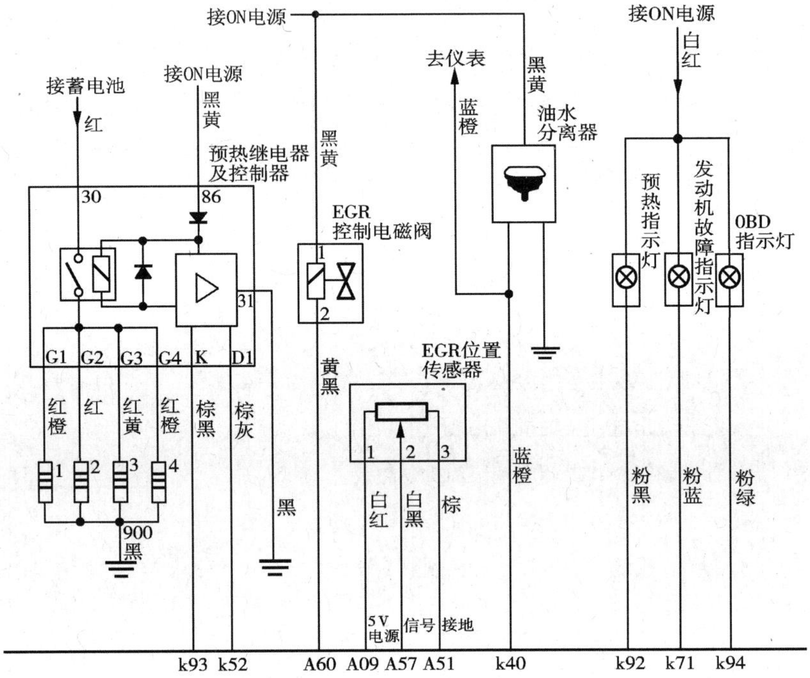

长城车 GW2.8TC 型共轨柴油机的进气预热系统电路图

工作原理:______________________________

____

____
</td>
</tr>
<tr>
<td>任务操作与要点</td>
<td></td>
</tr>
</table>

5. 检查结果

(1)检查学生是否填写完整任务工单;

(2)回答学生所提出的问题;

(3)学生以小组讨论方式进行工作评估。

评价反馈

(1)对小组工作进行综合评价;

(2)提出改进意见和注意事项;

(3)填写任务评价表(见表1-10)。

表1-10 电控柴油机预热装置检查任务评价表

评价内容	评价指标	评价等级		
		自我	小组	教师
专业能力	A. 具有安全、文明生产和环境保护的相关知识和技能。(10分)			
	B. 高质量地完成工作任务,操作娴熟,任务工单得85分以上。(10分)			
	C. 任务工单中数据真实、步骤完整,能用来判断并排除故障。(10分)			
	D. 具备了电控柴油机预热装置检查和故障排除的能力。(10分)			
社会能力	A. 具有良好的职业道德,遵守实验室管理规定。(5分)			
	B. 具有较强的口头和书面表达能力、良好的人际交流沟通能力。(10分)			
	C. 具有良好的团队合作精神和客户服务意识。(10分)			
	D. 具有良好的心理素质和克服困难的能力。(5分)			
方法能力	A. 能够制订完善的工作计划。(5分)			
	B. 能借助网络、文件资料等手段查找所需信息。(10分)			
	C. 独立完成任务。(5分)			
	D. 能够检查评估工作任务,并能从个案中寻找共性。(10分)			
辅导教师关于此次任务的改进意见		总评		

单元 2 电控柴油发动机动力不足的故障诊断与检修

学习目标

1. 能描述动力不足的几种现象；

2. 能根据动力不足的几种现象进行原因分析；

3. 能够熟练进行故障闪码的读取及使用故障诊断仪；

4. 能正确使用工具对执行器和传感器进行检测，并能够对常用的执行器的失效模式进行理论分析；

5. 能够对数据流及波形进行正确分析。

任务描述

一辆金龙客车，在运行过程中发动机无力。车辆 3 天前刚做完强保，且起动正常，检查油品也都正常。利用诊断仪检测其原地起动车状态下的进气压力，怠速状态下压力大致为 1.012 bar，原地油门踩到底，进气压力无明显变化，大致为1.1 bar，怀疑空气滤清器阻塞或进气系统漏气。拆除空气滤清器检测进气压力，检查增压器和中冷器，发现中冷器下端裂开了大约 15 cm 的口子，因被一个橡胶垫圈挡住，所以不容易看到。拆下中冷器铝焊，之后用户试车，动力恢复正常。

电控柴油发动机动力不足的原因主要有以下几个方面。

1. 进气系统故障

空气滤清器堵塞，进气管路内起皮或其他异物堵塞，中冷器堵塞。对于电控柴油机来说，也可能是进气系统电控节气门翻板故障。

2. 燃油系统故障

低压供油不畅，高压油路故障，如喷油器及喷油器电磁阀和电路故障，燃油管路泄漏引起共轨压力异常波动。

3. 传感器的故障

进气压力传感器是 ECU 用来估算进气量的传感器（安装在进气管上），水温传感器是用来判断发动机热负荷的传感器(安装在出水管上),轨压传感器用来检测共轨管的燃油压力(安装在共轨管上)。

4. 增压系统故障

废气涡轮增压器的压气机和涡轮机的进气管路被污物阻塞或漏气、轴承损坏,都会导致进入汽缸的空气量减少,致使柴油燃烧不完全,造成柴油机的功率下降。

5. 润滑系统故障

(1)机油黏度太大或随便往机油中添加增黏剂,使柴油机运转阻力增大,功率消耗增加。

(2)油底壳中机油太多,使运转阻力增大,柴油机输出功率降低。

6. 柴油质量问题

如果柴油质量低劣、杂质较多,或标号达不到低温要求,从而造成结蜡阻塞油路,也会造成动力不足。

学习任务1

喷油器电磁阀及电路的故障检修

相关知识

1 喷油器电磁阀的结构及工作原理

电子控制模块(ECM)操纵喷油器电磁阀以控制燃油计量和正时。每个喷油器电磁阀通过驱动导线和回路导线连接到 ECM。电脉冲信号从 ECM 上的驱动导线发送到喷油器,并在驱动电磁阀后返回 ECM 回路导线。每种电磁阀都是常闭型,仅在喷油和计量期间收到 ECM 的电脉冲时才开启。总之,其用于精确控制喷油量、喷油正时以及喷油规律。

1.1 Bosch 共轨系统的喷油器电磁阀

Bosch 共轨系统的喷油器(含电磁阀)如图 2-1 所示。

目前,国内生产的国Ⅲ柴油机,为解决排放及噪声问题,喷油器的喷油过程广泛采用预喷射加主喷射的过程。国内应用的 Bosch 第二代共轨系统,喷油器电磁阀喷油波形如图 2-2 所示。

1.1.1 主喷射电流波形的组成及作用

主喷射电流波形由峰值电流和维持电流组成。各段电流的作用及相关说明如下:

(1)峰值电流使电磁阀的上升响应速度加快。

(2)在峰值电流后为维持电流,以减少系统能量消耗。

这就是典型的电流控制型喷油器驱动形式。电流控制型驱动器的内部结构要比电压控制型更复杂,从其命名就可以知道,它除要完成基本的开/关功能外,还要提供电流限制功能。驱动器电路工作时,回路电流在一段时间内不受限制,直到喷油嘴针阀开启为止。这个时间周期被制造厂商预先调整,一旦电磁喷油器针阀开启,因工作气隙较小,磁路磁阻很低,电磁线圈通入较小的维持电流便能产生足够大的电磁吸力,维持电磁控制阀的开启状态,于是驱动器控制电流迅速下降到一个较小值,以保护喷油器不会因在整个脉冲周期内承受大电流而发生过热损坏,节省电能,同时有利于电磁控制阀的快速闭合。

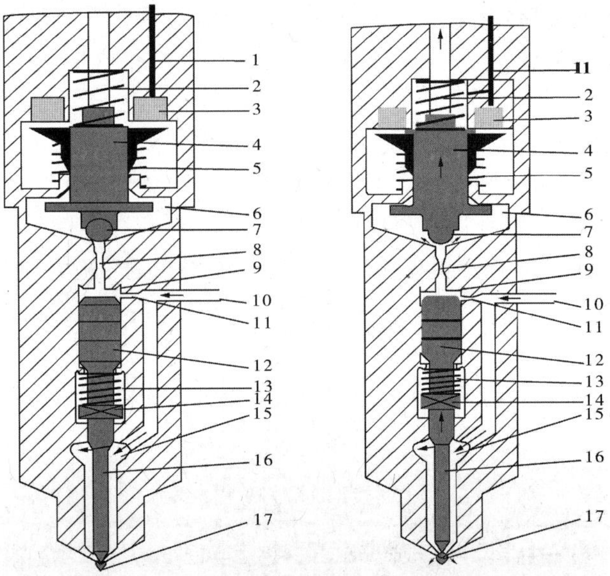

1—电磁阀供电线圈;2—控制阀弹簧;3—电磁铁及线圈;4—枢轴;5—回位弹簧;
6—空腔;7—球阀;8—回油节流油道;9—阀控制腔;10—接共轨;
11—进油节流孔;12—控制活塞;13—油嘴弹簧;14—压杆;
15—承压腔;16—油嘴轴针;17—喷油嘴

图 2-1　Bosch 共轨系统的喷油器

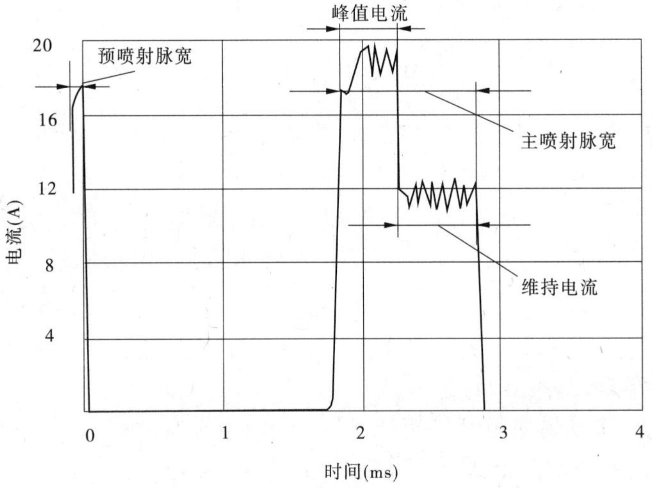

图 2-2　Bosch 第二代共轨系统的喷油器电流波形

为了精确计量燃油,要求喷油器电磁阀的开启响应和关闭响应时间之和小于0.5 ms,电磁阀体的感抗会使阀体响应滞后,因此采用低感抗的高频电磁阀并配合以电流控制驱动电路,驱动电流、喷射率、电磁阀升程关系如图 2-3 所示。电流控制型喷油器驱动有两种方法降低回路电流,普遍使用的是一种控制电路阻抗限流的方法。通过控制晶体管的基极、发射极电流,来控制集电极、发射极电流的大小,这个阶段晶体管工作在放大区,自身的发热较大,散热问题必须考虑。另一种方法是周期性地使电路处于开/关状态,当这个过程足够快的时候,电磁喷油器的磁场不会崩溃,喷油器将保持在开启状态。

1.1.2 预喷射电流波形

在主喷射之前进行的预喷射(时间间隔约 1 ms)可以使燃烧噪声明显降低,但由于喷射会导致 PM(微粒排放量)增加,因此可以使预喷射段靠近主喷射段,以降低 PM。因为预喷射时间短暂(约为 0.5 ms),所以只出现峰值电流。

1.1.3 多段喷射介绍

进入电控共轨系统时代以后,由于采用时间控制,对喷射率形状的控制进入了新阶段。多段喷射也就是将一个喷油循环细分成若干段相互关联的、各自独立的喷射段,即引导喷射、预喷射、初始喷射、高压喷射、后喷射及次后喷射等,如图 2-4 所示。

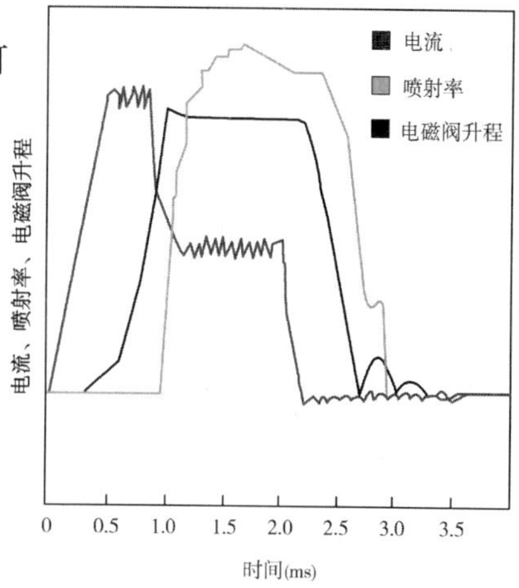

图 2-3 喷油器电磁阀的特性曲线

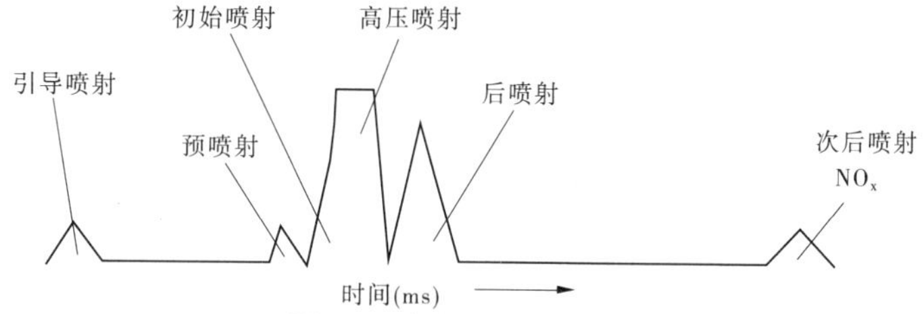

图 2-4 多段喷射喷油循环

在多段喷射过程中,电磁阀必须完成多次开启、关闭动作,因此驱动能量和消耗能量成了问题,通常采用电容储能驱动方式,这种储能方式以往运用在高速发动机的点火系统。

1.2 Delphi 共轨系统的喷油器电磁阀

目前,国Ⅲ柴油机配套的 Delphi 共轨系统的喷油器结构及其喷油过程如图 2-5、图 2-6 所示。

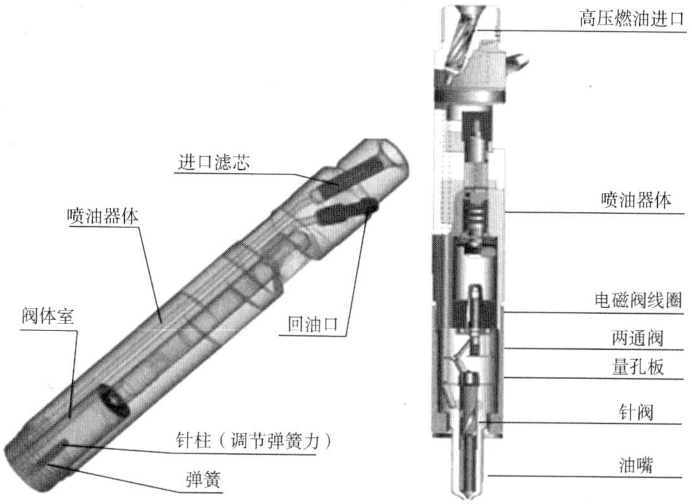

图 2-5 玉柴 4F 柴油机 Delphi 共轨系统的喷油器体及其剖面结构

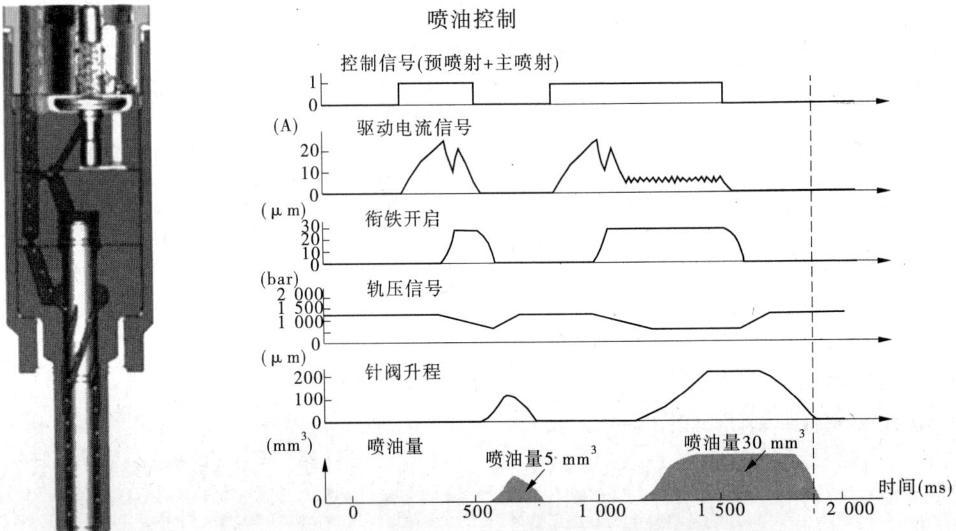

图 2-6　玉柴 4F 柴油机 Delphi 共轨系统喷油器喷油过程

1.3　Denso 共轨系统的喷油器电磁阀

目前,国内生产的部分中型、重型国Ⅲ柴油机,如重汽的 WD6135、上柴的 SC8DK 采用了Denso 的 ECD－U2(HP0 高压泵)共轨系统。喷油器及电磁阀的工作原理基本相同,在此不再叙述。

下面单独说明喷油器的控制电路及触发电压等相关问题。

为了改善喷油器的敏感度,将驱动电压变为高电压,从而加速电磁线圈磁化和喷油器电磁阀的响应。ECU 中的充电电路将蓄电池电压提高到 100 V 左右,维持电压 12.8 V,它通过 ECU 发出的驱动喷油器的信号而施加到喷油器上。

喷油器为了实现高频动作,其触发电压一般为几十伏,甚至上百伏,原因是 ECU 内设置了大容量的电容器,利用了电容储能的驱动方式。Denso 喷油器的控制电路如图 2-7 所示。怠速时,实测的圣达菲车 D4EA 柴油机喷油器的驱动电压值如图 2-8 所示,ECU 内的电容器如图 2-9 所示。

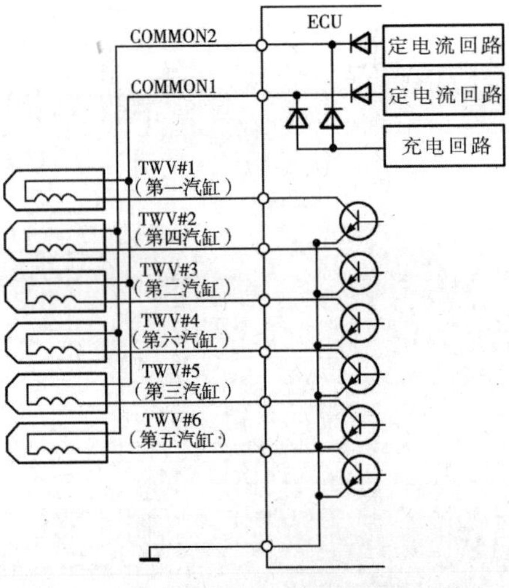

图 2-7　Denso 喷油器的控制电路

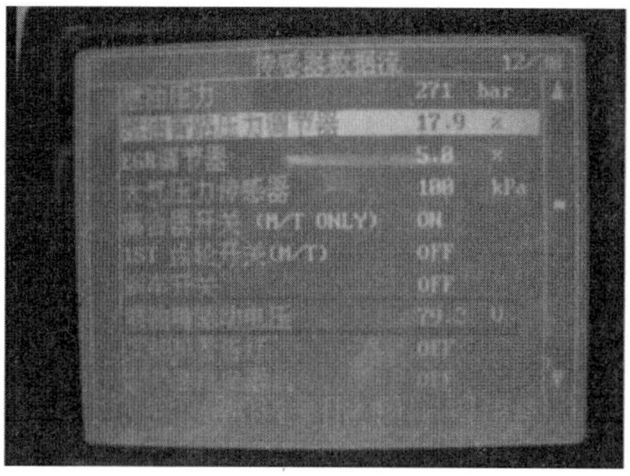

图 2-8 喷油器的驱动电压

图 2-9 ECU(已烧毁)内的电容器

2 喷油器电磁阀的检修

下面给出几个机型喷油器的参数：

(1)长城车 GW2.8TC 型柴油机 Bosch 共轨。CR1P2 型，喷油孔直径 0.137 mm，6 孔，电磁阀灵敏度 0.2 ms，最大喷油压力 1 450 bar。

(2)玉柴 4F Delphi 共轨。6 孔，无压力室式，工作电流 6 ~ 16 A，两次喷油间隔 0.2 ms，16 位修正码，最大喷油压力 1 600 bar。

(3)玉柴国ⅢBosch 共轨。CRIN2 型，最大喷油压力 1 600 bar，电器参数如下所示：

线圈电阻	Ω	0.23	20 ℃时，公差 ±5%
线圈电感(提升段)	μH	150	20 ℃时
线圈电感(保持段)	μH	35	20 ℃时
提升电压	V	48	提升开始时，20 ℃
提升电流	A	24 ~ 26	设定值 25 A
保持电流	A	11 ~ 13	设定值 12 A

(4)以长城车 GW2.8TC 型柴油机 Bosch 共轨系统为例，分析喷油器电磁阀的检修。如图 2-10 所示，每个喷油器电磁阀有 2 个接线端子，每个端子与 ECU 的对应端子相连。如图 2-11所示，每个喷油器有唯一的 IQA(Injector Quantity Adjustment)码。

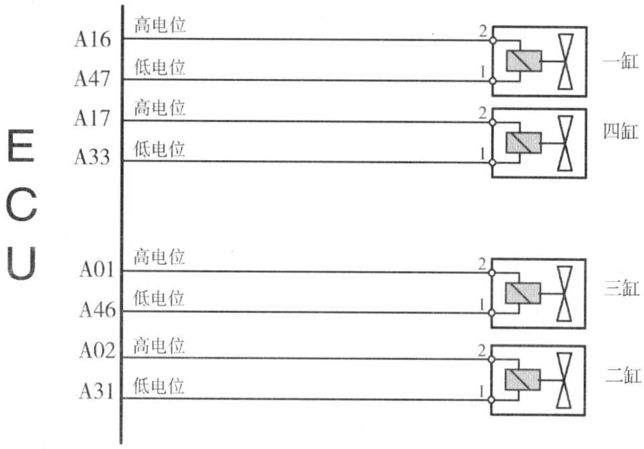

图 2-10 喷油器电磁阀与 ECU 的电路连接

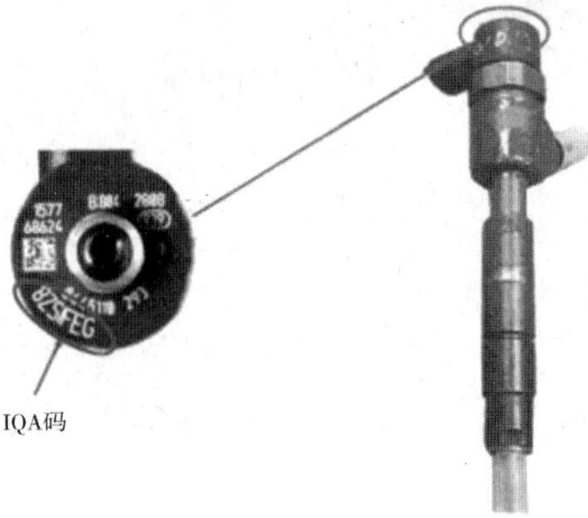

图 2-11　喷油器 IQA 码的位置

①外线路检查。参考图 2-10,用万用表的电阻挡,分别测量各喷油器电磁阀与 ECU 对应端子之间的电阻值,来判断外线路是否存在短路及断路故障。

②电磁阀电阻值测量。关闭点火开关,分别拔下各喷油器电磁阀插头,测量各电磁阀侧1#与 2#端子间的电阻,正常情况下,两端子间的电阻值应在 0.2 ~0.4 Ω。

③电磁阀工作电流检查。发动机工作时喷油器的峰值电流为 18 A 左右,保持电流为 12 A 左右(用 Bosch KTS 或其他诊断仪,并接钳式电流表,来检测喷油器的工作电流波形十分方便。钳式电流表如图 2-12 所示)。

④电磁阀工作电压检查。在起动发动机情况下,喷油器电磁阀端子处应有 5 V 脉冲电压输入;或用试灯(需串联 300 Ω 左右的电阻)连接喷油器电磁阀两个端子,起动时试灯应时亮时灭。

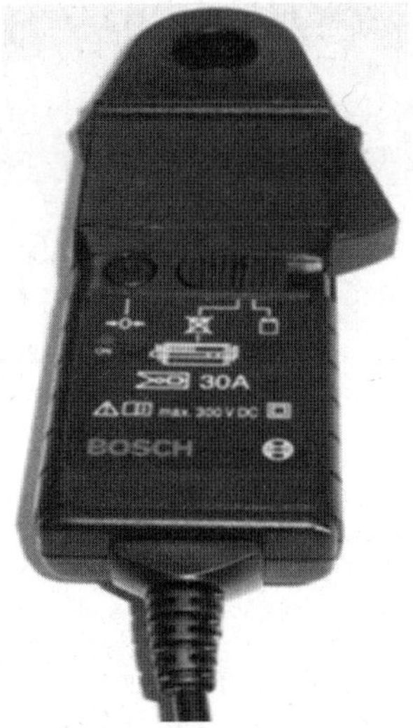

图 2-12　钳式电流表

⑤数据流检测。用 X -431 故障诊断仪可以读取"当前系统喷油量"、"当前系统喷油占空比"、"主喷修正量"等 3 个参数的数据流。

3　喷油器电磁阀失效模式分析

下面结合主要机型进行说明。

3.1　长城车 GW2.8TC 型柴油机 Bosch 共轨系统

(1)发动机无法起动:当燃油中的杂质过多,有两支及以上的喷油器堵塞时,喷油器回油量过大,导致发动机共轨压力在建立后出现回落现象,引起发动机无法起动。

(2)发动机抖动:若有一支喷油器堵塞,或者喷油器电磁阀线路与发动机金属磨损搭铁,或者某缸喷油器电磁阀与 ECU 连接断路,会造成发动机抖动且出现"N 缸喷油器无效应信号"故障代码。

(3)发动机飞车(极少):若燃油中杂质过多导致喷孔堵塞,发动机高速运转时,燃油压力将喷头压掉,大量燃油进入燃烧室。

3.2 玉柴国Ⅲ Bosch 共轨系统

当某缸喷油器出现驱动模块、驱动线路或电磁阀本身故障时，会出现下列现象：

(1)故障灯亮；

(2)某缸不工作，发动机功率下降，扭矩不足；

(3)出现相应的故障代码：P1203、P1204、P1209、P120B、P120C、P1211、P0261、P0262、P0264、P0265、P0267、P0268、P0201、P0202、P0203、P0204 等。

3.3 玉柴国Ⅲ Delphi 共轨系统

故障现象如下：

(1)故障灯亮；

(2)某缸不工作，发动机功率下降，扭矩不足；

(3)出现相应的故障代码：P1201、P1202、P1203、P1204、P1618、P1619、P1611、P1612、P0201、P0202、P0203、P0204 等。

注意：当喷油器电磁阀失效时，则必须更换整个喷油器，不可以只更换电磁阀！

3.4 玉柴国Ⅲ Delphi 单体泵系统

常出现的有下列条件：

(1)某一缸驱动线路开路；

(2)某一缸驱动线路短路；

(3)某一缸驱动线路高端对地短路；

(4)某一缸驱动线路高端对电源短路；

(5)某一缸驱动线路低端对地短路；

(6)某一缸驱动线路低端对电源短路。

针对(3)、(4)进入条件，该缸所属高端驱动模块(bank)的相关单体泵会全部停喷。例如，若第一缸出现(3)故障，则第 1、3、5 单体泵全部停喷；第六缸出现(4)故障，则第 2、4、6 单体泵全部停喷。这种故障模式导致运行及起动非常困难。

针对(6)进入条件，该缸所属高端及低端驱动模块的相关单体泵会全部停喷。例如，若第一缸出现(6)故障，则第 1、2、3、5 单体泵全部停喷。这种故障模式通常导致无法运行及起动。

ECU 采取下列处理措施：

(1)故障灯闪烁，产生相应故障代码；

(2)油门仍然起作用；

(3)针对(1)、(2)、(5)进入条件，仅该缸停喷。

任务实施

1. 任务相关知识描述

喷油器电磁阀的检查项目主要有：

(1)喷油器的安装部位及工作原理；

(2)发动机线束和喷油器贯穿式接头触针的检查；

(3)检查喷油器电路的电阻；

(4)检查是否开路；

(5)检查触针和触针之间是否短路。

2. 信息资料收集与分组

(1)完好喷油器电磁阀的技术要素；

(2)被测喷油器电磁阀的技术资料；

(3)检测所需工具：电控柴油发动机、万用表、故障诊断仪、专用的测试导线；

(4)安全操作注意事项；

(5)分组并产生组长，明确任务。

3. 制订计划

(1)以小组讨论的方式制订喷油器电磁阀及电路的检查计划；

(2)讨论工作计划并最终定稿；

(3)填写工作计划表(见表2-1)。

表2-1 喷油器电磁阀及电路检修工作计划表

姓名：	学号：	班级：	组别：
任务名称			
个人工作实施计划			
小组其他计划特色点			
辅导教师意见			

续表 2-1

个人工作实施计划定稿	

4. 实施计划

(1)学生按既定工作计划完成检查并填写任务工单(见表 2-2);

(2)教师监控学生操作过程,及时更正学生的错误。

表 2-2 喷油器电磁阀及电路的故障检修任务工单

<table>
<tr><td>姓名:</td><td>学号:</td><td>班级:</td><td>组别:</td></tr>
<tr><td colspan="2" rowspan="2">评价等级:</td><td>教师签字:</td><td>成绩:</td></tr>
<tr><td>日期:</td><td>学时:</td></tr>
<tr><td>任务名称</td><td colspan="3">喷油器电磁阀及电路的故障检修</td></tr>
<tr><td>能力目标</td><td colspan="3">1. 能通过与客户交流、查阅相关维修技术资料等方式获取车辆信息。
2. 能根据故障现象制订正确的维修计划。
3. 能正确选择检测和诊断设备对喷油器电磁阀及电路引起的故障进行诊断。
4. 能使用万用表、故障诊断仪对喷油器电磁阀及电路进行检测。
5. 能正确记录、分析各种检测结果并做出故障判断。
6. 能按照正确操作规范进行喷油器电磁阀及电路的更换。
7. 能正确检查喷油器电磁阀及电路故障的修复质量。
8. 能根据环保要求,正确处理对环境和人体有害的辅料、废气液体和损坏零部件。
9. 能够自主检修喷油器电磁阀及电路引起的故障。</td></tr>
<tr><td>工具、设备的准备</td><td colspan="3">万用表、故障诊断仪</td></tr>
<tr><td>信息获取</td><td colspan="3">1. 借助长城车 GW2.8TC 型柴油机(或其他)实验台或整车,找出喷油器电磁阀的安装位置、接线端子并记录。
安装位置:________________
接线端子:________________
2. 参考图 2-2,分析 Bosch CRS2.0 系统喷油器的电流波形的含义。
电流波形的含义:________________
____
____
____
____
3. 参考图 2-7,分析 Denso 喷油器的控制电路,说明充电回路的作用。
作用:________________
____
____
4. 参考图 2-10,分析 GW2.8TC 型柴油机喷油器电磁阀与 ECU 的电路连接图,检测喷油器电磁阀并记录。
(1)外线路检查。
用万用表的电阻挡,分别测量各喷油器电磁阀与 ECU 对应端子之间的电阻值,来判断外线路是否存在短路及断路故障。阻值为:________________</td></tr>
</table>

续表 2-2

信息获取	(2)电磁阀电阻值测量。 关闭点火开关,分别拔下各喷油器电磁阀插头,测量各电磁阀侧 1#与 2#端子间的电阻。 第一缸喷油器电磁阀的阻值为:____________ 第二缸喷油器电磁阀的阻值为:____________ 第三缸喷油器电磁阀的阻值为:____________ 第四缸喷油器电磁阀的阻值为:____________ 说明:正常情况下,两端子间的电阻值应在 0.3 Ω 左右。 (3)电磁阀工作电流检查(有条件的可进行)。 发动机工作时喷油器的峰值电流为 18 A 左右,保持电流为 12 A 左右(用 Bosch KTS 或其他诊断仪,外接钳式电流表,来检测喷油器的工作电流波形十分方便)。 (4)电磁阀工作电压检查。 在起动发动机情况下,喷油器电磁阀端子处应有近 100 V 脉冲电压输入;或用试灯(需串联 300 Ω 左右的电阻)连接喷油器电磁阀两个端子,起动时试灯应时亮时灭。 (5)数据流检测。 用 X－431 故障诊断仪可以读取的数据流为:____________ 5. 喷油器失效模式验证。 (1)将一个喷油器的电磁阀插头拔掉,发动机能否打着火?____________ 操作油门,对发动机性能是否有影响?____________ 故障灯是否亮?____________ 记录故障代码:____________ (2)将两个或以上喷油器的电磁阀插头拔掉,发动机能否打着火?____________ 操作油门,对发动机性能是否有影响?____________ 故障灯是否亮?____________ 记录故障代码:____________ 说明:①目前国Ⅲ电控单体泵(组合泵)柴油机,只是采用了机械式喷油器,国Ⅳ柴油机采用了电控喷油器。 ②压电晶体式喷油器是在第三代共轨系统中开始应用(国Ⅲ柴油机采用第二代系统)的。
任务操作与要点	

5. 检查结果

(1)检查学生是否填写完整任务工单;

(2)回答学生所提出的问题;

(3)学生以小组讨论方式进行工作评估。

评价反馈

(1)对小组工作进行综合评价;

(2)提出改进意见和注意事项;

(3)填写任务评价表(见表 2-3)。

表 2-3　喷油器电磁阀及电路检查任务评价表

评价内容	评价指标	评价等级		
		自我	小组	教师
专业能力	A. 具有安全、文明生产和环境保护的相关知识和技能。(10 分) B. 高质量地完成工作任务,操作娴熟,任务工单得 85 分以上。(10 分) C. 任务工单中数据真实、步骤完整,能用来判断并排除故障。(10 分) D. 具备了喷油器电磁阀及电路的检查和故障排除的能力。(10 分)			
社会能力	A. 具有良好的职业道德,遵守实验室管理规定。(5 分) B. 具有较强的口头和书面表达能力、良好的人际交流沟通能力。(10 分) C. 具有良好的团队合作精神和客户服务意识。(10 分) D. 具有良好的心理素质和克服困难的能力。(5 分)			
方法能力	A. 能够制订完善的工作计划。(5 分) B. 能借助网络、文件资料等查找所需信息。(10 分) C. 能够独立完成任务。(5 分) D. 能够检查评估工作任务,并能从个案中寻找共性。(10 分)			
辅导教师关于此次任务的改进意见	总评			

学习任务 2

共轨压力调节阀的检修

相关知识

共轨柴油机主要的执行器有共轨压力调节阀和喷油器电磁阀,而国Ⅲ柴油机单体泵系统由于采用了机械式喷油器,因此执行器只有电控单体泵电磁阀。

1 共轨压力调节阀工作原理

共轨压力是共轨系统的重要参数之一，目前，国内生产的国Ⅲ共轨柴油机，共轨压力都是可调节的（第一代 Bosch 共轨系统的共轨压力是固定值，不可调节）。

1.1 共轨压力调节阀的结构及工作原理

ECU 根据油门踏板位置传感器、空气流量传感器、凸轮轴位置传感器、曲轴位置传感器等的信号，确定高压共轨内的燃油压力（喷油器的供油压力，简称共轨压力或轨压），通过占空比信号（PWM）调节共轨压力调节阀，从而控制共轨压力，并通过共轨压力传感器的反馈信号，ECU 实现对共轨内的燃油压力闭环控制。

1.1.1 共轨压力调节阀的安装位置

共轨压力调节阀可以根据需要，安装在共轨上或高压油泵上，如图 2-13 所示。

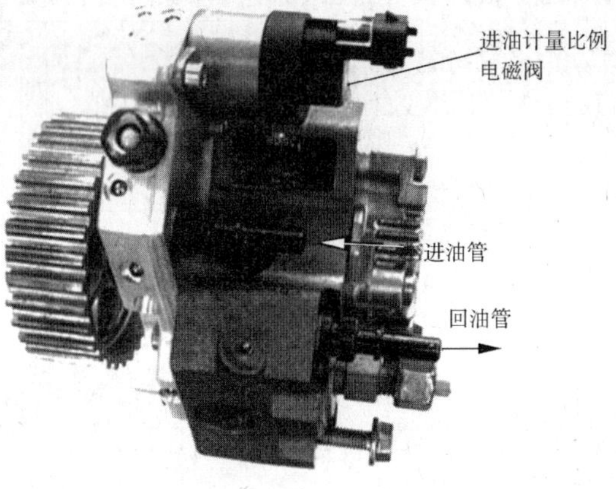

(a)GW2.8TC型柴油机共轨压力调节阀安装在高压油泵上（进油调节）

(b) D4EA柴油机共轨压力调节阀安装在共轨上（高压调节）

图 2-13 共轨压力调节阀的安装位置

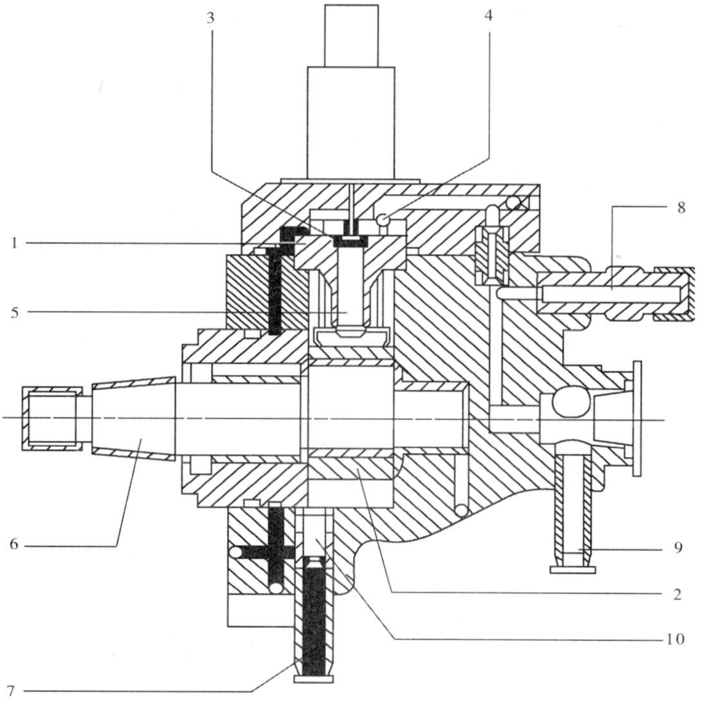

1—汽缸；2—三瓣凸轮；3—带调整垫片的进油阀；4—球形出油阀；5—活塞；
6—泵轴；7—低压燃油；8—高压燃油输出口；9—燃油回油；10—安全阀（断油）

(c)依维柯索菲姆8140-43柴油机共轨压力调节阀安装在高压油泵上（高压调节）

续图 2-13

1.1.2　共轨压力调节阀油压调节方式的比较

1.1.2.1　高压端压力调节

参考图 2-13(b)、(c)，高压油泵产生的高压油送至共轨，ECU 根据相关传感器的信号，确定高压共轨内的燃油压力，通过占空比信号(PWM)调节共轨压力调节阀，从而控制共轨压力，将多余的燃油卸掉，回流到油箱。该种共轨压力的调节方式，会造成部分燃油的不必要压缩，造成发动机的功率耗损、燃油温度的提高。上述共轨压力的调节方式在我国生产的国Ⅲ柴油机中已很少采用。

1.1.2.2　进油端压力调节

参考图 2-13(a)，输油泵送来的低压油，经过计量，然后送到高压油泵的柱塞，产生高压，再送至共轨。该种共轨压力的调节方式，避免了燃油的不必要压缩，因此目前得到广泛的采用。采用进油端压力调节时，共轨压力调节阀一般称为燃油进油计量(比例)电磁阀。

1.2　Bosch 共轨系统压力调节阀的工作原理

1.2.1　调压阀(高压调节)

调压阀的作用是根据发动机的负荷状况调整和保持共轨中的压力。当共轨压力过高时，调压阀打开，一部分燃油经集油管流回油箱；当共轨压力过低时，调压阀关闭，高压端对低压端密封。

Bosch 电控共轨系统中用于高压调节的调压阀,如图 2-14 所示,有一个固定凸缘,通过该凸缘将其固定在供油泵或者共轨上。电枢将一钢球压入密封座,使高压端对低压端密封。为此,一方面弹簧将电枢往下压,另一方面电磁铁对电枢有一个作用力。为进行润滑和散热,整个电枢周围有燃油流过。

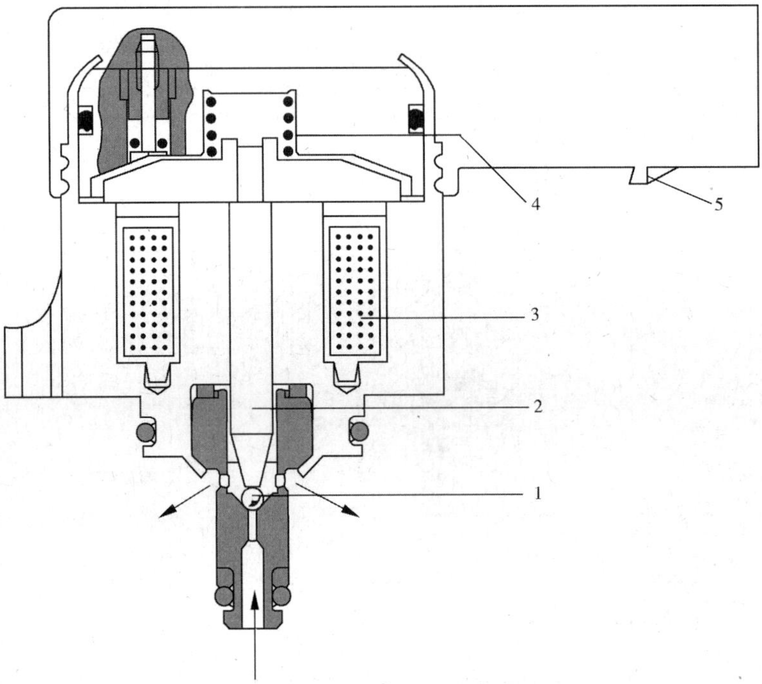

1—球阀;2—衔铁销;3—电磁线圈;4—弹簧;5—电器接头

图 2-14　Bosch 共轨系统调压阀(常闭式、高压调节)

调压阀有两个调节回路:一个是低速电子调节回路,用于调整共轨中可变化的平均压力值;另一个是高速机械液压式调节回路,用以补偿高频压力波动。调压阀的工作原理如下:

(1)调压阀不工作时:共轨或供油泵出口处的压力高于调压阀进口处的压力。由于无电流的电磁铁不产生作用力,当燃油压力大于弹簧力时,调压阀打开,根据输油量的不同,保持打开程度大一些或小一些。弹簧的设计负荷约 100 MPa。

(2)调压阀工作时:如果要提升高压回路中的压力,除弹簧力外,还需要再建立一个磁力。控制调压阀,直至磁力和弹簧力与高压压力之间达到平衡时才使其关闭。然后调压阀停留在某个开启位置,保持压力不变。当供油泵改变,燃油经喷油器从高压部分流出时,通过不同的开度予以补偿。电磁铁的作用力与控制电流成正比。控制电流的变化通过脉宽调制来实现。调制频率为 1 kHz 时,可以避免电枢的干扰运动和共轨中的压力波动。

1.2.2　限压阀

在共轨系统的很多方案中,设置了限压阀用来限制共轨系统的最大压力。其剖面及实物如图 2-15 所示。

限压阀的工作原理如下:

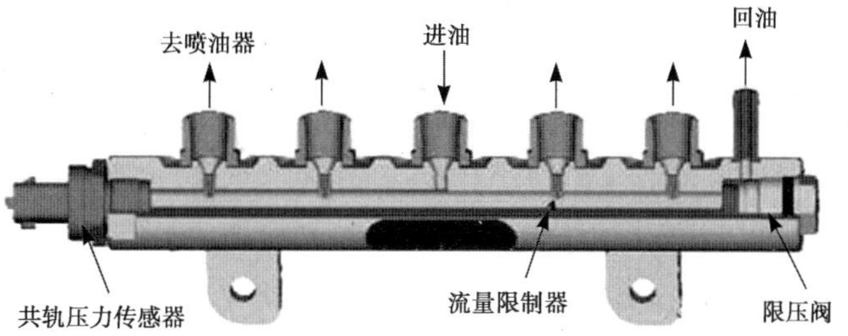

（a）剖面图

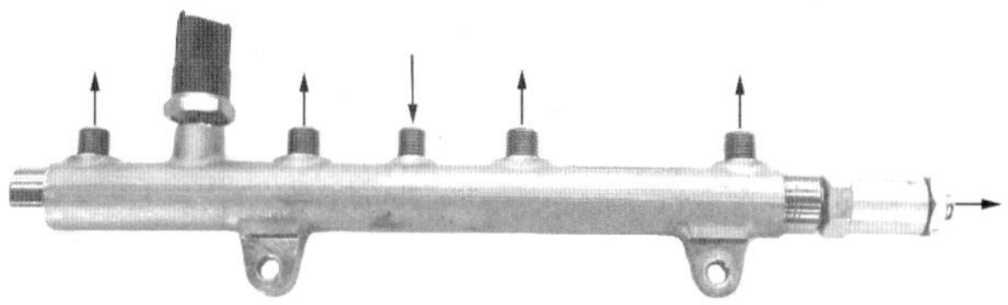

（b）实物图片

图 2-15　Bosch CP3 系统用的高压共轨及限压阀

限压阀的作用相当于安全阀，它的基本作用是限制共轨中的压力。当共轨中燃油压力过高时，打开放油孔卸压。共轨内允许的短时间最高压力值与设定值有关。

Bosch 电控共轨系统中的限压阀如图 2-16 所示，主要由下列构件组成：外壳（有外螺纹，以便拧装在共轨上）、通往油箱的回油管接头、活塞和弹簧。

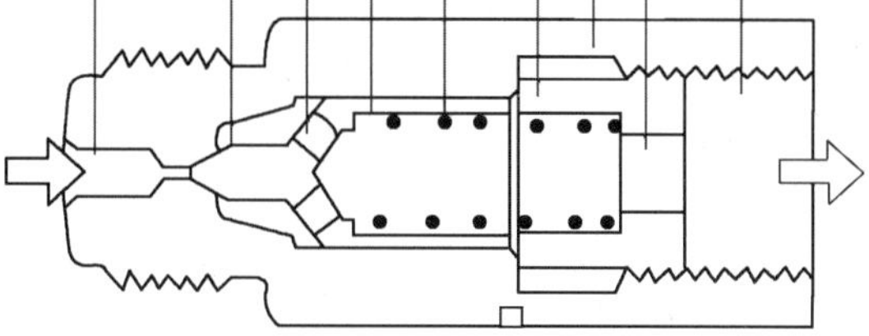

图 2-16　限压阀的工作原理示意

外壳在通往共轨的连接端有一个小孔，一般工况下，此孔被外壳内部密封面上的锥形活塞头部关闭。在正常的工作压力下，弹簧将活塞紧压在座面上。此时，共轨呈关闭状态。当共轨中的燃油压力超过规定的最大压力时，活塞在高压燃油压力的作用下压缩弹簧，高压燃油从共轨中流出。燃油经过通道流入活塞中央的孔，然后经集油管流回油箱。随着阀的开启，燃油从共轨中流出，共轨中的压力降低。

1.2.3　进油计量（比例）电磁阀（进油端压力调节）

Bosch 共轨系统某四缸机的燃油管路布置及进油计量（比例）电磁阀如图 2-17 所示。

Bosch 共轨系统进油计量电磁阀的工作原理如下：

参考图2-18，进油计量（比例）电磁阀安装在高压油泵的进油位置，用于调整燃油供给

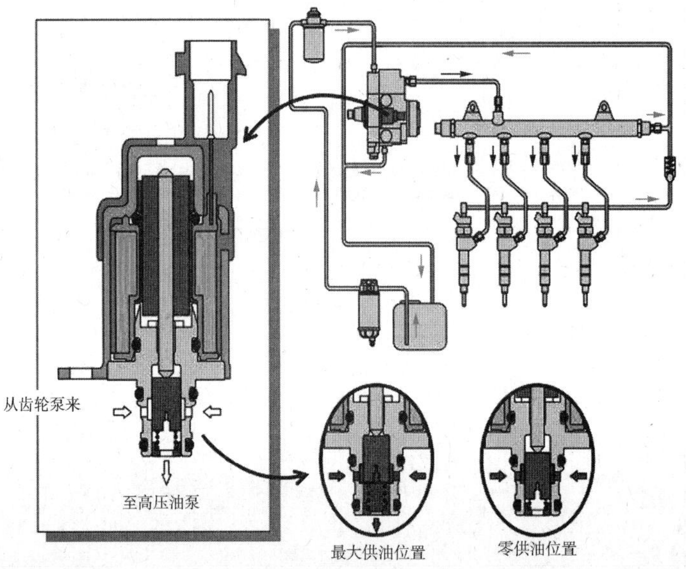

图 2-17　Bosch 共轨系统的进油计量（比例）电磁阀

量和燃油压力值，而其调整要求受 ECU 控制。在控制线圈没有通电时，进油计量（比例）电磁阀是导通的，可以提供最大流量的燃油。ECU 通过脉冲信号改变高压油泵进油截面面积而增大或减小油量。

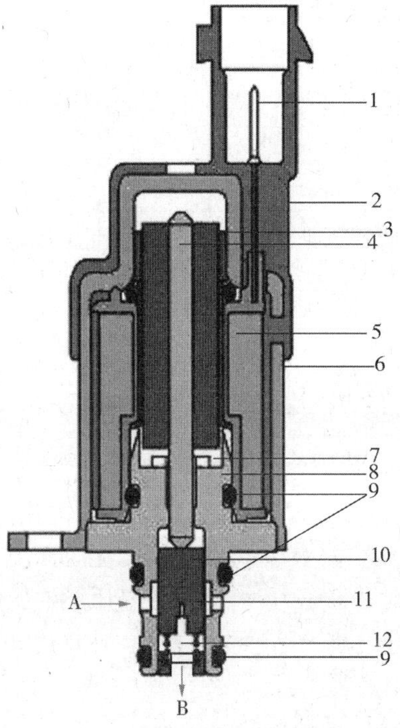

A—来自输油泵；B—送至高压油泵

1—插座；2—电磁阀壳体；3—轴承；4—带挺杆的枢轴；5—带壳体的线圈；

6—外壳；7—剩余气隙垫片；8—磁芯；9—O 形圈；10—柱塞；11—弹簧（内部）；12—安全元件

图 2-18　进油计量（比例）电磁阀及工作原理

2 共轨压力调节阀的检修

下面以长城车 GW2.8TC 型柴油机进油计量(比例)电磁阀为例进行说明。如图 2-19 所示,进油计量(比例)电磁阀有 2 个接线端子,其 1#端子接 ECU 的 A49#端子(低电位)、2#端子接 ECU 的 A19#端子(高电位)。

(1)外线路检查。参考图 2-19,用万用表的电阻挡,分别测量 1#端子与 A49#端子、2#端子与 A19#端子之间的电阻值,来判断外线路是否存在短路及断路故障。

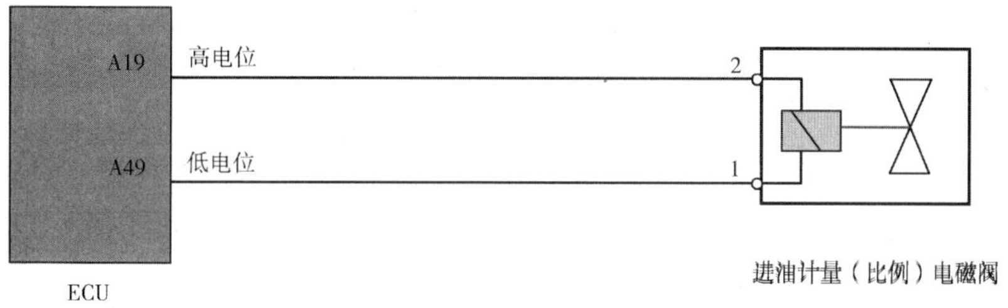

图 2-19 GW2.8TC 型柴油机的进油计量(比例)电磁阀与 ECU 的电路连接

(2)传感器电阻值测量。关闭点火开关,拔下进油计量(比例)电磁阀插头,测量传感器侧1#与 2#端子间的电阻,20 ℃情况下,两端子间的电阻值应在 3 Ω 左右。

(3)听声音判断工作是否异常。进油计量(比例)电磁阀在断电时关闭,切断低压油路与高压油路的联系,在通电时则打开。因此,点火开关置 ON 挡时,应听到进油计量(比例)电磁阀发出连续不断的嗡鸣声,且把手放上应能够感到明显震动。

(4)数据流检测。用 X-431 故障诊断仪可以读取"油量计量单元供油设定值"、"油量计量单元输出占空比"和"共轨压力控制器供油预控值"等 3 个参数的数据流。

Bosch 共轨系统进油计量(比例)电磁阀的参数如下:

PWM 信号频率:165~195 Hz;线圈电阻:2.6~3.15 Ω;最大电流:1.8 A。

特别说明:进油计量(比例)电磁阀有常开型、常闭型两种,检修时应特别注意。

3 共轨压力调节阀失效策略分析

讨论:以进油计量(比例)电磁阀为例,若其失效,发动机能否打着火?若能打着火,对发动机性能是否有影响?

当进油计量(比例)电磁阀失效(例如,拔掉其插头)时,发动机能否打着火,不能一概而定,应视具体机型而定,即使采用了同一个电控系统(如 Bosch 的 CRS2.0),有的车型可以打着火,有的车型不能,主要取决于系统的控制策略。下面具体举例说明。

3.1 长城车 GW2.8TC 型增压共轨柴油机(Bosch 的 CRS2.0 系统)

当进油计量(比例)电磁阀失效时,发动机无法起动及运行。

进油计量(比例)电磁阀失效,如卡滞,无法打开,导致高压燃油无法进入油轨,出现此类故障现象多为燃油中含有杂质造成的,可对进油计量(比例)电磁阀进行清洗;进油计量(比例)电磁阀与 ECU 连接线路断路,导致 ECU 无法对进油计量(比例)电磁阀进行控制。因此,发动机熄火或无法起动。

说明:主要原因是该车采用的进油计量(比例)电磁阀为常闭型。

3.2 玉柴及潍柴国Ⅲ柴油机 Bosch 共轨系统

其采用常开型进油计量(比例)电磁阀(缺省状态全开),其供油特性如图 2-20 所示。

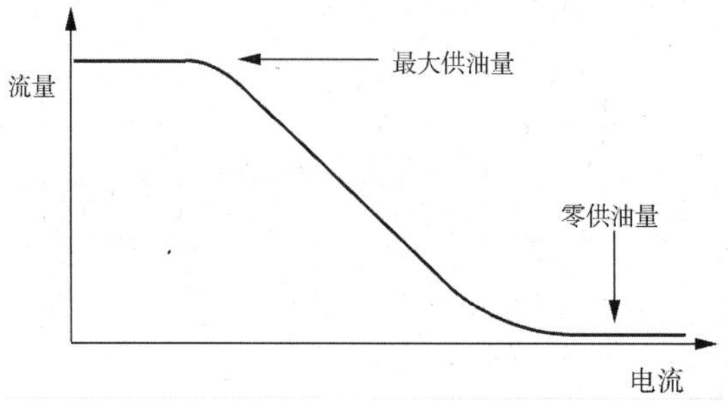

图 2-20 常开型燃油计量(比例)电磁阀的供油特性

当进油计量(比例)电磁阀失效时,发动机可以正常起动及运行[跛行回家(Limp Home)]。

当 ECU 判断进油计量(比例)电磁阀驱动失效(如进油计量(比例)电磁阀损坏、驱动线路的开路及短路)时,ECU 可采取下列处理措施:

(1)点亮故障灯;

(2)产生故障代码:P0251、P0252、P0253、P0254、P025C、P025D;

(3)燃油压力超高、限压阀被冲开(用手分别放在回油管及共轨上,能明显感觉到 50 ℃左右的温度差);

(4)诊断仪显示轨压位于 700 ~ 760 bar,随转速升高而增大;

(5)限制发动机转速(1 700 r/min 左右,通过控制喷油量实现),在限制范围内,油门仍然起作用;

(6)关闭点火开关后,燃油压力泄放阀关闭,恢复正常;

(7)如发动机起动过程中进油计量(比例)电磁阀驱动失效,仍能起动且没有明显感觉。

3.3 玉柴国Ⅲ柴油机 Delphi 共轨系统

当进油计量(比例)电磁阀失效时,发动机无法起动及运行。

当 ECU 判断进油计量(比例)电磁阀驱动失效(如进油计量(比例)电磁阀损坏、驱动线路的开路及短路)时,ECU 采取下列处理措施:

(1)停机或无法起动;

(2)产生故障代码:P0251、P0253、P0255。

拓展知识:目前,国内柴油机采用电控泵喷嘴技术(受到凸轮轴须上置于缸盖的限制)相对较少。

任务实施

1. 任务相关知识描述

共轨压力调节阀的检查项目主要有:

(1)共轨压力调节阀的安装部位;

(2)调节阀的调节方式;

(3)检查电路的电阻;

(4)检查外线路;

(5)检查触针和触针之间是否短路。

2. 信息资料收集与分组

(1)完好压力调节器中电磁阀的技术要素;

(2)被测电磁阀的技术资料;

(3)检测所需工具:电控柴油发动机、万用表、故障诊断仪、专用的测试导线;

(4)安全操作注意事项;

(5)分组并产生组长,明确任务。

3. 制订计划

(1)以小组讨论的方式制订共轨压力调节阀的检查计划;

(2)讨论工作计划并最终定稿;

(3)填写工作计划表(见表2-4)。

表2-4 共轨压力调节阀的检修工作计划表

姓名:	学号:	班级:	组别:
任务名称			
个人工作实施计划			
小组其他计划特色点			
辅导教师意见			
个人工作实施计划定稿			

4. 实施计划

(1)学生按既定工作计划完成检查并填写任务工单(见表2-5);

(2)教师监控学生操作过程,及时更正学生的错误。

表 2-5　共轨压力调节阀的故障检修任务工单

<table>
<tr><td>姓名：</td><td>学号：</td><td colspan="2">班级：</td><td>组别：</td></tr>
<tr><td colspan="2" rowspan="2">评价等级：</td><td colspan="2">教师签字：</td><td>成绩：</td></tr>
<tr><td colspan="2">日期：</td><td>学时：</td></tr>
<tr><td>任务名称</td><td colspan="4">共轨压力调节阀的故障检修</td></tr>
<tr><td>能力目标</td><td colspan="4">1. 能够对照实物说明共轨压力调节阀部件名称；
2. 能够说出共轨压力调节阀的功用；
3. 会正确连接调节阀的电路；
4. 会正确使用万用表检测调节阀电阻值。</td></tr>
<tr><td>工具、设备的准备</td><td colspan="4">实训发动机 2 台，笔记本电脑 2 台，故障诊断设备 2 台，故障诊断软件 2 套，万用表 2 台</td></tr>
<tr><td>信息获取</td><td colspan="4">1. 借助长城车 GW2. 8TC 型柴油机（或其他）实验台或整车，找出共轨压力调节阀的安装位置、接线端子并记录。
安装位置：________________
接线端子：________________
2. 共轨压力调节阀的常见安装位置及压力调节方式种类。
安装位置：________________
压力调节方式：________________
3. 参考图 2-14，分析 Bosch 共轨系统调压阀的工作原理。
工作原理：________________
____
____
____
4. 参考图 2-17 所示 Bosch 共轨系统的进油计量（比例）电磁阀，分析国Ⅲ柴油机共轨系统普遍采用的进油计量（比例）电磁阀的工作原理。
工作原理：________________
____
____
____
5. 参考图 2-18 所示进油计量（比例）电磁阀及工作原理，进行进油计量（比例）电磁阀的检测。
（1）外线路检查：________________
（2）传感器电阻值测量。关闭点火开关，拔下进油计量（比例）电磁阀插头，测量传感器侧 1#与2#端子间的电阻，20 ℃情况下，两端子间的电阻值应在________Ω 左右。
（3）听声音判断工作是否异常。进油计量（比例）电磁阀在断电时关闭，切断低压油路与高压油路的联系，在通电时则打开。因此，点火开关置 ON 挡时，应听到进油计量（比例）电磁阀发出________，且把手放上应能够感到________。
（4）数据流检测。
“油量计量单元供油设定值”：________________
“油量计量单元输出占空比”：________________
“共轨压力控制器供油预控值”：________________
6. 若进油计量（比例）电磁阀失效（如拔掉插头）
柴油发动机能否打着火？________________
____
对发动机性能是否有影响？________________
读取闪码及故障代码并记录：________________</td></tr>
</table>

续表 2-5

任务操作与要点	

5. 检查结果

(1)检查学生是否填写完整任务工单;

(2)回答学生所提出的问题;

(3)学生以小组讨论方式进行工作评估。

评价反馈

(1)对小组工作进行综合评价;

(2)提出改进意见和注意事项;

(3)填写任务评价表(见表 2-6)。

表 2-6 共轨压力调节阀的检修任务评价表

评价内容	评价指标	评价等级		
		自我	小组	教师
专业能力	A. 具有安全、文明生产和环境保护的相关知识和技能。(10 分)			
	B. 高质量地完成工作任务,操作娴熟,任务工单得 85 分以上。(10 分)			
	C. 任务工单中数据真实、步骤完整,能用来判断并排除故障。(10 分)			
	D. 具备了共轨压力调节阀的检查和故障排除的能力。(10 分)			
社会能力	A. 具有良好的职业道德,遵守实验室管理规定。(5 分)			
	B. 具有较强的口头和书面表达能力、良好的人际交流沟通能力。(10 分)			
	C. 具有良好的团队合作精神和客户服务意识。(10 分)			
	D. 具有良好的心理素质和克服困难的能力。(5 分)			
方法能力	A. 能够制订完善的工作计划。(5 分)			
	B. 能借助网络、文件资料等查找所需信息。(10 分)			
	C. 能够独立完成任务。(5 分)			
	D. 能够检查评估工作任务,并能从个案中寻找共性。(10 分)			
辅导教师关于此次任务的改进意见	总评			

学习任务3

电控节气门翻板的检修

相关知识

1 捷达轿车电喷柴油机进气歧管翻板控制

1.1 进气歧管翻板的结构和功用

在发动机低转速下，进气歧管内压力下降，无法保证废气再循环系统的功能。因此，节气门关闭以增加发动机起动时及发动机在部分负荷条件下运转时的进气歧管内压力。进气歧管翻板的结构如图2-21所示。

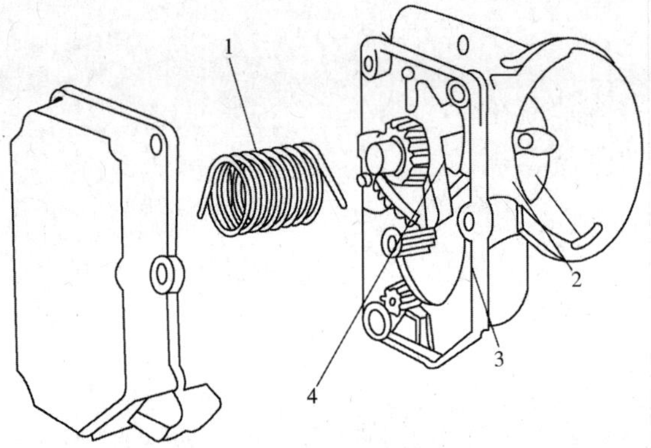

1—回位弹簧;2—翻板;3—电动机;4—调节部件

图2-21 进气歧管翻板结构

1.2 进气歧管翻板控制框图

进气歧管翻板控制框图如图2-22所示。

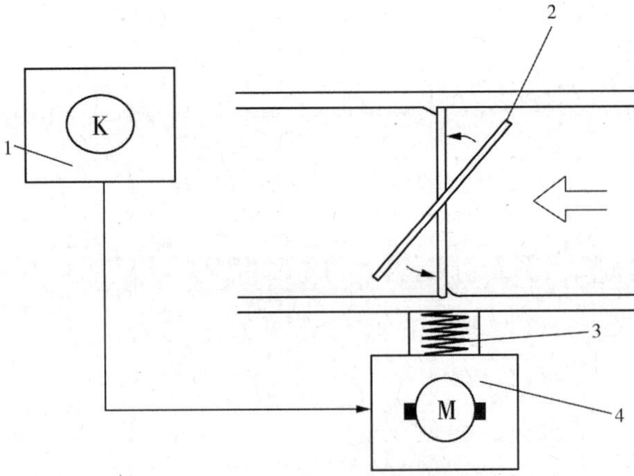

1—电控单元;2—翻板;3—回位弹簧;4—电动机

图2-22 进气歧管翻板控制框图(捷达轿车)

1.3 检查维修

1.3.1 必备专用工具、车间设备、测试仪和辅助设备

故障阅读仪 V. A. G1551 或 V. A. G1552，线束 V. A. G1551/3，测试盒 V. A. G1598/31，手提式万用表 V. A. G1526 或 V. A. G1715，接线头 V. A. G1594，电路图。

1.3.2 检测过程

（1）连接故障阅读仪 V. A. G1551（或 V. A. G1552），并选择发动机电控单元“地址码01”，此时发动机必须怠速运转，显示屏显示如下：

Rapid data transfer Select function × ×	HELP
快速数据传递 选择功能 × ×	帮助

（2）按 03 键选择功能“执行元件诊断”，显示屏显示如下：

Rapid data transfer 03 Final control diagnosis	Q
快速数据传递 03 执行元件诊断	Q

（3）按 Q 键确认输入，显示屏显示如下：

Final control diagnosis Intake manifold flap motor – V157
执行元件诊断 进行歧管翻板电动机 – V157

说明：激活进气歧管翻板电动机，改变燃烧噪声（位置电动机打开和关闭进气歧管翻板）。

（4）若听不到燃烧噪声改变，按 C 键。

（5）按 06 键，选择“结束输出”，并按 Q 键确认。

（6）关闭点火开关。

（7）从进气歧管翻板电动机 2 上拔下插头 1，如图 2-23 所示。

（8）打开点火开关。

（9）测量进气歧管翻板电动机插头插孔与地线间电压，然后测量插头插孔与插头之间的电压，如图 2-23 所示，标准值应为蓄电池电压。若达不到标准值，关闭点火开关。连接测试盒 V. A. G1598/31 到电控单元线束。使用电路图检查测试盒和插头间是否断路：触点 2 和插孔 81、触点 3 和插孔 75 相连，导线最大电阻 1.5 Ω。另外，检查线路间是否彼此短路、对地短路和对蓄电池正极短路，标准值为无穷大。若未发现故障，更换柴油发动机电控单元(J248)。

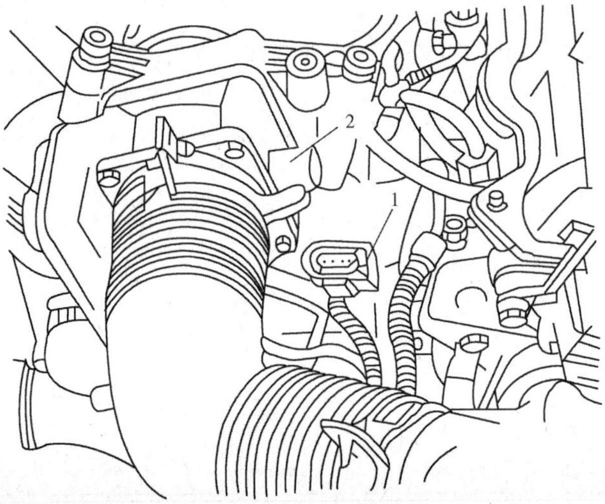

1—插头;2—电动机

图 2-23　从进气歧管翻板电动机上拔下插头

2　宝来轿车电喷柴油机进气歧管翻板控制

发动机熄火时,进气歧管翻板关闭大约 3 s,然后再打开,从而减轻发动机停机时产生的振动。进气歧管翻板控制框图如图 2-24 所示。

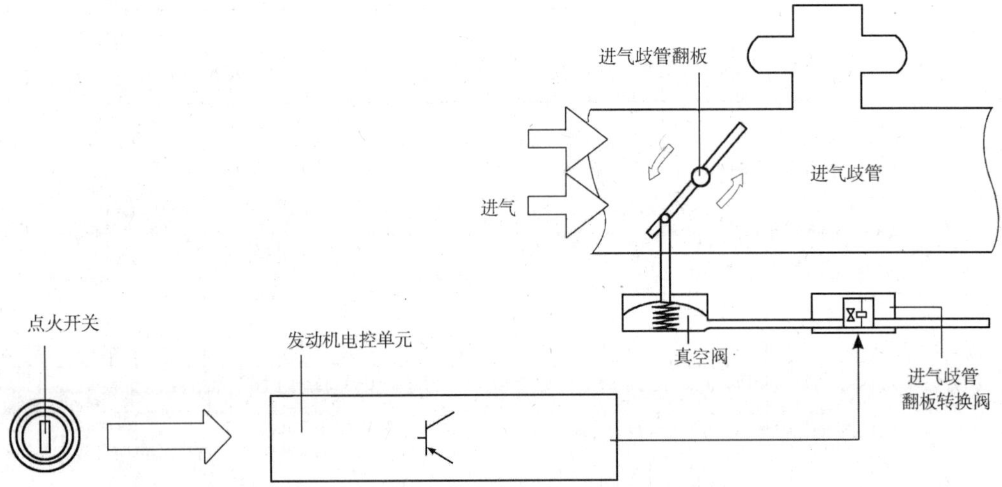

图 2-24　进气歧管翻板控制框图(宝来轿车)

2.1　必备专用工具、车间设备、测试仪设备

手提式真空泵 V. A. G1390,测试盒 V. A. G1598/31,万用表,成套辅助接线头 V. A. G1594,电路图。

2.2　检查条件

熔丝正常,蓄电池电压不低于 11.5 V,所有电气设备必须关闭。

2.3 检查过程

(1)拆下发动机罩,拆下与进气歧管连接处的进气冷却管的连接软管。

(2)起动发动机,怠速运行。

(3)关闭发动机。

由一个人观察进气歧管翻板位置,关闭点火开关后进气歧管翻板必须关闭,约 3 s 后必须再次打开。

如果转换阀未起作用,则必须执行下列检查:

(1)检查翻板机构是否活动自如,用手操作连杆进行检查;

(2)用手提式真空泵 V. A. G1390 检查真空定位元件的功能;

(3)检查真空管路的连接是否正确。

如果机械部件中未发现故障,检查进气歧管翻板转换阀。

2.4 检查方法

(1)拔掉可变进气歧管翻板转换阀插头,测量转换阀触点之间的电阻(见图 2-25)。标准值:25.0 ~ 45.0 Ω(室温下,电阻值位于下限区域,而工作温度下,则在上限区域)。

(2)如未达到标准值,更换进气歧管翻板转换阀。

(3)若达到标准值,用万用表测量从翻板转换阀上拔下的插头触点 1 和 2 间电压,如图 2-26所示。起动发动机,怠速运转。标准值约为蓄电池电压。关闭点火开关 3 s 后,电压必须降至 0 V。

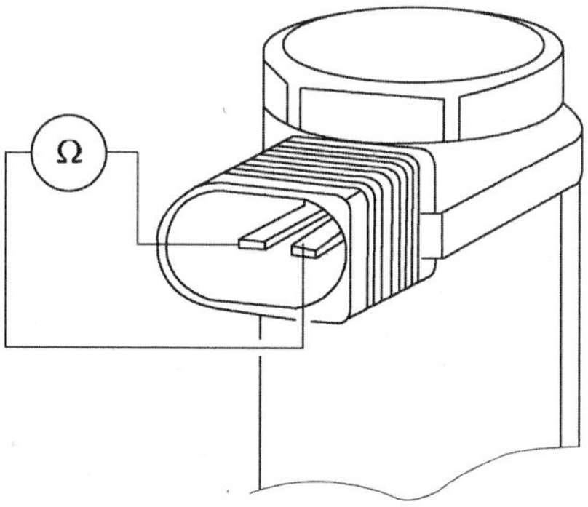

图 2-25 测量转换阀触点间的电阻

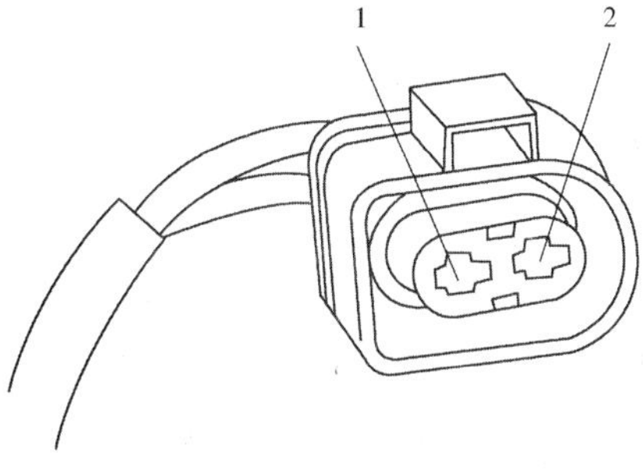

图 2-26 可变进气歧管翻板转换阀插头

(4)如果电压未按上述变化,将测试盒 V. A. G1598/31 连接到发动机电控单元的线束上,但不连接控制单元。按电路图检测测试盒与插头间电路是否断路:触点 1 与插口 1 和 2,触点 2 与插口 81,线路电阻最大为 1.5 Ω。

(5)另需检查线路间、对地及对蓄电池正极是否短路,标准值为无穷大。

(6)如在线路中未检测到故障,更换柴油喷射电控单元。

3 华泰圣达菲柴油机 2.0 VGT 电控节气门翻板机构的结构及功用

华泰圣达菲柴油机 2.0 VGT 电控节气门翻板机构的结构如图 2-27 所示。华泰圣达菲柴油机 2.0VGT 电控节气门翻板机构主要由节气门翻板、真空式节气门翻板执行器、节气门翻板控制电磁阀组成。节气门翻板机构同汽油机的节气门,它的作用是通过节气门翻板执行器的驱动产生偏转，从而关闭进气歧管的进气通道，使空气无法进入汽缸，发动机迅速熄火，减少发动机熄火抖动，提高乘坐的舒适性。它在关闭点火开关时，产生偏转切断进入汽缸的空气，熄火后又打开至最大进气位置，以便下次顺利起动。发动机正常运转时，它也处于最大进气位置。

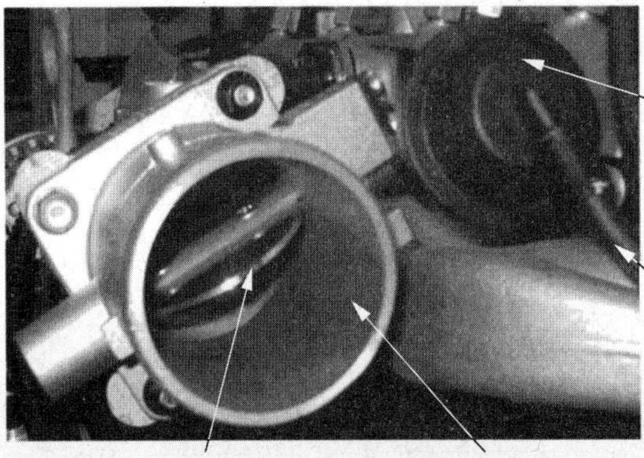

（a）

（b）

图 2-27　电控节气门翻板结构

真空式节气门翻板执行器通过膜片分成两个腔，其中一个腔为真空腔，该腔通过真空软管与节气门翻板控制电磁阀连接，另一个腔通气。膜片上装有一个与膜片联动的拉杆，拉杆的另一端与节气门翻板机构转轴摇臂相连接，当真空腔产生真空度而产生吸力时（其真空度由节气门翻板控制电磁阀控制），膜片产生变形并带动拉杆和节气门翻板机构转轴摇臂产生相应的动作，而使节气门翻板产生偏转。

节气门翻板控制电磁阀如图 2-28 所示，电磁阀受发动机 ECU 控制，其上有一根真空管通真空源，另一根真空管通节气门翻板执行器的真空腔。电磁阀不通电时，真空源和节气门翻板执行器的真空腔不相通;电磁阀通电时,真空源和节气门翻板执行器的真空腔相连通,从而使节气门翻板执行器产生驱动节气门翻板的驱动力。

图 2-28　节气门翻板控制电磁阀

4　华泰圣达菲柴油机 2.0 VGT 电控节气门翻板机构的检修

(1)外观检查:检查各真空管是否连接牢固可靠,真空软管是否老化破裂,管路连接是否正确,电磁阀线束插接器是否插接牢靠。

(2)检查节气门翻板执行器拉杆及节气门翻板转轴摇臂是否运动灵活,有无卡滞现象。

(3)电磁阀线路的检查:参照图 2-29 进行。

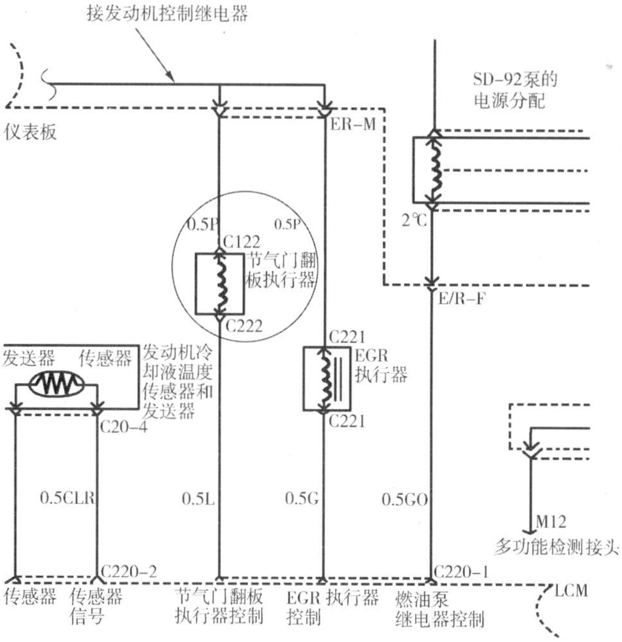

图 2-29　电磁阀线路图

(4)数据流及故障代码:当电控节气门翻板控制电磁阀故障,可以读到 P1190 的故障代码;用诊断仪可以读取数据流。圣达菲车 D4EA 柴油机怠速实测数据流如图 2-30 所示。

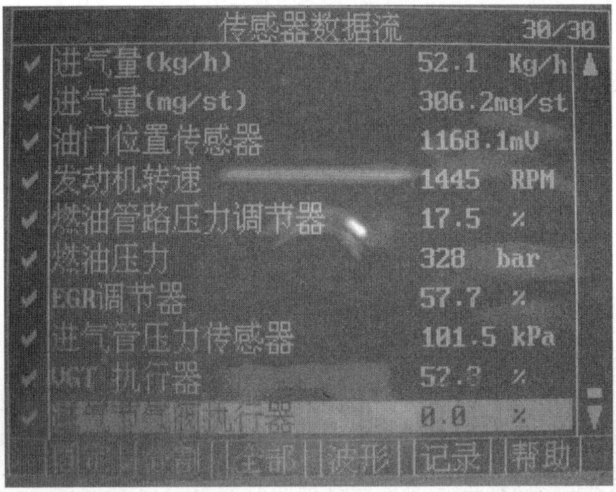

图 2-30　圣达菲车 D4EA 柴油机怠速实测节气门翻板控制电磁阀数据流

任务实施

1. 任务相关知识描述

电控节气门翻板系统的检查项目主要有:

(1)电控节气门翻板系统的主要组成部件及安装位置;

(2)电控节气门翻板系统工作原理;

(3)检查电磁阀的电阻。

2. 信息资料收集与分组

(1)完好电控节气门翻板系统的技术要素;

(2)被测节气门翻板机构的技术资料;

(3)检测所需工具:电控柴油发动机、万用表、故障诊断仪、专用的测试线;

(4)安全操作注意事项;

(5)分组并产生组长,明确任务。

3. 制订计划

(1)以小组讨论的方式制订电控节气门翻板系统的检查计划;

(2)讨论工作计划并最终定稿;

(3)填写工作计划表(见表 2-7)。

4　实施计划

(1)学生按既定工作计划完成检查并填写任务工单(见表 2-8);

(2)教师监控学生操作过程,及时更正学生的错误。

表 2-7　电控节气门翻板系统的检修工作计划表

<table>
<tr><td>姓名：</td><td>学号：</td><td>班级：</td><td>组别：</td></tr>
<tr><td>任务名称</td><td colspan="3"></td></tr>
<tr><td>个人工作实施计划</td><td colspan="3"></td></tr>
<tr><td>小组其他计划特色点</td><td colspan="3"></td></tr>
<tr><td>辅导教师意见</td><td colspan="3"></td></tr>
<tr><td>个人工作实施计划定稿</td><td colspan="3"></td></tr>
</table>

表 2-8　电控节气门翻板系统故障检修任务工单

<table>
<tr><td>姓名：</td><td>学号：</td><td>班级：</td><td>组别：</td></tr>
<tr><td colspan="2" rowspan="2">评价等级：</td><td>教师签字：</td><td>成绩：</td></tr>
<tr><td>日期：</td><td>学时：</td></tr>
<tr><td>任务名称</td><td colspan="3">电控节气门翻板系统故障检修</td></tr>
<tr><td>能力目标</td><td colspan="3">1. 能够对照实物说明电控节气门及其控制电磁阀各部件名称；
2. 能够说出电磁阀的功用；
3. 会正确连接电磁阀的电路；
4. 会正确使用万用表检测电磁阀端电阻。</td></tr>
<tr><td>工具、设备的准备</td><td colspan="3">实训发动机 2 台，笔记本电脑 2 台，故障诊断设备 2 台，故障诊断软件 2 套，万用表 2 台</td></tr>
<tr><td>信息获取</td><td colspan="3">1. 借助圣达菲车 D4EA 柴油机（或其他）实验台或整车，找出电控节气门翻板系统的主要组成部件及安装位置、接线端子并记录。
真空源安装位置：____________________
节气门翻板控制电磁阀安装位置：____________________
接线端子：____________________
节气门翻板执行器安装位置：____________________
2. 参考图 2-31，分析圣达菲车 D4EA 柴油机电控节气门翻板系统（电磁阀控制真空式）的工作原理，并分析该系统的作用。
工作原理：____________________
作用：____________________
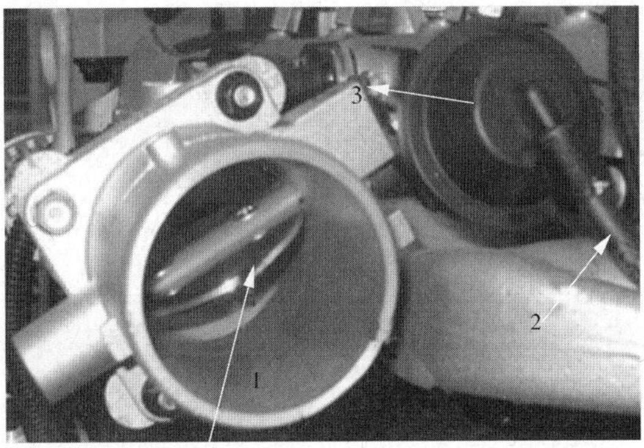

1—节气门翻板；2—接节气门翻板真空软管；3—节气门翻板执行器
图 2-31　圣达菲车 D4EA 柴油机电控节气门翻板系统
3. 参考图 2-32，分析华泰 RA420 共轨柴油机电控节气门翻板系统（直动式）的工作原理，并分析节气门翻板位置传感器的作用。
工作原理：____________________
作用：____________________</td></tr>
</table>

续表 2-8

信息获取

图 2-32　华泰 RA420 共轨柴油机电控节气门翻板系统

4. 电控节气门翻板系统检修。

(1)故障代码读取。是否有故障代码? ______________________________

(2)节气门翻板控制电磁阀的检查。

华泰圣达菲车 D4EA 柴油机节气门翻板控制电磁阀的电路连接如图 2-33 所示。

①读取节气门翻板系统的数据流并记录: ______________________________

②选择“执行元件自诊断功能”的节气门翻板控制电磁阀,检查其工作是否正常: __________

③电磁阀电阻值测量。

关闭点火开关,拔下节气门翻板控制电磁阀插头,测量电磁阀侧插头 1#与 2#端子间的电阻,测量阻值并记录: ______________________________;

发动机怠速运转,关闭点火开关 3 s 后,电压值为: ______________________________

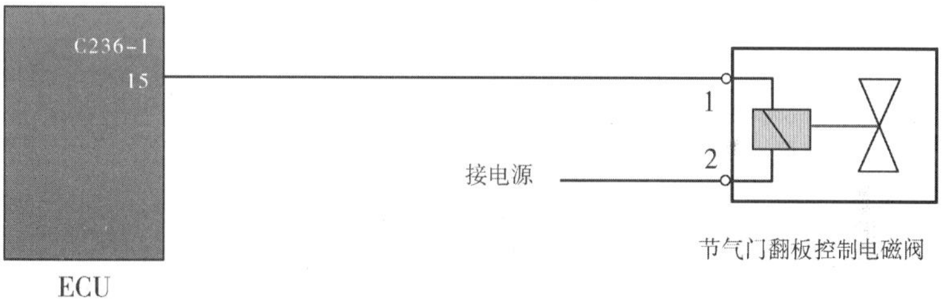

图 2-33　华泰圣达菲车 D4EA 柴油机节气门翻板控制电磁阀的电路连接

(3)真空源检查。

外观及真空度检查:

①检查真空源(真空泵)、节气门翻板控制电磁阀、节气门翻板执行器之间的真空软管有无泄漏: ______________________________

____

②检查节气门翻板控制电磁阀上的 2 根真空胶管安装位置是否正确: __________

③检查真空源提供的真空度。使发动机在 1 500 r/min 下运转 20 s,测量真空源的真空度,其值为: ______________________________

(4)节气门翻板执行器(真空膜盒式)检查。

在节气门翻板执行器处直接连接手动真空枪,操纵手动真空枪(改变真空度),观察节气门翻板执行器拉杆,能否灵活动作: ______________________________

(5)节气门翻板系统动作检查。

起动发动机,怠速运行约 3 min,关闭发动机,观察节气门翻板的动作并记录。关闭点火开关后,节气门翻板能否迅速关闭? ______________________________

____

约 3 s 后能否再次打开? ______________________________

续表 2-8

信息获取	5. 电控节气门翻板失效检查。 人为设置故障(例如,将节气门翻板控制电磁阀插头拔掉),使节气门翻板系统失效,观察对发动机性能的影响并记录。 (1)对起动性能是否有影响?______ (2)对发动机动力性能是否有影响?______ (3)观察排烟颜色是否正常?______ (4)用尾气排放仪测量排放,与节气门翻板系统正常状态值相比较,并记录。 正常值:______ 故障值:______
任务操作与要点	

5. 检查结果

(1)检查学生是否填写完整任务工单;

(2)回答学生所提出的问题;

(3)学生以小组讨论方式进行工作评估。

评价反馈

(1)对小组工作进行综合评价;

(2)提出改进意见和注意事项;

(3)填写任务评价表(见表 2-9)。

表 2-9 电控节气门翻板系统故障检修任务评价表

评价内容	评价指标	评价等级		
		自我	小组	教师
专业能力	A. 具有安全、文明生产和环境保护的相关知识和技能。(10 分)			
	B. 高质量地完成工作任务,操作娴熟,任务工单得 85 分以上。(10 分)			
	C. 任务工单中数据真实,步骤完整,能用来判断并排除故障。(10 分)			
	D. 具备了电控节气门翻板系统的检查和故障排除的能力。(10 分)			
社会能力	A. 具有良好的职业道德,遵守实验室管理规定。(5 分)			
	B. 具有较强的口头和书面表达能力、良好的人际交流沟通能力。(10 分)			
	C. 具有良好的团队合作精神和客户服务意识。(10 分)			
	D. 具有良好的心理素质和克服困难的能力。(5 分)			
方法能力	A. 能够制订完善的工作计划。(5 分)			
	B. 能借助网络、文件资料等查找所需信息。(10 分)			
	C. 能够独立完成任务。(5 分)			
	D. 能够检查评估工作任务,并能从个案中寻找共性。(10 分)			
辅导教师关于此次任务的改进意见	总评			

学习任务4

电控可变截面增压系统的检修

相关知识

1 废气涡轮增压器的结构、工作原理和种类

1.1 废气涡轮增压器的结构和工作原理

所谓增压，就是将空气预先压缩然后供入汽缸，以提高空气密度、增加空气量。由于进气量增加，可相应地增加循环供油量，从而可以增加发动机的功率，同时还可以改善燃油的经济性和排放性能。柴油机上广泛采用的是废气涡轮增压，实现空气增压的装置是涡轮增压器。

涡轮增压器由涡轮机和压气机构成。将发动机排出的废气引入涡轮机，利用废气所包含的能量推动涡轮机叶轮旋转，并带动与其同轴安装的压气机叶轮工作，新鲜空气在压气机内增压后进入汽缸。其工作原理如图 2-34 所示。增压后的车用发动机功率可以与比它排量大 40% 的发动机功率相媲美。

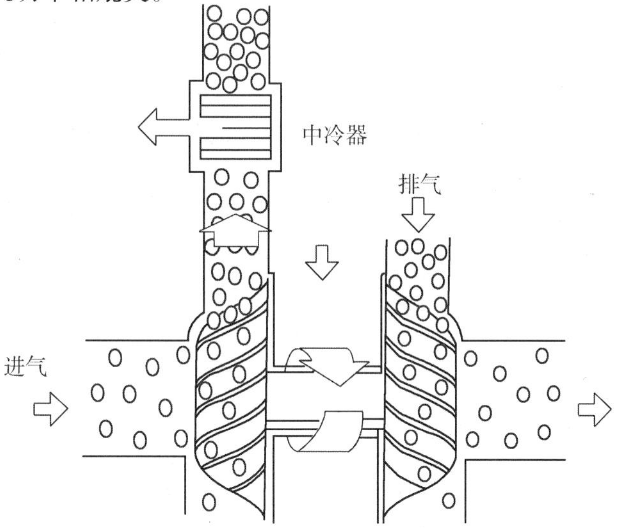

图 2-34 涡轮增压器工作原理

1.2 废气涡轮增压器的种类

废气涡轮增压器主要有两类：旁通式涡轮增压器和可变截面涡轮增压器。

增压发动机在大负荷、高转速下运转时，具有输出功率大、经济性好的特点，但车用发动机经常在低速大转矩的工况下运行，需要较高的转矩储备系数。而普通增压柴油机的转矩特性较平坦，随增压度的提高，其转矩特性变差，不能满足车辆的要求。涡轮增压发动机在宽广的转速范围内运行，而固定流通截面的高压比涡轮增压器在发动机低速时，其压比将明显下降，不能和发动机在整个运转工况保持良好的匹配。

1.2.1 旁通式涡轮增压器

旁通式增压器按低速大转矩工况匹配,在高速工况时,利用放气阀在涡轮前放走一部分废气。涡轮前的放气阀由增压压力自动控制,当发动机转速超过一定值时,增压压力便克服弹簧阻力使放气阀打开,开始放气。由于放气阀的开启,会造成较大的损失,该方法使发动机高速时的经济性变差,不适于高速大功率较多工况的发动机。旁通式涡轮增压器工作原理如图 2-35 所示。

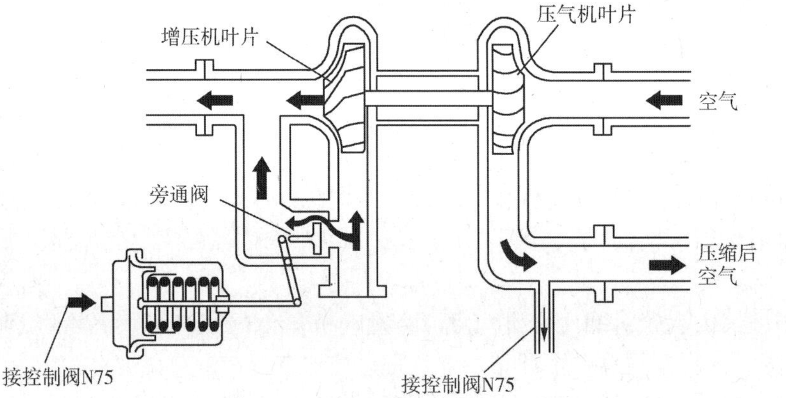

图 2-35 旁通式涡轮增压器工作原理

1.2.2 可变截面涡轮增压器

可变截面涡轮增压器通过改变涡轮的流通截面来实现与柴油机在各个车速工况下的最佳匹配。所有的工况点与发动机都有良好的匹配,使发动机的性能都达到最佳。图 2-36 为奥迪 A6 电控柴油机废气涡轮增压器的结构,图 2-37 和图 2-38 为可变截面涡轮增压器结构与工作原理示意图。传动连杆通过控制传动销轴带动支撑环转动,通过导向销轴带动叶片旋转,当叶片位置转动时,涡轮的流通截面相应改变。流通截面越小,废气的流速越大,同时涡轮的输出功率越大,增压比相应越高。当发动机处于不需要高增压比的情况下时,叶片处于另外的极限位置,废气的流动损失也越小。

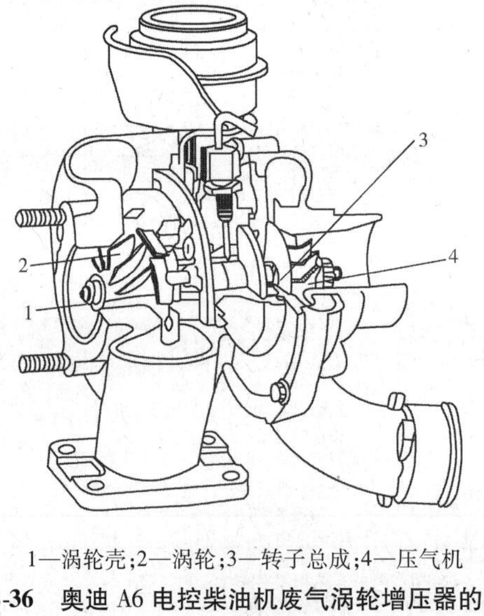

1—涡轮壳;2—涡轮;3—转子总成;4—压气机

图 2-36 奥迪 A6 电控柴油机废气涡轮增压器的结构

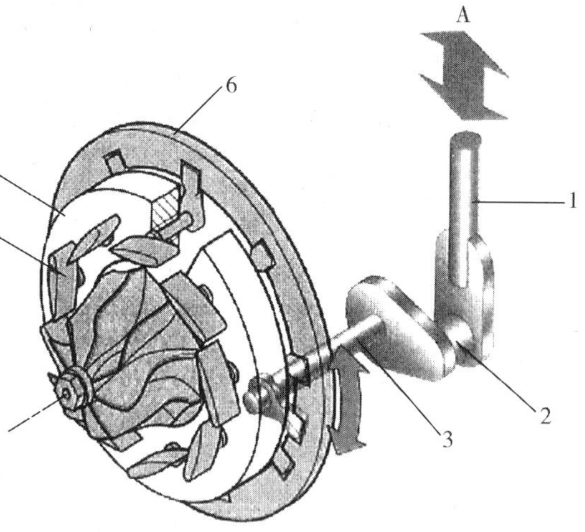

1—传动连杆;2—摇臂;3—传动销轴;4—叶片;5—支撑环;
6—转动盘;A—接膜盒式真空执行器

图 2-37　可变截面涡轮增压器结构

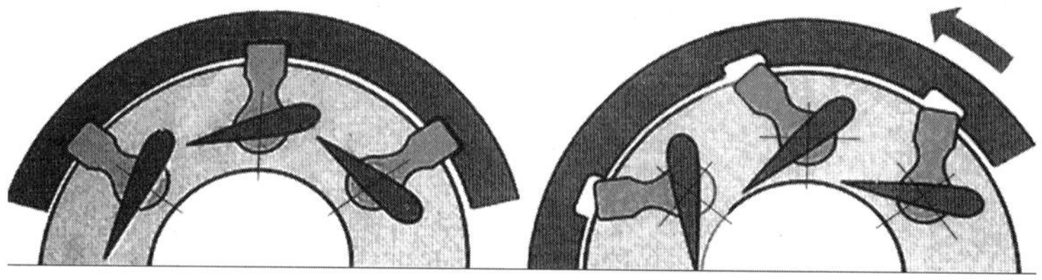

图 2-38　可变截面涡轮工作原理示意

1.3　废气涡轮增压器调节的目的

轿车柴油机上的废气涡轮增压器系统采用的是可调增压器,这与载货汽车柴油机不一样。载货汽车柴油机一般采用固定截面的增压器,能实现发动机与增压器的良好匹配。虽然此时增压压力随转速降低而下降,但由于发动机的转速变化范围不大,一般在2 500 r/min以下,且强化程度不高,即使不采用增压器的调节措施,发动机与增压器仍能实现良好的匹配。轿车柴油机具有工况变化频繁且转速变化范围宽(最高转速可达500 r/min)等特点,因此要求增压器在宽广的工况范围内有良好的流通特性和较高的效率。然而,传统形式的涡轮增压器的涡轮喷嘴截面面积或进气通道截面面积的大小是固定的,面径比 *A/R* 值(*A*——通道入口最小截面面积,*R*——涡轮中心与通道入口最小截面中心的距离)恒定不变,因而难以同时满足发动机低速和高速的全面要求。如果保证发动机在最大转矩点时有足够的增压压力,则在发动机标定转速时,就要出现过高的增压压力。这就带来发动机过高的机械负荷和涡轮增压器的严重超速,这是不允许的。若考虑发动机标定转速时所需要的增压压力,则在发动机低速时,增压压力就下降过多,不能保证足够的转矩。人们提出了补燃法、放气法等方法解决上述问题。但从能量利用的角度来说,这些方法是不经济的。显然,在这种情况下,只能借助于可调增压器,使发动机在某转速以上保持不变的增压压力,或分阶段地实现调节。废气涡轮增压器的调节目的在于既保证在低速时有较高的转矩,又能保证发动机在标定点附近增压压力不致过高,以避免发动机过高的机械负荷和涡轮增压器的超速。通过涡轮增压器的调节,可改善增压器与发动机的匹配,从而达到改善车用增压发动机转矩特性的目的。不仅如此,采用可调增压器,还可改善发动机部分负荷性能和满足高原地区工作发动机功率的恢复。可调增压器采用电控技术,则可实现全工况范围内发动机与增压器的最佳匹配,从而达到发动机性能的全面优化。

2 旁通式废气涡轮增压器在长城哈弗车 GW2.8TC 型柴油机中的应用

长城哈弗车装备了具有电控高压共轨系统(Bosch 公司的 CRS2.0 系统)的 GW2.8TC 型柴油机,该柴油机采用了带旁通阀式的废气涡轮增压器,增压器为 Garret 公司的 GT22 型或三菱公司的 TF035HM 增压器,其最高转速为 180 000 r/min,最高压比为 1.83。

2.1 旁通式增压器结构

旁通式增压器的结构如图 2-39 所示,GW2.8TC 型柴油机的废气涡轮增压器由涡轮、径流式压气机、中间壳、转子总成和旁通阀等组成。涡轮和压气机分别被安装在轴的两头,并有各自的铸造壳体,轴本身被安装在中间壳中,并由中间壳来支撑。

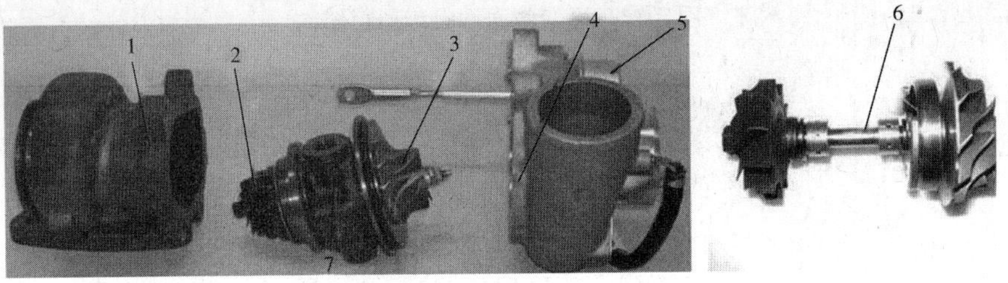

1—涡轮壳;2—涡轮;3—压气机;4—压气机壳体;5—旁通阀;6—转子总成;7—中间壳

图 2-39 废气涡轮增压器的构成

如图 2-40 所示,涡轮部分主要包括涡轮壳、单级径流式涡轮,它们是一个能量转换器。柴油机排出的废气经过涡轮壳喷向涡轮叶轮时,将废气的热能及压力能转变成动能,从而使涡轮高速旋转。

1—涡轮壳;2—单级径流式涡轮

图 2-40 涡轮部分的构成

如图 2-41 所示,中间壳是支撑转子总成及固定涡轮壳、压气机壳的中间支撑体,也是润滑和冷却浮动轴承的润滑油箱。

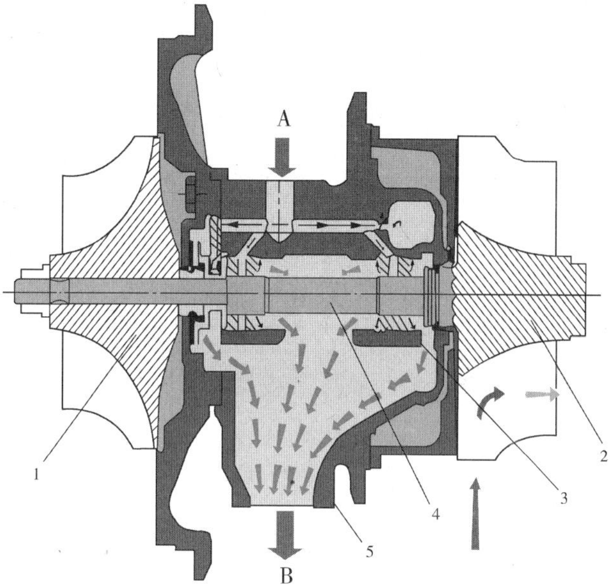

A—润滑油进油口;B—润滑油出油口
1—压气机叶轮;2—涡轮叶轮;3—浮动轴承;4—转子总成;5—中间壳

图 2-41　中间壳部分的构成

润滑系统的作用是冷却涡轮工作时产生的热量、向轴承系统提供润滑、为转子动平衡提供油膜支撑,如图 2-42 所示。

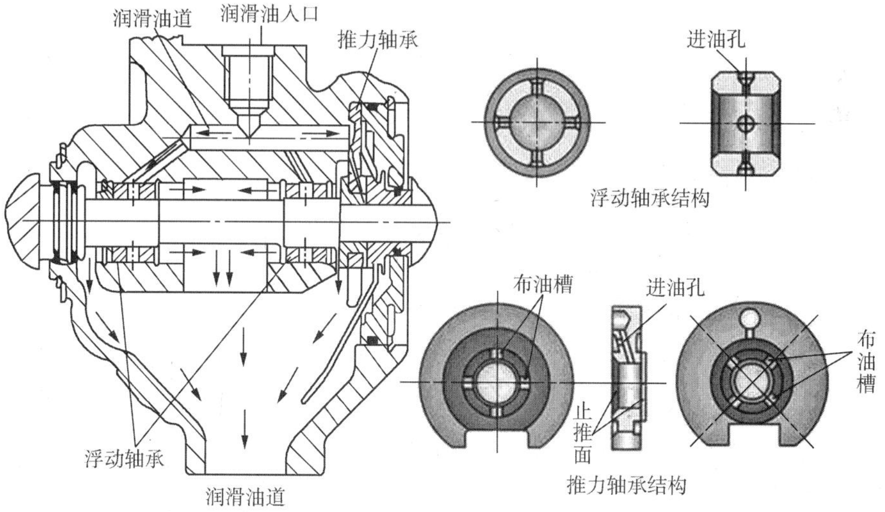

图 2-42　增压器轴承及润滑

如图 2-43 所示,涡轮轴与涡轮叶轮采用摩擦焊(利用焊件表面相互摩擦所产生的热,使端面达到热塑性状态,然后迅速顶锻,完成焊接的一种压焊方法)连成一体,压气机叶轮以过渡配合装入涡轮轴上,并用自锁螺母压紧。整个转子总成经过非常精确的动平衡,以保证高速运转情况下正常工作。

1—摩擦焊连接;2—过渡配合连接

图 2-43　涡轮叶轮、压气机叶轮与涡轮轴的连接

如图 2-44 所示,转子总成的支撑采用内支撑,即两个全浮式浮动轴承布置在两叶轮之间的中间体上,转子的轴向力由固定在中间体上的止推轴承装置承受。

1—全浮式浮动轴承;2—止推轴承

图 2-44　全浮式浮动轴承及止推轴承

2.2　旁通式增压器的工作原理

旁通式增压器具有低速扭矩大并能兼顾高低速性能的优点。其旁通阀工作是由增压压力来控制的。当增压压力达到预定值时,旁通阀打开,将部分多余废气排掉,控制涡轮增压器增压时,使发动机汽缸内的爆发压力不超过发动机机械涡轮增压器负荷的允许值。

采用旁通阀的目的是保证柴油机在低、中速范围内与涡轮增压器具有最佳的匹配效果,以便柴油机能够得到较充足的空气量,并与随之加大的燃油供给量相适应,增大低速扭矩,改善燃油消耗;在高速范围通过旁通阀放气(即部分废气不经过涡轮直接进入排气管),以避免增压器转子超速或增压压力过高而引起汽缸内燃烧压力过大,加剧柴油机的机械负荷等。

如图 2-45 所示,旁通阀的开闭由增压压力自动控制。将压气机出口的增压压力引入旁通阀调节器的密闭压力室内,当增压压力达到或超过规定值时,其膜片将克服左边的弹簧力,与联动推杆一起向左移动,推动摇臂绕销轴旋转,使放气阀开启,实现排气旁通阀放气,控制增压器转速的上升,使发动机汽缸内的爆发压力不超过发动机机械负荷的允许值。

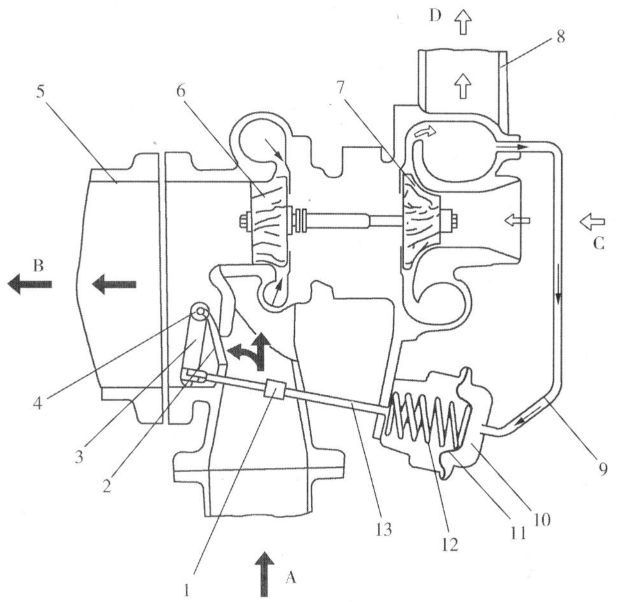

A—废气入口;B—废气出口;C—进气入口;D—进气出口

1—调节螺母;2—旁通阀;3—摇臂;4—销轴;5—排气管;6—涡轮;7—压气轮;

8—进气道;9—连通管;10—控制膜盒;11—控制膜片;12—膜片弹簧;13—连动杆

图 2-45　旁通阀的结构及工作原理

3　可变截面涡轮增压器在华泰圣达菲车 D4EA 柴油机中的应用

华泰圣达菲车装备了具有电控高压共轨系统(Bosch 公司的第二代产品 CRDI)的 D4EA 柴油机,该柴油机采用了带中冷器(水冷却)电子控制的可变截面涡轮增压器 VGT (Variable Geometry Turbocharger),为美国 Garret 公司的 GT27 型增压器。D4EA 发动机采用的可变截面增压器 VGT 剖面如图 2-46 所示。

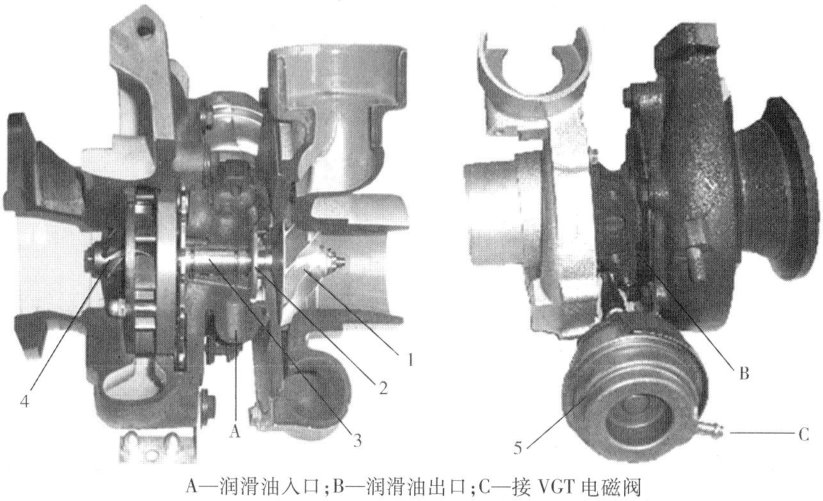

A—润滑油入口;B—润滑油出口;C—接 VGT 电磁阀

1—压气机叶轮;2—止推轴承;3—全浮式浮动轴承;4—废气涡轮;5—膜盒式真空执行器

图 2-46　VGT 的实物剖面

旁通式废气涡轮增压器中，涡轮机转子叶片与壳体之间的截面面积是固定不变的，在废气冲击下其转速与发动机的转速有关。当发动机低转速工作时，废气的动能小，涡轮机的转子转速较低，同轴带动压气机的充气量相对较少，增压后的进气压力较低；而发动机高速旋转时，废气的动能大，同轴带动压气机的充气量相对较多，增压后的进气压力高。这种充气量的差异，限制了发动机中低速功率的提高。可变截面废气涡轮增压器 VGT 正是针对此改进设计的，它主要是提高发动机中低速的充气量，从而提高发动机的功率，消除了传统涡轮增压器低转速时的“涡轮迟滞”现象。华泰圣达菲车 D4EA 柴油机采用的可变截面增压器 VGT 系统的组成如图 2-47 所示。

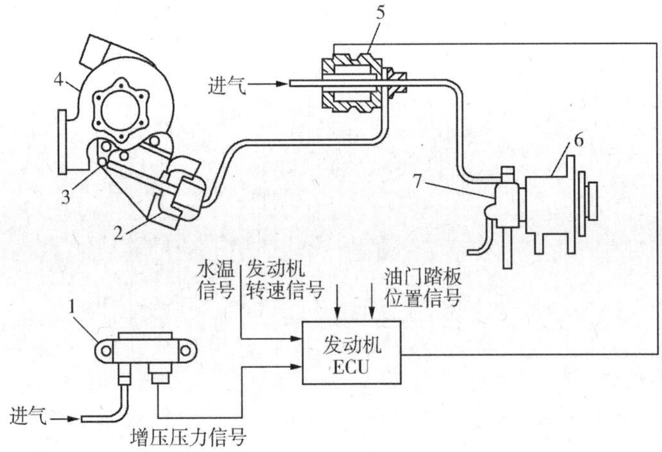

1—增压压力传感器；2—膜盒式真空执行器；3—摇臂；
4—VGT；5—VGT 电磁阀；6—发电机；7—真空泵

图 2-47　圣达菲车 D4EA 柴油机 VGT 系统组成

VGT 的压气机部分与一般废气涡轮增压器相同，而在涡轮机侧除具有涡轮转子外，还有转动叶片组、传动及操纵结构（含膜盒式真空执行器及 VGT 电磁阀等）。在涡轮机转子一侧的圆形固定盘上，装有转动叶片组，它的几何位置由 ECU 通过控制 VGT 电磁阀、膜盒式真空执行器来控制。当发动机处于中低速时，废气的动能较小，膜盒式真空执行器使活动叶片组处于最大关闭位置，叶片间通道截面变小，因此废气进入涡轮机的速度加大，从而使涡轮机的转速提高，同轴带动压气机使充气量较普通的增压器增多。当发动机高速旋转时，废气动能增加，膜盒式真空执行器推动活动叶片组逐步打开，最终至全开位置，叶片间通道截面增大，导致废气进入涡轮机的速度减小，从而使涡轮机转速降低，同轴带动压气机，使进气量维持在合适的范围内。不带 VGT 的 D4EA 柴油机（有旁通式涡轮增压器）的最大输出功率为 83 kW，最大输出扭矩为 255 N·m；而带 VGT 的 D4EA 柴油机（与前者比较，其他方面几乎相同）的最大输出功率增加了 9 kW，达到 92 kW，最大输出扭矩达 285 N·m，增加了 30 N·m。由此可见，VGT 系统明显提高了发动机的动力性。

4　废气涡轮增压器使用注意事项

（1）放气阀的开启压力规定值（183 kPa）是由厂家设定的，用户不得进行任何调整，即联动推杆上的调节螺母不得拧动，否则将会严重损害柴油机的动力性、经济性及使用可靠性。

（2）任何情况下，不得以联动推杆作为把手或台阶予以承载或蹬踏。

(3)在使用中，如发现引气管漏气或联动推杆不灵活，应立即停车予以排除。

(4)放气阀部分及密闭压力室不能维修，如发现损坏，必须更换整个涡轮壳装置。

5　涡轮增压器使用要求

(1)增压器采用发动机润滑油进行润滑，必须使用厂家规定的机油和滤清器。

(2)停机时间过长，起动发动机前，须预先润滑涡轮增压器。

(3)发动机起动后 3 ~4 s 内，增压器进油口必须显示油压。

(4)发动机负载运行时，增压器进油口处润滑油压力在最大扭矩工况及标定转速时，机油压力应在 196 ~392 kPa，怠速工况应不小于 69 kPa。

(5)润滑油进油温度应在 100 ℃以下，最高不应超过 120 ℃；

(6)要避免发动机长时间的怠速(最长不应超过 20 min)运转。当涡轮和压气机中气体压力过低和涡轮增压器轴的转速过低时，中间壳中的润滑油会通过密封件渗漏到涡轮壳和压气机壳中。

(7)严禁采用"加速—熄火—空挡滑行"的操作方法，避免高速行驶时突然熄火使机油压力消失，增压器由于高速旋转失去润滑而损坏。

(8)在发动机润滑油压力建立以前，必须使发动机保持在怠速状态(3 ~5 min)，发动机在起动之后立即加速，会使涡轮增压器在其轴承还来不及得到充分润滑的情况下就以最大转速工作。涡轮增压器在润滑不充分的情况下工作，会造成其轴承损坏。

(9)发动机停机之前，要使它的温度和转速逐步地从最大值降下来，这时，需要发动机中速怠速或在轻负荷工况下工作一段时间(3 ~5 min)。因为当发动机在最大输出功率或最大扭矩状态下工作时，涡轮增压器的转速和温度也达到最大值，这时突然停机，会使涡轮增压器在缺油的情况下运转，并导致轴承或中间壳里的残留润滑油碳化而形成积碳。

6　涡轮增压器的日常检查、清洁方法

6.1　涡轮增压器的日常检查

在发动机冷却下来后才能进行检查，检查中不能起动发动机，以免造成人身伤害。涡轮增压器的日常检查包括下列内容：

(1)检查空气滤清器与增压器、增压器与发动机进排气管之间的连接管路密封性和紧固情况；

(2)检查涡轮增压器进回油管有无损坏或节流现象，接头处连接螺栓有无松动；

(3)检查机油品质，定期清洗或更换机油滤芯；

(4)检查空气滤清器并定期清洁或更换滤芯；

(5)检查发动机曲轴箱呼吸器是否通畅，保证曲轴箱压力正常。

6.2　涡轮增压器的清洁方法

涡轮增压器属精密高速旋转机械，其最高转速为 180 000 r/min，正常转速也在每分钟几万转到十几万转，因此一般情况下，不允许对增压器总成进行解体与维修。当增压器因沾污或积碳过多造成转子转动不灵活或柴油机性能变差时，可在不全部解体增压器的情况下进行简单的清理与清洗，具体方法如下：

(1)清除增压器表面的灰尘及油污；

(2)把增压器从柴油机上拆下,注意不得以联动推杆为把手拎起增压器;

(3)应先拆下引气管,然后拆下放气阀调节装置;

(4)拆下压气机壳、涡轮壳及进回油管和冷却液管连接部件;

(5)清理和清洗压气机壳、涡轮壳以及两个叶轮表面;

(6)从进油口处注入适量的干净清洗剂,同时用手转动叶轮,反复进行直到转动灵活。

7 增压器失效模式分析

大多数涡轮增压器的损坏,主要由下列原因造成:与润滑有关的问题、外来物体进入、异常噪声、工作温度过高、使用和保养不善等。仔细地检查涡轮增压器上被损坏的零件,并正确地分析它们的工作条件,常常能精确地确定产生问题的原因。当在某些情况中一时找不出原因时,则要针对每一种情况逐一查找原因。如果涡轮增压器是由于外界因素而被破坏的,并且找不出故障原因而加以修复,那么其更换件又会很快地以相同的方式被损坏。

7.1 与润滑有关的问题

7.1.1 使用不洁润滑油

不洁润滑油进入增压器会导致转轴、轴承、轴承座孔的磨损,并破坏转子的动平衡,最后造成增压器损坏。下列情况会导致润滑油不洁:

(1)柴油机使用的润滑油滤清器不符合规定,或使用伪劣滤芯;

(2)使用中滤芯被击穿,或柴油机主油道滤清器被堵塞,润滑油进入旁通道;

(3)没有按规定周期更换润滑油;

(4)更换增压器或作预润滑时,杂质进入润滑油管路。

7.1.2 润滑油不足

增压器润滑油有润滑和冷却功能,若润滑油不足,首先导致冷却功能下降,增压器过热,烧坏增压器的轴及轴承等,并破坏转子动平衡,最后导致增压器损坏。以下情况会导致润滑油不足:

(1)没有按规定定期更换润滑油或使用 CD 级以上的润滑油,导致润滑油结焦,丧失其功能;

(2)柴油机在大负荷工作后突然停机,导致转子和轴承过热,损坏增压器;

(3)开机后未怠速运行,马上加负荷,或更换增压器前未作预润滑,导致转子缺油,产生干摩擦,损坏增压器;

(4)进油管路或润滑油滤清器堵塞,润滑油泵故障,或润滑油压力低等。

7.1.3 增压器漏油

增压器漏油是一种比较常见的故障现象,如果及时发现并排除故障,可有效避免涡轮增压器失效。下列情况会导致增压器漏油:

(1)发动机空气滤清器或进气管路阻塞,导致进气负压过大;

(2)增压器回油管撞弯或损坏,导致回油节流;

(3)中间体油腔内积碳,导致回油不畅;

(4)压气机壳出气口到发动机进气管之间的连接管路漏气;

(5)涡壳进气口与排气管出气口的连接处漏气;

(6)怠速时间过长;

(7)曲轴箱内油压或油位过高,曲轴箱通风管堵塞;

(8)发动机下窜气过大。

7.2 外来异物进入增压器

若外来异物进入增压器,当增压器旋转时,会破坏增压器转子动平衡,最终导致增压器叶轮损坏、转子卡死或转轴断裂等恶性故障。外来异物进入包括压气机侧异物进入和涡轮侧异物进入两种失效模式。

7.2.1 压气机侧异物进入

压气机侧异物进入,会造成压气机叶轮端面损坏,可能是由于异物从进气管或空气滤清器进入压气机壳造成的。可能的故障原因有:

(1)进气管路密封不良,进气不经滤清直接进入压气机叶轮;

(2)不按规定更换空气滤清器或使用伪劣滤芯,导致进气过滤不良;

(3)维护保养时,异物进入增压器前进气管路。

7.2.2 涡轮侧异物进入

涡轮侧异物进入,会造成涡轮叶面端面损坏,可能是由于异物从柴油机排气歧管进入涡轮壳造成的。可能的故障原因有:

(1)柴油机汽缸内有零件损坏,随排气吹出,进入涡轮壳;

(2)安装排气歧管时,不小心将螺栓等掉入排气道,柴油机运行后吹入涡壳。

7.3 增压器异常噪声

增压器工作时,异常噪声主要包括漏气产生的噪声以及机械噪声两种。漏气产生噪声可能的部位有:发动机排气歧管、增压器涡轮侧、排气管等,可依据废气痕迹排除。另外,发动机进气歧管、增压器压气机侧可能漏气。机械噪声产生的原因有:

(1)不平衡量过大;

(2)动平衡遭到破坏;

(3)叶轮断面擦壳体;

(4)紧固件松动。

7.4 增压器工作温度过高

在工作或停车时,如果温度升得足够高,优质润滑油也会分解,并造成沉淀物在中间壳的整个内腔里积累,使润滑油通道受到节流,甚至堵塞润滑油进出油管。另外,沉淀物会随着润滑油流到轴承系统中去,磨损工作表面,破坏动平衡,最后造成增压器的损坏。

引起工作温度过高的原因有:

(1)排气温度过高;

(2)润滑油温度过高;

(3)重复热停车;

(4)机油滤器堵塞。

废气温度过高会导致涡壳和中间体变形,从而使叶轮擦壳。同时,高温会使涡壳氧化,剥落的物质会成为"外来异物"。另外,高温的废气使转子加速,并在高于设计转速下工作,这会导致叶轮开裂。

导致废气温度过高的原因有:

(1)发动机燃烧状况不好;

(2)发动机正时有问题；
(3)废气受到节流；
(4)其他的发动机控制系统问题。

任务实施

1. 任务相关知识描述

可变截面增压系统的检查项目主要有：
(1)增压系统的主要组成部件及安装位置；
(2)增压系统工作原理；
(3)电磁阀的电阻。

2. 信息资料收集与分组

(1)完好增压系统的技术要素；
(2)被测电磁阀的技术资料；
(3)检测所需工具：电控柴油发动机、万用表、故障诊断仪、专用的测试导线；
(4)安全操作注意事项；
(5)分组并产生组长，明确任务。

3. 制订计划

(1)以小组讨论的方式制订电控可变截面增压系统的检查计划；
(2)讨论工作计划并最终定稿；
(3)填写工作计划表(见表2-10)。

表2-10　电控可变截面增压系统故障检修工作计划表

<table>
<tr><td colspan="2">姓名：</td><td>学号：</td><td>班级：</td><td>组别：</td></tr>
<tr><td>任务名称</td><td colspan="4"></td></tr>
<tr><td>个人工作实施计划</td><td colspan="4"></td></tr>
<tr><td>小组其他计划特色点</td><td colspan="4"></td></tr>
<tr><td>辅导教师意见</td><td colspan="4"></td></tr>
</table>

续表 2-10

个人工作实施计划定稿	

4. 实施计划

(1)学生按既定工作计划完成检查并填写任务工单(见表 2-11);

(2)教师监控学生操作过程,及时更正学生的错误。

表 2-11　电控可变截面增压系统的检修任务工单

<table>
<tr><td colspan="2">姓名:</td><td>学号:</td><td>班级:</td><td>组别:</td></tr>
<tr><td colspan="3" rowspan="2">评价等级:</td><td>教师签字:</td><td>成绩:</td></tr>
<tr><td>日期:</td><td>学时:</td></tr>
<tr><td>任务名称</td><td colspan="4">电控可变截面增压系统的故障检修</td></tr>
<tr><td>能力目标</td><td colspan="4">1. 能够对照实物说明电控增压系统部件名称;
2. 能够说出电磁阀的功用;
3. 会正确连接电磁阀的电路;
4. 会正确使用万用表检测电磁阀端电阻。</td></tr>
<tr><td>工具、设备的准备</td><td colspan="4">实训发动机 2 台,笔记本电脑 2 台,故障诊断设备 2 台,故障诊断软件 2 套,万用表 2 台</td></tr>
<tr><td>信息获取</td><td colspan="4">1. 借助圣达菲车 D4EA 柴油机(或其他)实验台或整车,找出电控 VGT 系统的主要组成部件及安装位置、接线端子并记录。
(1)真空源安装位置:________
(2)VGT 电磁阀安装位置:________
接线端子:________
(3)VGT 真空执行器安装位置:________
(4)增压器的型号:________
2. 参考图 2-47,分析圣达菲车 D4EA 柴油机电控 VGT 系统的闭环控制。
闭环控制:________
3. 电控柴油机设置电控 VGT 系统的目的是什么?
设置电控 VGT 系统的目的:
____
____
____
4. 参考图 2-37 及图 2-38,分析 VGT 系统的工作原理。
(1)机械传动:________
____
(2)低速控制:________
____
(3)高速控制:________
____
5. 电控 VGT 系统检修。
(1)故障代码读取。是否有故障代码?
____
(2)VGT 电磁阀的检查。
华泰圣达菲车 D4EA 柴油机 VGT 电磁阀的电路连接如图 2-48 所示。</td></tr>
</table>

续表 2-11

<table>
<tr><td rowspan="1">信息获取</td><td>

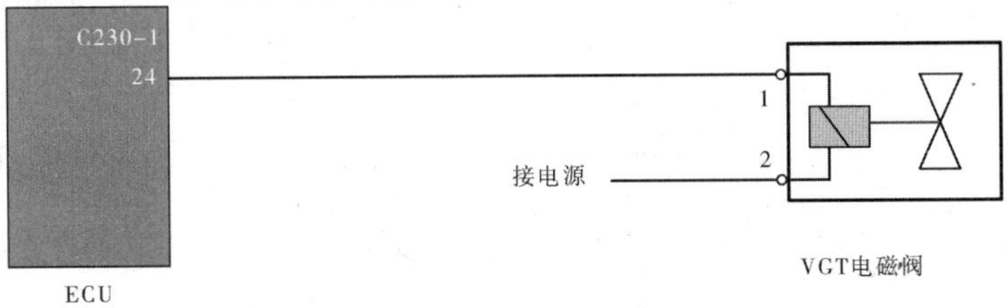

图 2-48　华泰圣达菲车 D4EA 柴油机 VGT 电磁阀的电路连接

①读取 VGT 系统的数据流并记录：________

②选择“执行元件自诊断功能”的 VGT 电磁阀，检查工作是否正常：________

③电磁阀电阻值测量。
关闭点火开关，拔下 VGT 电磁阀插头，测量电磁阀侧插头 1#与 2#端子间的电阻，测量阻值并记录：________

④电磁阀工作电压测量。
拔下 VGT 电磁阀插头，点火开关置 ON 挡，测量线束侧插头 2#与搭铁间的电压值并记录：________

(3)真空源外观检查及真空度检查：
①检查真空源(真空泵)、VGT 电磁阀、VGT 执行器之间的真空软管有无泄漏；
②检查 VGT 电磁阀上的两根真空胶管安装位置是否正确；
③检查真空源提供的真空度，使发动机在 1 500 r/min 下运转 20 s，测量真空源的真空度，其值为：________

④从 VGT 电磁阀上拔下真空软管，检查真空软管内是否有真空度(用手放在真空管开口处，通过感受是否有吸引力，来判断是否有真空度)。如果存在真空度，观察发动机转速是否有所变化？若不变化，是何原因？________

(4)VGT 执行器(真空膜盒式)检查。
在 VGT 执行器处直接连接手动真空枪，操纵手动真空枪(改变真空度)，观察 VGT 执行器拉杆能否灵活运动：________

(5)VGT 系统数据流检测。
①连接 Hi - Ds - Scanner 诊断仪，点火开关置 ON 挡，读取 VGT 静态数据流(占空比)，起动发动机后，分别读取 1 000 r/min、2 000 r/min、3 000 r/min、4 000 r/min 等工况下 VGT 数据流并记录。
静态：________
其他工况：________

②增压压力检测。
起动发动机，读取增压压力传感器的数据流，观察增压压力数据在不同转速下的变化值并记录：________

6. VGT 系统失效检查。
人为设置故障(例如，将 VGT 电磁阀插头拔掉)，使 VGT 系统失效，观察对发动机性能的影响并记录。
(1)对起动性能是否有影响？________
(2)对发动机加速性能是否有影响？________
(3)排烟颜色是否正常？________
(4)用尾气排放仪测量排放，与 VGT 系统正常状态值相比较，并记录：
正常值：________
故障值：________

</td></tr>
</table>

续表 2-11

任务操作与要点	

5. 检查结果

(1)检查学生是否填写完整任务单;

(2)回答学生所提出的问题;

(3)学生以小组讨论方式进行工作评估。

评价反馈

(1)对小组工作进行综合评价;

(2)提出改进意见和注意事项;

(3)填写任务评价表(见表 2-12)。

表 2-12　电控可变截面增压系统故障检修任务评价表

评价内容	评价指标	评价等级		
		自我	小组	教师
专业能力	A. 具有安全、文明生产和环境保护的相关知识和技能。(10 分)			
	B. 高质量地完成工作任务,操作娴熟,任务工单得 85 分以上。(10 分)			
	C. 任务工单中数据真实,步骤完整,能用来判断并排除故障。(10 分)			
	D. 具备了电控可变截面增压系统的检修的能力。(10 分)			
社会能力	A. 具有良好的职业道德,遵守实验室管理规定。(5 分)			
	B. 具有较强的口头和书面表达能力、良好的人际交流沟通能力。(10 分)			
	C. 具有良好的团队合作精神和客户服务意识。(10 分)			
	D. 具有良好的心理素质和克服困难的能力。(5 分)			
方法能力	A. 能够制订完善的工作计划。(5 分)			
	B. 能借助网络、文件资料等查找所需信息。(10 分)			
	C. 能够独立完成任务。(5 分)			
	D. 能够检查评估工作任务,并能从个案中寻找共性。(10 分)			
辅导教师关于此次任务的改进意见		总评		

学习任务5

温度类传感器的检修

相关知识

电控柴油机用温度类传感器主要包括冷却液温度传感器、进气温度传感器、燃油温度传感器。

上述温度类传感器几乎都采用了负温度系数(NTC)热敏电阻式,其工作原理完全相同。

冷却液温度传感器的作用是:测量冷却液温度,用于冷起动、风扇控制、目标怠速计算等,同时还用于修正喷油量、喷油提前角、最大功率保护等。

进气温度传感器(一般和进气压力传感器集成在一起)的作用是:测量进气温度、修正喷油量和喷油正时、最大功率保护等。

燃油温度传感器(部分车型采用)的作用是:测量燃油温度,根据燃油密度计算喷油量和所需的喷油脉宽,同时用于燃油加热控制。

1 冷却液温度传感器 CTS(Coolant Temperature Sensor)

Bosch 共轨的冷却液温度传感器如图 2-49 所示。

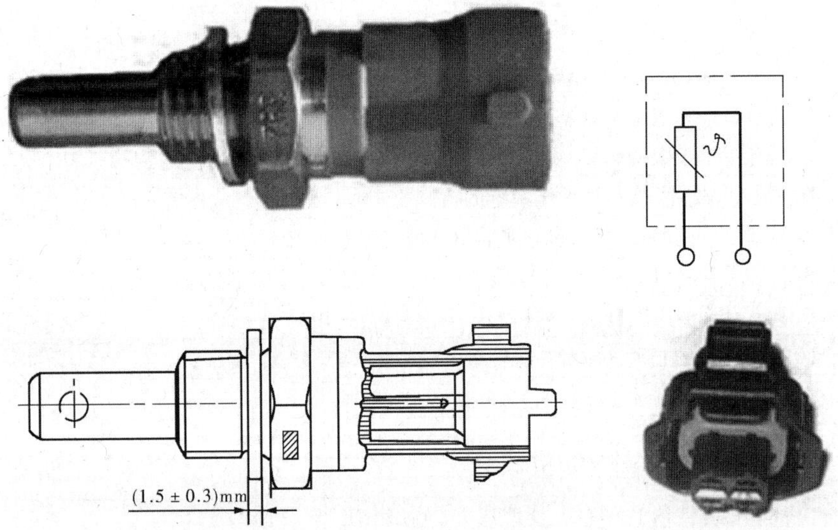

图 2-49 Bosch 共轨的冷却液温度传感器

长城车 GW2.8TC 型 Bosch 共轨柴油机 CTS 与 ECU 的电路连接如图 2-50 所示。

Delphi 共轨系统的冷却液温度传感器电阻值与温度的特性曲线如图 2-51 所示。

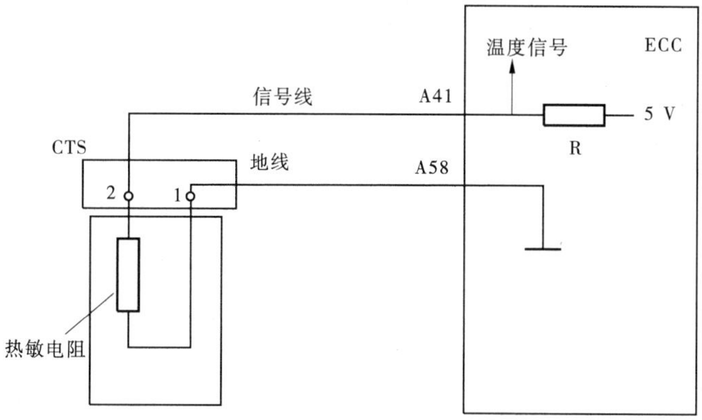

图 2-50 GW2.8TC 型柴油机 CTS 与 ECU 的电路连接

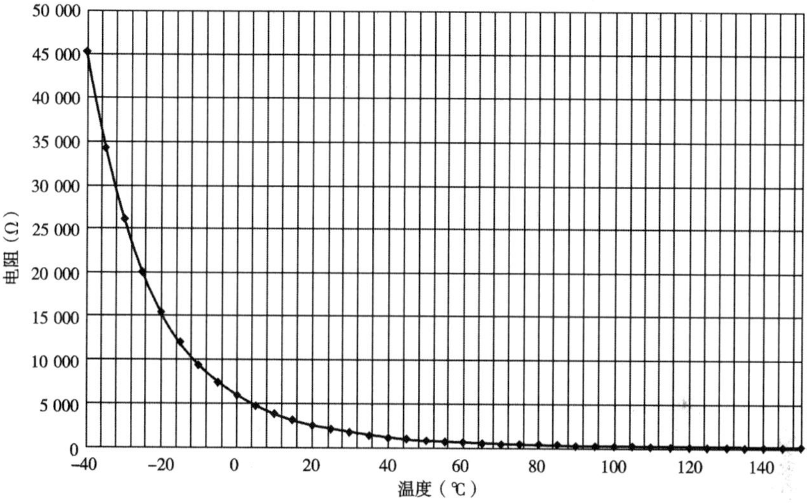

图 2-51 Delphi 共轨的冷却液温度传感器的信号特征

1.1 冷却液温度传感器的检修

1.1.1 外线路检查

用万用表的电阻挡，分别测量 1#端子与 A58#端子、2#端子与 A41#端子之间的电阻值，来判断外线路是否存在短路及断路故障。

1.1.2 传感器电压值测量

关闭点火开关，拔下冷却液温度传感器插头，点火开关置 ON 挡，测量线束侧 1#、2#端子之间的电压应为 5 V。

1.1.3 传感器电阻值测量

将冷却液温度传感器的工作部分放入水中进行加热，测量两端子之间的电阻值是否符合规定值，若不符应更换传感器。

1.1.4 数据流检测

用 X－431 故障诊断仪读取发动机系统数据流，涉及水温的数据流有 2 个："水温传感器输出的电压值"、"发动机冷却水温"。起动发动机，接入诊断仪，读取发动机系统数据流，此时踩下油门，使发动机温度上升，观察"发动机冷却水温"数值应逐渐增加，"水温传感器输出的电压值"数值应逐渐减小，如无变化应检查线束连接情况和传感器。

1.2 失效模式分析

当冷却液温度传感器失效，因控制系统不同，失效模式有所区别，常见的有下列两种失效模式。

1.2.1 功率不足、转速受限、高寒工况下难起动

当冷却液温度传感器失效，ECU 检测不到冷却液温度信号时，ECU 会输出相关故障代码 P0116、P0117、P0118 等，故障灯亮，并且 ECU 进入减扭矩控制模式，使最大转速受限、最大功率不足。

1.2.2 电子风扇常转（部分机型）

长城车 GW2.8TC 型 Bosch 共轨柴油机采用该模式。当 ECU 系统接收不到冷却液温度信号时会出现此故障现象。冷却液温度信号是各个工况下，ECU 调整喷油量的一个主要参考数据，在 ECU 无法采集到冷却液温度信号时，会采取一个替代值（－4 ℃），系统按照设定的冷却液温度来工作，启动跛行回家（Limp Home）功能。同时为防止冷却液温度过高导致发动机损坏，系统会控制电子风扇常转。

2 进气温度传感器（Intake Air Temperature Sensor）

进气温度传感器与冷却液温度传感器的工作原理类似，经常与进气压力传感器集成在一起。当进气温度传感器失效后，ECU 会输出相关故障代码 P0097、P0098 等，故障灯亮，并且 ECU 进入减扭矩控制模式，使最大转速受限、最大功率不足。

3 燃油温度传感器（Fuel Temperature Sensor）

燃油温度传感器用于实时测量燃油温度、喷油量修正、扭矩修正、轨压修正及热保护。柴油机电控系统具有燃油加热功能时，必须设置燃油温度传感器。

燃油温度传感器的安装位置视机型不同而不同，华泰圣达菲车 D4EA 柴油机的燃油温度传感器安装在燃油滤清器（粗滤器）的上盖处，如图 2-52 所示。

1—燃油温度传感器；2—燃油加热器

图 2-52 华泰圣达菲车 D4EA 柴油机的燃油温度传感器

玉柴 Delphi 共轨的燃油温度传感器安装在高压油泵上，如图 2-53 所示。

玉柴 Delphi 组合单体泵的燃油温度传感器安装在单体泵上，如图 2-54 所示。

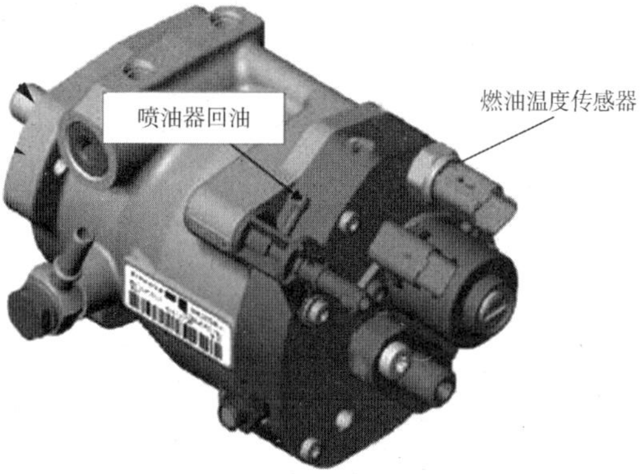

图 2-53　玉柴 Delphi 共轨的燃油温度传感器

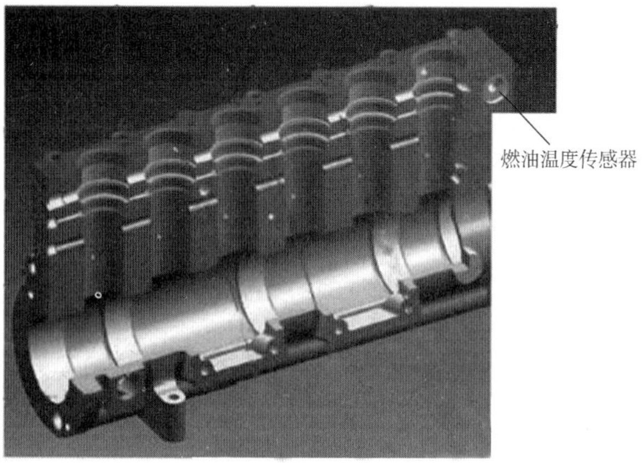

图 2-54　玉柴 Delphi 组合单体泵的燃油温度传感器

说明：

(1)当燃油温度传感器失效(如信号丢失)时,会进入减扭矩保护模式,使发动机功率不足,转速受限;

(2)故障灯亮;

(3)产生相关的故障代码:P0182 及 P0183。

任务实施

1. 任务相关知识描述

温度类传感器的检查项目主要有:

(1)温度类传感器的作用、结构及安装位置;

(2)温度类传感器的工作原理;

(3)传感器的电阻;

(4)传感器的电压。

2. 信息资料收集与分组

(1)完好传感器的技术要素;

(2)检测所需工具：电控柴油发动机、万用表、故障诊断仪、专用的测试导线；
(3)安全操作注意事项；
(4)分组并产生组长，明确任务。

3. 制订计划

(1)以小组讨论的方式制订各类温度传感器的检查计划；
(2)讨论工作计划并最终定稿；
(3)填写工作计划表(见表2-13)。

表2-13　温度类传感器故障检修工作计划表

姓名：	学号：	班级：	组别：
任务名称			
个人工作实施计划			
小组其他计划特色点			
辅导教师意见			

续表 2-13

个人工作实施计划定稿	

4. 实施计划

(1)学生按既定工作计划完成检查并填写任务工单(见表 2-14);

(2)教师监控学生操作过程,及时更正学生的错误。

表 2-14　温度类传感器故障检修任务工单

<table>
<tr><td>姓名:</td><td>学号:</td><td>班级:</td><td>组别:</td></tr>
<tr><td colspan="2" rowspan="2">评价等级:</td><td>教师签字:</td><td>成绩:</td></tr>
<tr><td>日期:</td><td>学时:</td></tr>
<tr><td>任务名称</td><td colspan="3">温度类传感器故障检修</td></tr>
<tr><td>能力目标</td><td colspan="3">1. 能够对照实物说明各传感器名称;
2. 能够说出传感器的功用;
3. 会正确连接传感器的电路;
4. 会正确使用万用表检测传感器端电阻。</td></tr>
<tr><td>工具、设备的准备</td><td colspan="3">实训发动机 2 台,笔记本电脑 2 台,故障诊断设备 2 台,故障诊断软件 2 套,万用表 2 台</td></tr>
<tr><td>信息获取</td><td colspan="3">1. 借助长城车 GW2. 8TC 型柴油机(或其他)实验台或整车,找出电控柴油机冷却液温度传感器、进气温度传感器、燃油温度传感器的安装位置、接线端子并记录。
冷却液温度传感器:________________
进气温度传感器:________________
燃油温度传感器:________________
2. 冷却液温度传感器、进气温度传感器、燃油温度传感器几乎都采用了负温度系数(NTC)热敏电阻式,其工作原理完全相同。
(1)冷却液温度传感器的作用是:________________
(2)进气温度传感器(一般和进气压力传感器集成在一起)的作用是:________________
(3)燃油温度传感器(部分车型采用)的作用是________________</td></tr>
</table>

续表 2-14

<table>
<tr><td>信息获取</td><td>3. 参考图 2-50 进行冷却液温度传感器的检测并记录。
(1)外线路检查:____________________
(2)传感器电压值测量:____________________
(3)传感器电阻值测量:____________________
(4)数据流检测:____________________
“水温传感器输出的电压值”:____________________
“发动机冷却水温”:____________________
4. 当冷却液温度传感器失效(如将插头拔掉)时 ,观察失效模式并记录。
(1)对发动机性能是否有影响?____________________
(2)故障灯是否亮?____________________
(3)读取闪码及故障代码:____________________
5. 测量进气温度传感器并记录。
6. 当进气温度传感器失效(如将插头拔掉)时,观察失效模式并记录。
(1)对发动机性能是否有影响?____________________
(2)故障灯是否亮?____________________
(3)读取闪码及故障代码:____________________
7. 测量燃油温度传感器并记录。
____
8. 当燃油温度传感器失效(如将插头拔掉)时,观察失效模式并记录。
(1)对发动机性能是否有影响?____________________
(2)故障灯是否亮?____________________
(3)读取闪码及故障代码:____________________</td></tr>
<tr><td>任务操作与要点</td><td></td></tr>
</table>

5. 检查结果

(1)检查学生是否填写完整任务工单;

(2)回答学生所提出的问题;

(3)学生以小组讨论方式进行工作评估。

评价反馈

(1)对小组工作进行综合评价;

(2)提出改进意见和注意事项;

(3)填写任务评价表(见表 2-15)。

表 2-15　温度类传感器故障检修任务评价表

评价内容	评价指标	评价等级		
		自我	小组	教师
专业能力	A. 具有安全、文明生产和环境保护的相关知识和技能。(10 分)			
	B. 高质量地完成工作任务，操作娴熟，任务工单得 85 分以上。(10 分)			
	C. 任务工单中数据真实，步骤完整，能用来判断并排除故障。(10 分)			
	D. 具备了各温度类传感器的检查和故障排除的能力。(10 分)			
社会能力	A. 具有良好的职业道德，遵守实验室管理规定。(5 分)			
	B. 具有较强的口头和书面表达能力、良好的人际交流沟通能力。(10 分)			
	C. 具有良好的团队合作精神和客户服务意识。(10 分)			
	D. 具有良好的心理素质和克服困难的能力。(5 分)			
方法能力	A. 能够制订完善的工作计划。(5 分)			
	B. 能借助网络、文件资料等查找所需信息。(10 分)			
	C. 能够独立完成任务。(5 分)			
	D. 能够检查评估工作任务，并能从个案中寻找共性。(10 分)			
辅导教师关于此次任务的改进意见	总评			

学习任务 6

ECU常电源、ON/ST电源及搭铁电路的检修

相关知识

1　ECU 的安装位置

电控柴油机 ECU 安装位置视机型不同有所区别，有的安装在驾驶室内，有的安装在发动机机舱内，有的直接安装在发动机的机体上。

一般情况下，ECU 的安装方向要求如图 2-55 所示。

玉柴及潍柴许多机型的国Ⅲ柴油机采用了 ECU 直接安装在机体上(如图 2-56 所示)的方式。其优点是 ECU 与传感器及执行器的连线距离大大缩短，传感器输入 ECU10 信号的衰减及 ECU 控制执行器的速度都大大改善。其缺点是容易引起温度过高，因此必须采取降温措施。现广泛采用了燃油冷却的方式，即带燃油冷却盒。

ECU 的燃油冷却盒如图 2-57 所示。

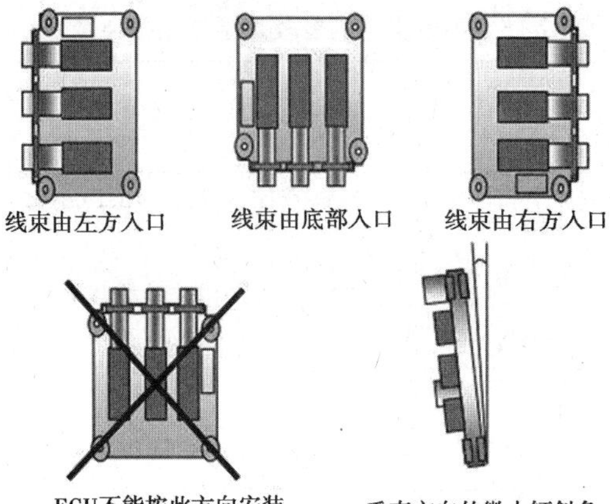

图 2-55　ECU 安装方向示意

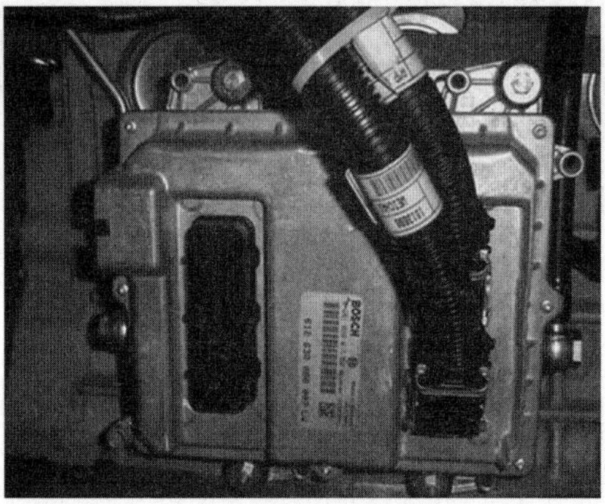

图 2-56　潍柴 WP10 Bosch 共轨柴油机的 ECU(安装在机体上)

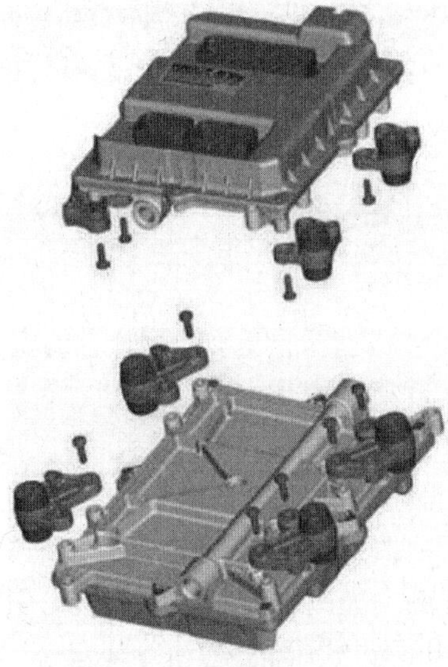

图 2-57　潍柴 WP10 Bosch 共轨柴油机的 ECU 的燃油冷却盒

风骏车 ECU 安装在驾驶员座椅下,哈弗车 ECU 安装在机舱内。

2 功能

ECU 是一种电子综合控制装置(有些公司称 EDM),它有如下功能:

(1)提供给各电控元件电压(5 V 或 12 V),接受传感器或其他装置输入的信息;

(2)存储、计算、分析处理信息;

(3)输出执行命令,将弱信号变为强信号,输出故障信息;

(4)自我修正。

ECU 作为整个电控系统的中枢,其作用视系统不同,有所差异。

下面以玉柴及潍柴的 Bosch 共轨系统为例,说明 ECU 的功能。

玉柴及潍柴的 Bosch 共轨系统广泛采用了型号为 EDC7UC31 的控制器,其外形如图 2-58所示。

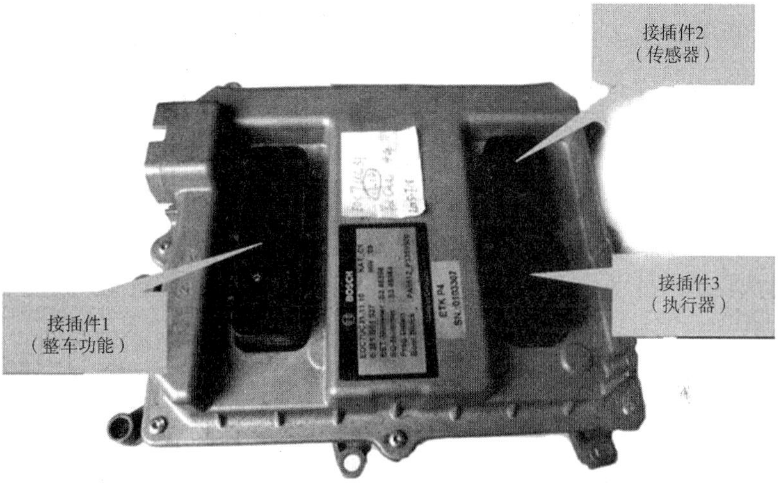

图 2-58 Bosch 共轨系统型号为 EDC7UC31 的控制器

2.1 EDC7UC31 控制器的特性参数尺寸及优点

工作环境:−30 ~ 105 ℃;

工作电压:24 V(9 ~ 32 V);

接插件:141Pins(16 + 36 + 89);

尺寸:248 mm × 206 mm × 54 mm;

ECU 壳体要求与车身绝缘良好;

ECU 的 8 个固定螺栓扭矩:(10 ± 2)N · m。

优点:结构紧凑、兼容性好;低功耗、稳定的端口;功能强大的微处理器,容量大;安装在发动机上振动小;经过热冲击、低温、防水、化学、盐腐蚀、振动、机械冲击、EMC 试验。

2.2 控制器 ECU 功能(发动机部分)

(1)喷油方式控制:高达 4 次喷射(现只用 2 次)。

(2)喷油量控制:预喷油量自学习功能。

(3)减速断油控制。

(4)喷油正时控制:主喷正时,预喷正时,正时补偿。

(5)轨压控制:正常和快速轨压控制,轨压建立和超压保护。

(6)喷油器泄压控制。

(7)轨压 Limp Home 控制。

(8)扭矩控制:瞬态扭矩、加速扭矩、低速扭矩补偿、最大扭矩控制、瞬态冒烟控制、增压器保护控制。

(9)过热保护。

(10)各缸平衡控制。

此外还有 EGR 控制、VGT 控制、辅助起动控制(电机和预热塞)、系统状态管理、电源管理故障诊断等功能。

2.3 控制器 ECU 功能(整车部分)

(1)挡位计算:根据车速和发动机转速计算挡位,用于挂挡怠速控制,改善驾驶性能;

(2)车速计算及输出:供仪表和最高车速限制使用;

(3)怠速和驱动怠速控制:挂挡时发动机负载加大,采用驱动怠速控制可以实现分挡控制,此时 PID(控制器)参数和指令怠速转速均发生变化;

(4)巡航控制:暂时不用;

(5)防抖(ASD)控制:改善车辆在挂挡起步急加速和急减速过程中的平顺性;

(6)空调控制:根据空调负载调节发动机怠速转速,根据车辆对动力性的需求和发动机的工作状况对空调压缩机进行开/关控制;

(7)风扇控制:电风扇驱动控制;

(8)故障诊断:在线诊断并存储/输出故障代码,具有 Limp Home 功能;

(9)CAN 通信:整车其他控制器和仪表之间通信;

(10)离合器开关:改善驾驶性能。

3 ECU 电源电路及搭铁电路分析

3.1 潍柴 WP10 柴油机 Bosch 共轨系统的电源电路及搭铁电路

潍柴 WP10 柴油机采用 Bosch 的第二代共轨系统,其电路(部分)如图 2-59 所示。

3.1.1 常电源

蓄电池电源经过 30 A 保险,送至 ECU 的 1.08、1.09、1.02、1.03 四个端子,即为 ECU 的常电源(该路电源不受点火开关控制)。

3.1.2 ON/ST 电源

ECU 的 1.40 端子为 ON 电源,ECU 的 1.61 端子为 ST 电源(注意,经过一个未定义保险)。

3.1.3 搭铁

ECU 的 1.10、1.11、1.05、1.06 四个端子直接接蓄电池负极搭铁。

3.2 玉柴 Delphi 共轨系统的电源电路及搭铁电路

玉柴 Delphi 共轨系统的 ECU 电路(部分)如图 2-60 所示。

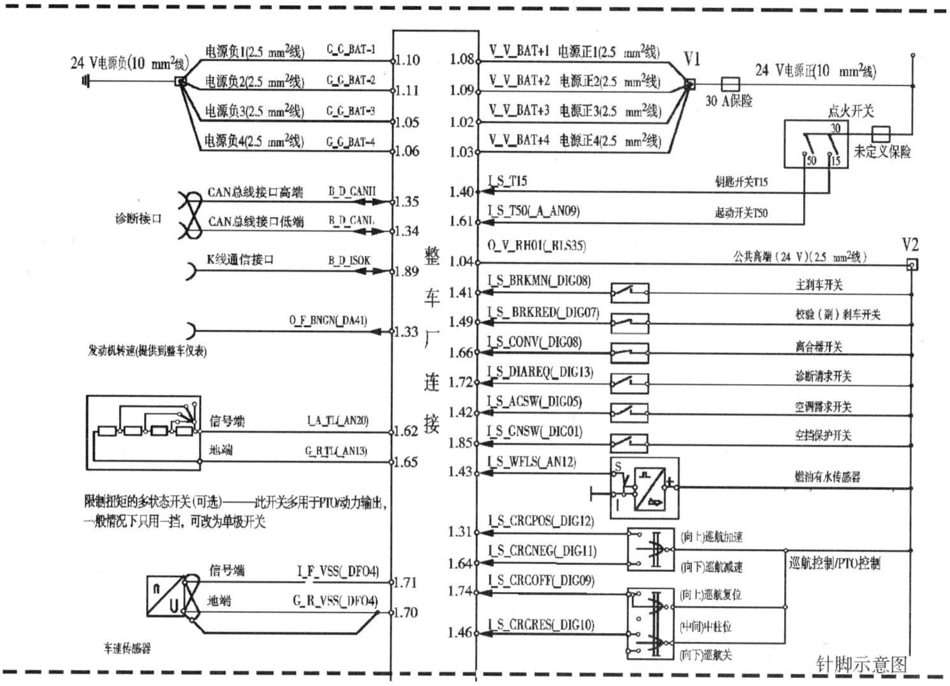

图 2-59　潍柴 WP10 Bosch 共轨柴油机 ECU 电路(部分)

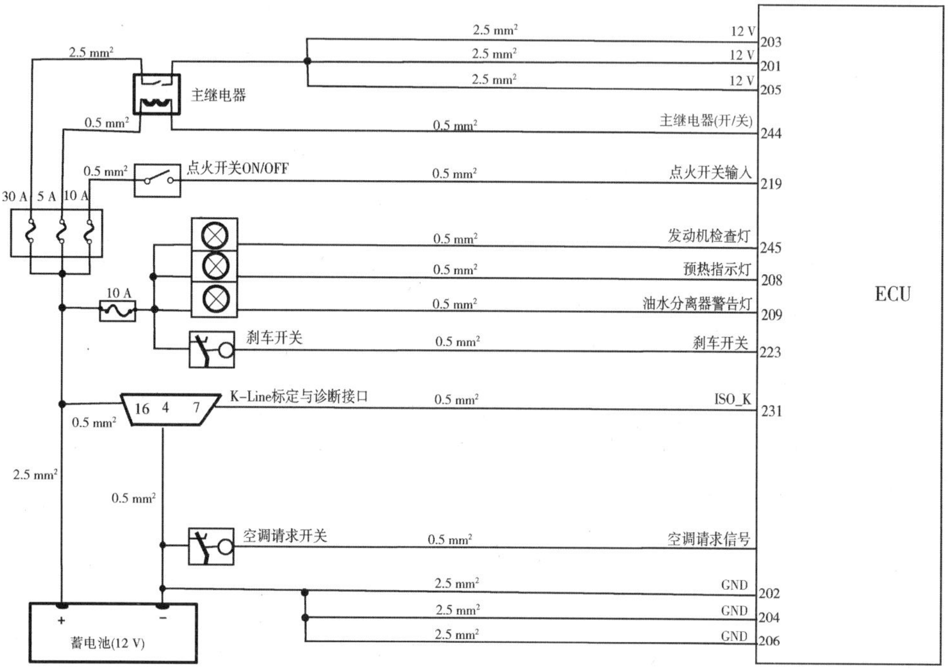

图 2-60　玉柴 Delphi 共轨系统的 ECU 电路(部分)

ECU 工作时的电路流向过程为:点火开关置 ON 挡后(ECU 219 端子得到 12 V 电压),ECU 的 244 端子控制主继电器搭铁,主继电器工作,主继电器接通电瓶与 ECU 间的电源通道,则 ECU 通电,即可正常工作。ECU 的 202、204、206 三个端子接蓄电池搭铁。

3.3 Delphi 单体泵系统的电源电路及搭铁电路

Delphi 单体泵系统 ECU 电路如图 2-61 所示。

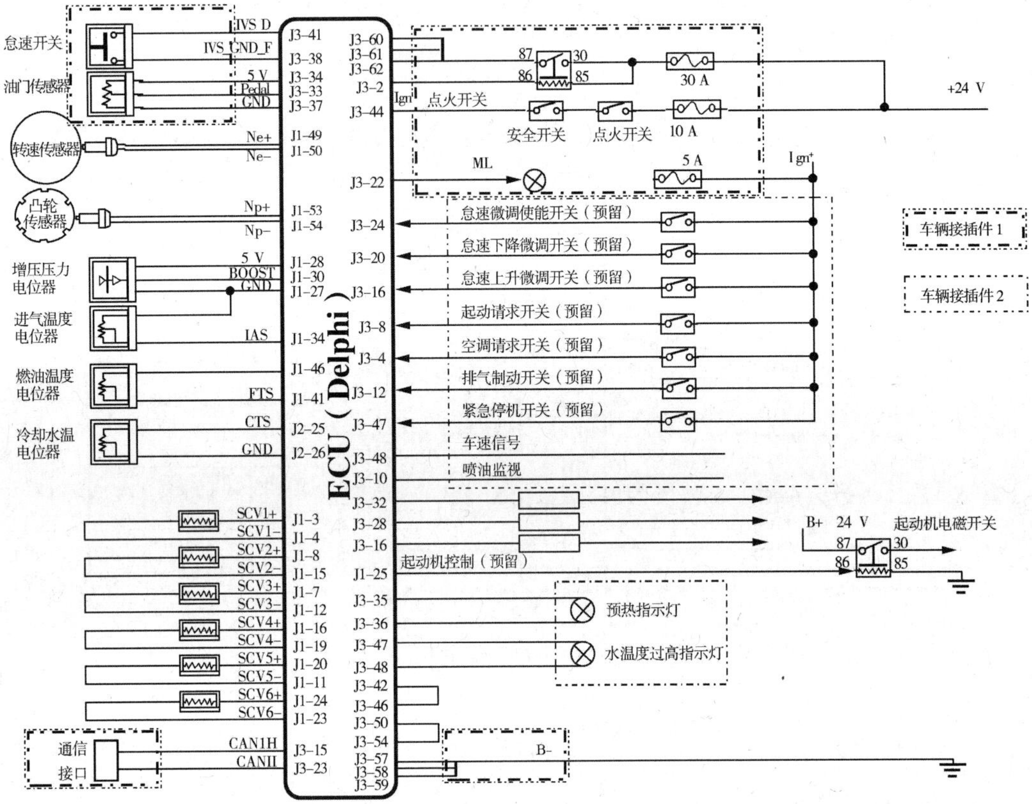

图 2-61　Delphi 单体泵系统 ECU 电路

4　Bosch 共轨控制器

ECU—EDC7 的引脚标号介绍：控制器 ECU—EDC7 的接插件 1 的引脚标号如图 2-62 所示，各引脚定义见表 2-16。

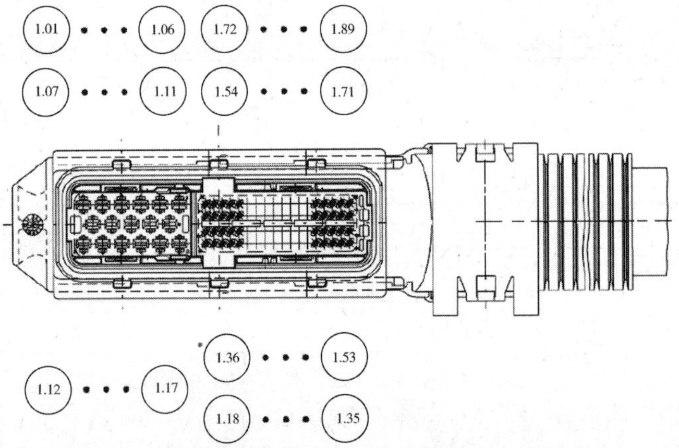

图 2-62　控制器 ECU—EDC7 的接插件 1 的引脚标号

表 2-16　接插件 1 的引脚定义一览表

1.08	Battery plus 1	电源正极
1.09	Battery plus 2	电源正极
1.02	Battery plus 3	电源正极
1.03	Battery plus 4	电源正极
1.04	Witched battery plus output	电源输出(24 V)
1.10	Battery minus 1	电源负极
1.11	Battery minus 2	电源负极
1.05	Battery minus 3	电源负极
1.06	Battery minus 4	电源负极
1.22	Diagnostic lamp supply (BAT +)	诊断灯电源
1.13	Fan relay 2 2#	风扇控制
1.29	Ground digital(V3) V3	数字地
1.30	Diagnostic lamp	诊断灯电源
1.31	Cruise control activator / PTO, “Set / accelerate”(Digital input 12)	巡航控制(加速)
1.32	Engine start switch	发动机起动控制开关
1.33	Engine speed output signal (Tacho)	发动机转速仪表输出
1.34	Controller area network, low CAN	通信高
1.35	Controller area network, high CAN	通信低
1.36	Fuel filter heating relay	燃油加热控制
1.37	Start relay high	发动机起动继电器控制高端
1.38	Cold start lamp	冷起动指示灯
1.39	Water in fuel lamp	水温传感器指示灯
1.40	Terminal 15 (Key switched BAT +)	点火开关
1.41	Brake switch #1(main switch)	刹车开关 1#
1.42	A/C request switch	空调请求开关
1.43	Water in fuel level sensor	水温传感器
1.47	Engine stop switch	发动机停止开关
1.48	Low idle position switch input signal (Digital input 4)	低怠速开关高端
1.49	Redundant brake switch (#2)	刹车开关 2#
1.51	Ground for starter relay	发动机起动继电器控制低端
1.55	Heater relay control output	预热装置继电器控制线高端
1.59	Ground for grid heater	预热装置继电器控制线低端
1.61	Start switch term. 50 input signa	起动机控制端
1.62	Torque limitation supply	扭矩限制信号高端
1.64	Cruise control activator / PTO, “Set / decelerate”(Digital input 11)	巡航控制(减速)
1.65	Torque limitation ground	扭矩限制信号低端

续表 2-16

1.66	Clutch switch(Torque converter)	离合器开关
1.70	Vehicle speed sensor ground(Ground for reserve frequency input 4)	车速信号低端
1.71	Vehicle speed sensor input signal (Reserve frequency input 4)	车速信号高端
1.72	Diagnostic request switch	诊断请求开关
1.74	Cruise control activator / PTO, "Off"(Digital input 9)	巡航控制(关闭)
1.76	Accelerator pedal position sensor 2 ground	2#油门传感器低端
1.77	Accelerator pedal position sensor 1 supply	1#油门传感器高端
1.78	Accelerator pedal position sensor 1 ground	1#油门传感器低端
1.79	Accelerator pedal position sensor 1 signal	1#油门传感器信号端
1.48	Low idle switch	低怠速开关低端
1.80	Accelerator pedal position sensor 2 signal	2#油门传感器信号端
1.84	Accelerator pedal position sensor 2 supply	2#油门传感器高端
1.85	Gear netural switch	空挡开关
1.87	Segment (camshaft) speed sensor output signal (Reserve Sink Driver 42)	曲轴传感器信号输出
1.88	Crankshaft sensor output signal (Reserve Sink Driver 43)	凸轮轴传感器信号输出
1.89	ISO-K Interface	K 线

控制器 ECU—EDC7 的接插件 2 的引脚标号如图 2-63 所示,其引脚定义见表 2-17。

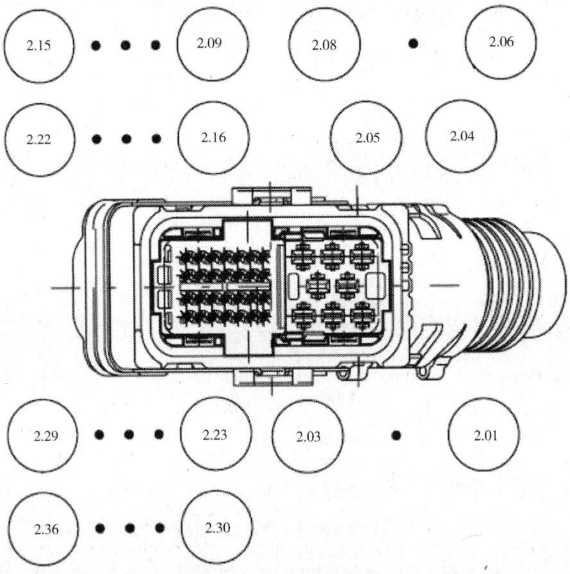

图 2-63　控制器 ECU－EDC7 的接插件 2 的引脚标号

表 2-17　接插件 2 的引脚定义一览表

2.03	Switched battery plus output 2 (low side driver)	电源输出(24 V)
2.04	Fuel heater relay supply (BAT +)	燃油加热继电器控制高端
2.05	Fuel heater relay ground	燃油加热继电器控制低端
2.06	Engine brake flap	排气制动碟阀控制
2.11	A/C compressor relay	空调压缩机继电器控制
2.09	Segment (camshaft) speed sensor supply(Hole)	曲轴传感器信号高端
2.10	Segment (camshaft) speed sensor ground(Hole)	曲轴传感器信号低端
2.12	Rail pressure sensor ground	共轨油压传感器低端
2.13	Rail pressure sensor supply	共轨油压传感器高端
2.14	Rail pressure sensor signal	共轨油压传感器信号端
2.15	Coolant temperature sensor supply	冷却液温度传感器高端
2.19	Fuel and Coolant temperature sensor ground	冷却液温度传感器低端
2.26	Crankshaft speed sensor ground	凸轮轴传感器低端
2.23	Crankshaft speed sensor supply	凸轮轴传感器高端
2.25	Boost pressure sensor ground	增压压力传感器低端
2.33	Boost pressure sensor supply	增压压力传感器高端
2.34	Boost pressure sensor signal	增压压力传感器信号端
2.36	Boost pressure temperature sensor signal	增压温度传感器信号端

控制器 ECU—EDC7 的接插件 3 的引脚标号如图 2-64 所示，其引脚定义见表 2-18。

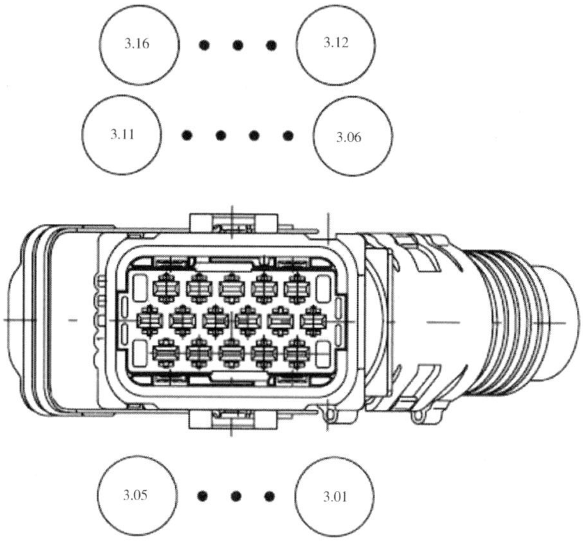

图 2-64　控制器 ECU – EDC7 的接插件 3 的引脚标号

表 2-18 接插件 3 的引脚定义一览表

3.04	Cyl. 1	第一缸喷油器驱动高端
3.13	Cyl. 1	第一缸喷油器驱动低端
3.06	Cyl. 2	第二缸喷油器驱动高端
3.11	Cyl. 2	第二缸喷油器驱动低端
3.05	Cyl. 3	第三缸喷油器驱动高端
3.12	Cyl. 3	第三缸喷油器驱动低端
3.03	Cyl. 4	第四缸喷油器驱动高端
3.14	Cyl. 4	第四缸喷油器驱动低端
3.01	Cyl. 5	第五缸喷油器驱动高端
3.16	Cyl. 5	第五缸喷油器驱动低端
3.02	Cyl. 6	第六缸喷油器驱动高端
3.15	Cyl. 6	第六缸喷油器驱动低端
3.10	Fuel metering unit (CP1H/CP3/CPN4)	油量计量阀驱动低端
3.09	Fuel metering unit (CP1H/CP3/CPN4) supply (BAT+)	油量计量阀驱动高端

5 ECU 电源电路及搭铁电路检修

5.1 ECU 缺失常电

参考图 2-59，将 30 A 保险拔掉，起动发动机，发动机能否打着火？

30 A 保险拔掉，ECU 无常电。

现象：连接诊断仪，诊断仪与发动机无法通信（不能进入）；故障指示灯不亮；拔掉水温传感器（或其他有源传感器）插头，无电压！

结果：发动机无法起动！

5.2 ECU 缺失 ON/ST 电源

参考图 2-59，将未定义保险拔掉，起动发动机，发动机能否打着火？

未定义保险拔掉，ECU 接收不到点火开关 ON 信号。

现象：连接诊断仪，诊断仪与发动机无法通信（不能进入）；故障指示灯不亮；拔掉水温传感器（或其他有源传感器）插头，无电压！

结果：发动机无法起动！

5.3 检测方法

（1）ECU 针脚是否弯折断裂，针脚是否腐蚀氧化；

（2）检查线束与 ECU 连接插头处插片是否松动，脱落；

(3)出现故障现象,排除了其他器件故障后可采用置换法检查 ECU;

(4)读取 ECU 内部写入的 IQA 码是否与发动机所装配的喷油器 IQA 码一致,见图 2-65。

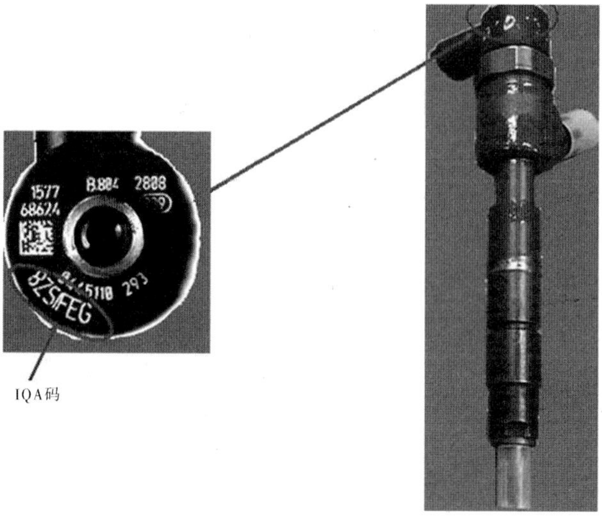

图 2-65　喷油器及其 IQA 码

5.4　检测维修注意事项

(1)在判定是否为 ECU 故障之前,一定要排除电控系统其他所有故障。

(2)采用更换试验法时,要先清除 ECU 内的原故障代码,避免不同 ECU 的错误代码存入同一个 ECU 内,影响判定故障原因。

(3)在使用检测仪诊断之前,请核实该车 ECU 的程序。

(4)测量该车电压是否在 6 ~ 16 V 之间,如电压超过此限值,ECU 将启动自保护功能;V44 程序应进入"bosch-edc16 柴油发动机系统"进行操作;V50 程序应进入"博世 V50 系统"进行操作,如需进行"匹配"可进入"bosch-edc16 柴油发动机系统"进行"匹配"。程序对应的标记区别见图 2-66。

图 2-66　程序对应的标记区别

6　典型案型

6.1　教学案例一:ECU 无常电引起起动不着火故障

机型:潍柴 WP6.240。

故障现象描述:该车起动受控,将钥匙开关置于 ST 位置,起动机不动作,车辆无法起动。

故障诊断与排除:点火开关置于 ON 位置,发动机故障灯不亮!其他仪表灯,如发电机充电指示灯、手刹灯正常。

点火开关置于 ON 位置,连接诊断仪,与发动机 ECU 无法通信!

怀疑整车插接件有问题,ECU 无电压输入,或者起动继电器故障。

参考图 2-59,用万用表测量整车插接件 4 根电压输入线(对应 ECU 的 1.08、1.09、1.02、1.03 四个端子),无电压;检查整车电路,发现控制 ECU 电压输入的一个 30 A 的保险被烧坏,更换新保险,车辆正常起动。

说明:与电控汽油机类似,电控柴油机 ECU 正常工作必须有常电、ON 电源及可靠搭铁。若 ECU 缺失常电及 ON 电源,电控柴油机无法起动着火!

6.2 教学案例二:ECU 损坏引起起动不着火故障

机型:陕汽 WP12.439N。

故障现象描述:起动机不工作,发动机无法起动。

故障诊断与排除:该车发动机无法正常起动,而且无法实现信息通信。检查发现当钥匙开关打开后,发动机的电控单元 ECU 无自检,起动机没有反应,初步怀疑是电瓶给 ECU 供电的八根电源线短路。但是当拆下整车线束测量电压后,发现这八根电源线还是接通的,都是 24 V 电压。检查 T15 开关后电压正常,整车 K 线电压也正常。检查到此,很有可能是 ECU 内部烧毁,当拆下整车线束插头后,发现整车 89 口接插件的 1.70 孔有烧焦痕迹,详见图 2-67;再查看 ECU 的针脚,发现 1.70 针脚已经被烧断,详见图 2-68。由此判断 ECU 已经损坏,更换后正常。

图 2-67 1.70 孔烧焦痕迹

图 2-68 ECU 烧坏状态

6.3 教学案例三:ECU 线路接错引起故障灯常亮故障

机型:北方华德 WP10.336。

故障现象描述:故障灯常亮。

故障诊断与排除:该车为故障车,车辆修复后故障灯常亮。经检测是由于维修人员工作失误,造成 1.04、1.41、1.49 三根线在继电器中的位置接错,在未踩下刹车前 1.41、1.49 全部带电,造成刹车信号错误,调换线头后正常。

任务实施

1. 任务相关知识描述

ECU 常电源、ON/ST 电源及搭铁电路检查项目主要有:

(1)ECU 的功能及安装位置；
(2)分析共轨系统的电源电路及搭铁电路；
(3)共轨系统的电源电路及搭铁电路检测。

2. 信息资料收集与分组

(1)ECU 的技术要素；
(2)被测电路的技术资料；
(3)检测所需工具：电控柴油发动机、万用表、故障诊断仪、专用的测试线；
(4)安全操作注意事项；
(5)分组并产生组长，明确任务。

3. 制订计划

(1)以小组讨论的方式制订 ECU 检测的检查计划；
(2)讨论工作计划并最终定稿；
(3)填写工作计划表(见表 2-19)。

表 2-19　ECU 常电源、ON/ST 电源及搭铁电路检修工作计划表

<table>
<tr><td>姓名：</td><td>学号：</td><td>班级：</td><td>组别：</td></tr>
<tr><td>任务名称</td><td colspan="3"></td></tr>
<tr><td>个人工作实施计划</td><td colspan="3"></td></tr>
<tr><td>小组其他计划特色</td><td colspan="3"></td></tr>
</table>

续表 2-19

辅导教师意见点	
个人工作实施计划定稿	

4. 实施计划

(1)学生按既定工作计划完成检查并填写任务工单(见表 2-20);

(2)教师监控学生操作过程,及时更正学生的错误。

表 2-20　ECU 常电源、ON/ST 电源及搭铁电路检修任务工单

姓名:	学号:	班级:	组别:
评价等级:		教师签字:	成绩:
		日期:	学时:
任务名称	ECU 常电源、ON/ST 电源及搭铁电路检修		
能力目标	1. 能够对照实物说明 ECU 部件名称; 2. 能够说出 ECU 的功用; 3. 会正确连接 ECU 的电路; 4. 会正确使用万用表检测电磁阀端电阻。		
工具、设备的准备	实训发动机 2 台,笔记本电脑 2 台,故障诊断设备 2 台,故障诊断软件 2 套,万用表 2 台		

续表 2-20

信息获取	1. 试述电控柴油机 ECU 的功能有哪些。 功能：________________________________ ________________________________ 2. 参考图 2-59 所示潍柴 WP10 柴油机 Bosch 共轨系统的电源电路及搭铁电路图，并说明下列端子号： 常电源端子：________________ ECU 的 ON/ST 端子：________________ ECU 的搭铁端子：________________ 3. 参考图 2-60 所示玉柴 Delphi 共轨系统的 ECU 电路（部分）的电源电路及搭铁电路，并回答下列问题： （1）ECU 的 ON 电源端子：________________ （2）ECU 的搭铁端子：________________ （3）ECU 的 203、205、201 端子何时通电？ ________________________________ （4）发动机熄火后如何保存故障信息（故障代码）？ ________________________________ 4. ECU 的电路检修。 （1）ECU 缺失常电。 电控柴油机能否打着火？________________ 参考图 2-59，将 30 A 保险拔掉，起动发动机，发动机能否打着火？ ________________________________ 30 A 保险拔掉，ECU 无常电。 诊断：________________________________ 连接诊断仪，发动机能否和诊断仪通信？________________ 观察故障灯的状态，点火开关置于 ON 位置，故障指示灯是否亮？________________ 拔掉水温传感器（或其他有源传感器）插头，测量是否有电压？________________ 将 30 A 保险装上，发动机能否起动？________________ （2）ECU 缺失 ON 电源。 电控柴油机能否打着火？________________ 将未定义保险拔掉，起动发动机，发动机能否打着火？ 诊断：________________________________ 连接诊断仪，发动机能否和诊断仪通信？________________ 观察故障灯的状态，点火开关置于 ON 位置，故障指示灯是否亮？________________ 拔掉水温传感器（或其他有源传感器）插头，测量是否有电压？________________ 将未定义保险原位装上，发动机能否打着火？________________
任务操作与要点	

5. 检查结果

(1)检查学生是否填写完整任务单;

(2)回答学生所提出的问题;

(3)学生以小组讨论方式进行工作评估。

评价反馈

(1)对小组工作进行综合评价;

(2)提出改进意见和注意事项;

(3)填写任务评价表(见表2-21)。

表2-21　ECU常电源、ON/ST电源及搭铁电路故障检修任务评价表

评价内容	评价指标	评价等级		
		自我	小组	教师
专业能力	A. 具有安全、文明生产和环境保护的相关知识和技能。(10分)			
	B. 高质量地完成工作任务,操作娴熟,任务工单得85分以上。(10分)			
	C. 任务工单中数据真实,步骤完整,能用来判断并排除故障。(10分)			
	D. 具备了ECU常电源、ON/ST电源及搭铁电路的检查和故障排除的能力。(10分)			
社会能力	A. 具有良好的职业道德,遵守实验室管理规定。(5分)			
	B. 具有较强的口头和书面表达能力、良好的人际交流沟通能力。(10分)			
	C. 具有良好的团队合作精神和客户服务意识。(10分)			
	D. 具有良好的心理素质和克服困难的能力。(5分)			
方法能力	A. 能够制订完善的工作计划。(5分)			
	B. 能借助网络、文件资料等查找所需信息。(10分)			
	C. 能够独立完成任务。(5分)			
	D. 能够检查评估工作任务,并能从个案中寻找共性。(10分)			
辅导教师关于此次任务的改进意见	总评			

单元3 电控柴油发动机运转粗暴故障检修

学习目标

1. 能描述发动机运转粗暴的几种现象(燃油过多叫"富油",造成发动机运转粗暴,即动力有波动);

2. 能根据发动机运转粗暴的几种现象进行原因分析;

3. 喷油器针阀升程传感器的测试方法;

4. 能对 ECU 常电源及搭铁线路进行检修;

5. 分配泵的校验方法。

任务描述

一客户驾驶一辆柴油发动机的货车,在途中踩油门时,发出比其正常工作时大得多的燃烧噪声和震动。

柴油机工作粗暴时,可能引起有关零部件的损坏。柴油机在长期粗暴的状态下工作,极易出现冲蚀缸垫、拉缸、轴承剥落等异常现象,严重地危及运行安全,因此须引起维修人员的重视。

柴油发动机工作粗暴是典型故障之一,原因主要有以下几种:

(1)燃油系统的故障。

①供油时间过早(喷油泵供油提前角太大)。供油提前角越大,其滞燃期越长,在较长的滞燃期里存留的燃料也越多,混合气一旦燃烧,势必产生很高的爆发压力,由此柴油机燃烧噪声增加,工作变得粗暴。应检查调整供油提前角。

②喷油质量差。当喷油器的喷油压力过低或磨损严重后,喷油器不密封,出现滴油,喷油雾化不良;各缸供油量不均匀,个别缸供油量过大。

(2)电控 ECU 故障造成喷油正时和喷油量的控制失准。

(3)压缩比改变。

在使用过程中,由于汽缸盖或喷油器安装不当,或由于燃烧室内积碳都会导致柴油机压缩比增大,不仅使汽缸的最高爆发压力升高,而且使压力升高率过大,造成柴油机工作粗暴。

(4)超负荷运转。

当柴油机超负荷运转时,一方面使柴油机的转速降低,另一方面柴油机供油量加大,造成着火延迟期长,工作粗暴。

(5)所用燃料不符合要求(甚至劣质柴油)。

所用燃料不符合要求时,柴油机在工作中会变得十分粗暴,尤其直喷式柴油机对燃用劣质柴油十分敏感,这一点也是造成柴油机工作粗暴的重要原因。

(6)进气不足及汽缸不密封。

学习任务1

喷油器针阀升程传感器、喷油起始调节不准的故障检修

相关知识

1 喷油器针阀升程传感器

(1)功用:在电控分配泵燃油系统中喷油器针阀升程传感器主要用于确定喷油器喷油始点,对喷油器喷油始点进行闭环控制。喷油器针阀升程传感器安装在喷油器内部。

(2)类型:检测供(喷)油正时的方法不同,所采用的传感器也不同。喷油器针阀升程传感器主要有霍尔式和差动式两大类型。

1.1 霍尔式针阀升程传感器

霍尔式针阀升程传感器通过检测针阀升程来换算循环喷油量,间接检测柴油机负荷。这种传感器的工作原理如图 3-1 所示。霍尔元件 2 装在针阀弹簧座 4 的上方,弹簧座上固定着一块永久磁铁 3。霍尔元件通电后,弹簧座 4 随针阀 5 运动时,永久磁铁 3 运动,通过霍尔元件 2 的磁感应强度发生变化,造成与针阀升程近似成正比的输出信号电压的变化,故可由信号电压的变化来测出喷油始点。为了尽可能地减少处理毫伏级模拟信号问题,将霍尔元件与输出信号放大电路设计成一体,固定在一个集成电路芯片中。输出信号放大电路包括线性微分放大器、自调零电路、电压调节器和触发输出电路、信号处理电路。输出信号不需要再放大,直接可由单片机进行 A/D 转换获得。这些电路同时具有抑制和减小机械误差、磁误差及温度影响的功能。每经一次测量,就会自行重新校正一次。

图 3-2 所示为霍尔式针阀升程传感器的结构。针阀升程传感器由固定在顶杆内的磁铁和进行检测的霍尔元件构成,非常紧凑地布置在喷油器体内。

图 3-3 所示为根据检测到的针阀升程求出循环喷油量的过程。图 3-3(a)是从检测得到的反映针阀升程的、与霍尔元件磁场变化成正比的输出电压(霍尔电压)信号;然后将这一电压信号按预先确定的输出电压与喷油速率的关系曲线,换算成图 3-3(b)所示的喷油速率曲线;图 3-3(c)是将喷油速率从喷油开始到结束进行积分,求得了图示下部的循环喷油量

曲线。在整个过程中,由布置在喷油器体内的温度传感器测出燃油温度,对计算结果进行温度修正。为了对上述演算结果进行实时处理,要求电控单元有较高的处理速度。这种传感器具有能测出每缸每次喷油瞬时状态的优点。

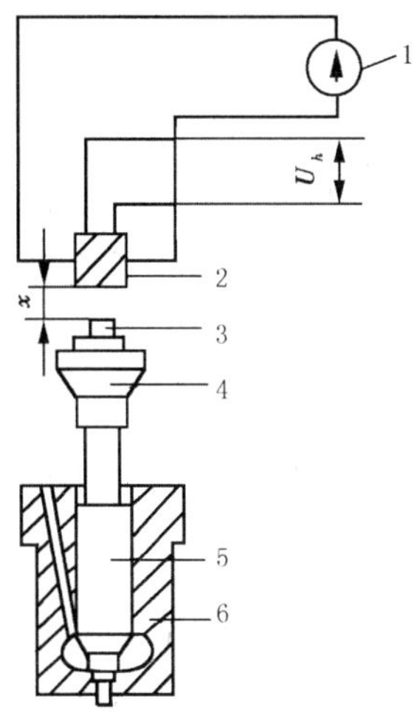

1—直流电源;2—霍尔元件;3—永久磁铁;
4—弹簧座;5—针阀;6—针阀座;x—间隙;
U_h—输出信号电压

图 3-1　霍尔式针阀升程传感器的工作原理

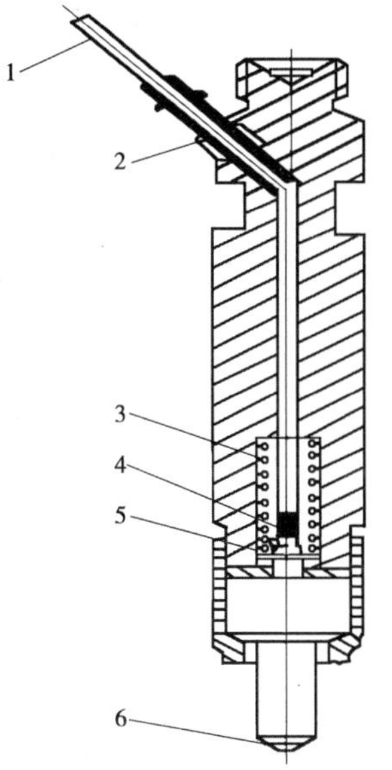

1—传感器线束;2—线束连接器;3—弹簧;
4—霍尔元件;5—弹簧座和永久磁铁;6—喷嘴

图 3-2　霍尔式针阀升程传感器

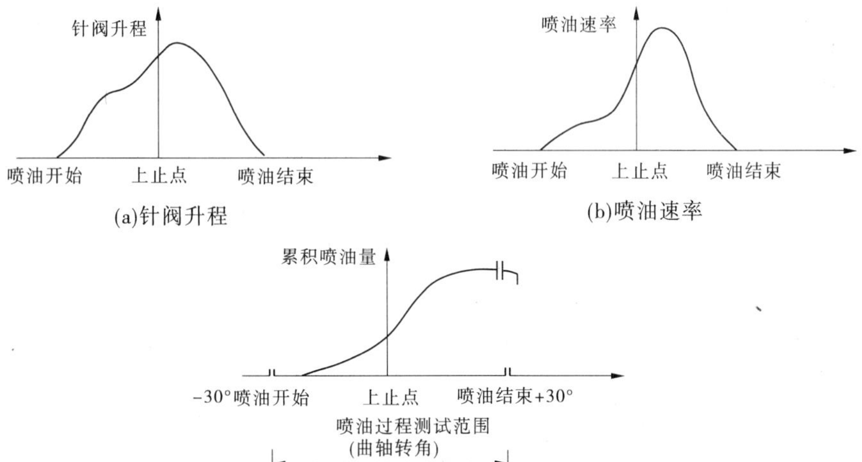

(a)针阀升程

(b)喷油速率

(c)累积喷油量

图 3-3　喷油器针阀升程传感器信号处理过程

1.2　差动式喷油器针阀升程传感器

差动式喷油器针阀升程传感器主要由电磁线圈、传动杆等组成(见图 3-4)。

当喷油器有重压燃油时,喷油器针阀传动杆上升,改变电磁线圈的磁阻,输出信号电压,将反馈喷油器的喷油始点信号输入 ECM。

差动式喷油器针阀升程传感器电路如图 3-5 所示。喷油器针阀升程传感器的电阻值为 80 ~ 120 Ω。

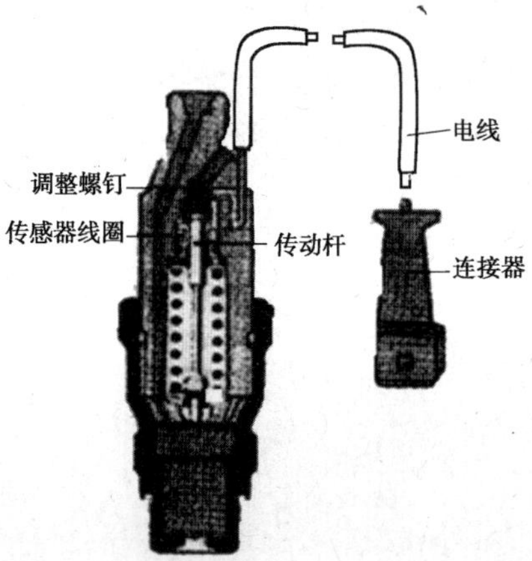

图 3-4 差动式喷油器针阀升程传感器

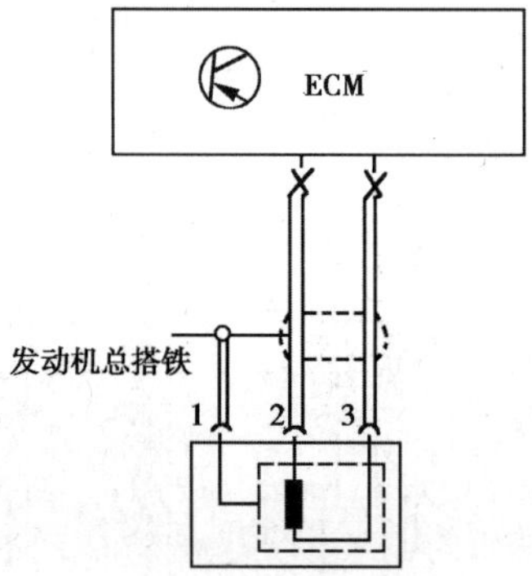

图 3-5 差动式喷油器针阀升程传感器电路

1.3 传感器的失效及检测

1.3.1 传感器的失效

如果传感器失效,喷油始点信号转换到开环控制(根据发动机转速与负荷)。在正常操作过程中,喷油始点信号由闭环功能控制(根据发动机转速、发动机负荷与温度)。

喷油器针阀升程传感器失效将出现:功率损失;排放恶化;K29 闪烁;无废气再循环功能;发动机工作粗暴;耸车等。

1.3.2 喷油器针阀升程传感器的检测

针阀升程传感器 G80 是捷达柴油发动机系统中重要的传感器之一,与三缸喷油器合成一体(见图 3-6)。它采集喷油始点信号和喷油持续时间信号,其作用有三个:

(1)作为调整柴油发动机正时活塞及喷油时刻的主要信号;

(2)感知喷油持续时间;

(3)可以作为判缸信号。

拆开线束器,在传感器侧测量两个端子间的电阻,正常应为 80 ~ 120 Ω。

如图 3-7 所示,插接好线束连接器,发动机工作时,测量信号端子与搭铁端子之间的电压,正常应有脉冲信号输出。

2 供(喷)油正时传感器

供(喷)油正时是影响柴油机动力性、经济性、排放性和噪声的重要因素之一,因此在柴油机电控燃油喷射系统中,对供(喷)油正时均采用闭环控制。供(喷)油正时传感器就是用来检测柴油机实际供(喷)油正时的传感器,它向 ECU 提供供(喷)油正时闭环控制所需的反馈信号。

在柴油机电控燃油喷射系统中,检测实际供(喷)油正时的方法不同,所采用的传感器也不同。在直列柱塞泵电控系统中,通过检测泵凸轮轴的基准位置和转角来确定实际供油

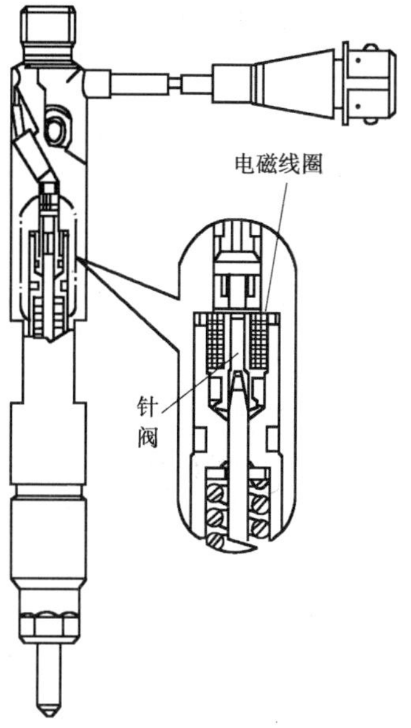

图 3-6　捷达柴油机针阀升程传感器

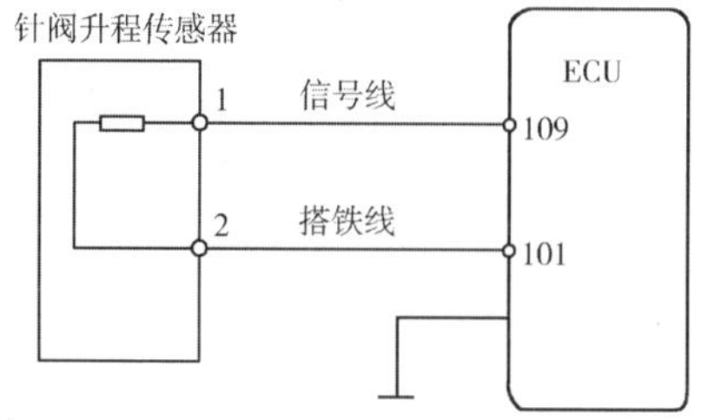

(a)电路图

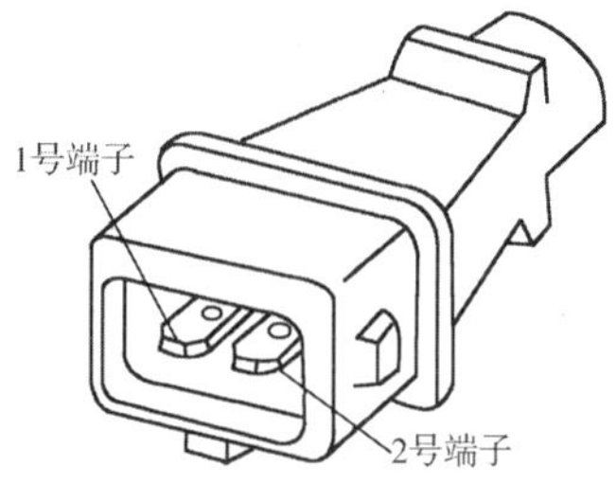

(b)线束连接器

图 3-7　捷达柴油喷油器针阀升程传感器电路

正时,正时传感器的结构类型和工作原理类似于凸轮轴/曲轴位置传感器;在分配泵“位置控制”方式的电控系统中,通过检测正时调节器活塞的位置来确定供油正时,正时活塞位置传感器的结构类型和工作原理类似于加速踏板位置传感器;在分配泵“时间控制”系统和共轨式电控燃油喷射系统中,通过检测喷油器针阀开启始点、高速电磁阀关闭始点、燃烧室着火始点来确定实际供(喷)油正时。

喷油器针阀开启始点即喷油器的喷油始点,所以喷油器针阀开启始点传感器也称为喷油始点传感器或喷油器针阀升程传感器。该传感器安装在喷油器内,直接检测针阀的升程变化,通常采用电磁感应式或霍尔式。传感器输出信号的始点可用来确定实际的喷油正时,输出信号的大小可用来确定喷油器针阀的升程大小,即可作为检测无压力室喷油器实际喷油量的传感器。

供(喷)油正时传感器主要有以下三类。

(1)霍尔式针阀升程传感器:结构原理见本任务 1.1 节相关内容。

(2)电磁感应式针阀升程传感器:以一汽大众捷达轿车 1.9LSDI 柴油机为例,安装在第

3 缸喷油器中的电磁感应式针阀升程传感器见图 3-6。位于电磁线圈内的磁性材料与喷油器顶杆连成一体,线圈通电后,当磁性材料和喷油器顶杆随针阀移动时,使通过电磁线圈的磁通量发生变化,电磁线圈输出的信号电压与针阀位移量成正比。信号输出的开始时刻即喷油开始时刻,信号电压的大小即反映针阀升程的大小。

(3)触点式针阀升程传感器:在部分柴油机电控燃油喷射系统中,采用触点式针阀升程传感器,它是将喷油器的针阀与针阀座作为一个触点开关来控制电路通断,并根据电路通断信号确定喷油始点和终点。根据喷油始点信号可确定喷油正时,而根据喷油始点与终点两信号可确定喷油时间(喷油量)。触点式针阀升程传感器的结构见图 3-8。喷油器针阀经弹簧座、弹簧、垫片、导电支座、接线片与线束连接器上的导线连接,并利用塑料绝缘套、绝缘环、绝缘套筒和针阀滑动面上的绝缘镀层与喷油器壳体和针阀体保持绝缘。喷油器体则直接搭铁。喷油器工作时,针阀落座即触点闭合,电路接通;针阀离座即触点断开,电路切断;电路切断时刻即喷油开始时刻,电路接通时刻即喷油结束时刻。

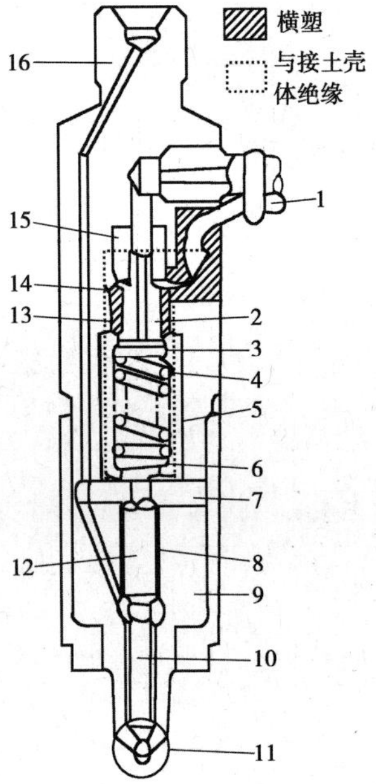

1—导线;2—导电支座;3—垫片;4—喷油器弹簧;5—绝缘套筒;6—弹簧座;7—限位板;8—绝缘镀层;9—针阀体;10—针阀;11—触点;12—针阀滑动面;13—绝缘环;14—接线片;15—绝缘套;16—喷油器体

图 3-8 触点式针阀升程传感器

触点式针阀升程传感器的工作原理如图 3-9 所示,喷油器触点与标准电阻 R_1 并联后再与标准电阻 R_2 串联。传感器工作时,由 ECU 给其提供标准电压 V_c,喷油器不喷油时,由于针阀落座触点闭合,使流经标准电阻 R_1 的电流为 0,所以输出信号电压 $V_s=0$;喷油器喷油时,针阀离开阀座,触点断开,输出信号电压 $V_s \neq 0$。输出信号电压由 $V_s=0$ 变换到 $V_s \neq 0$ 的时刻即喷油开始时刻,而输出信号电压由 $V_s \neq 0$ 变换到 $V_s=0$ 的时刻即喷油结束时刻。

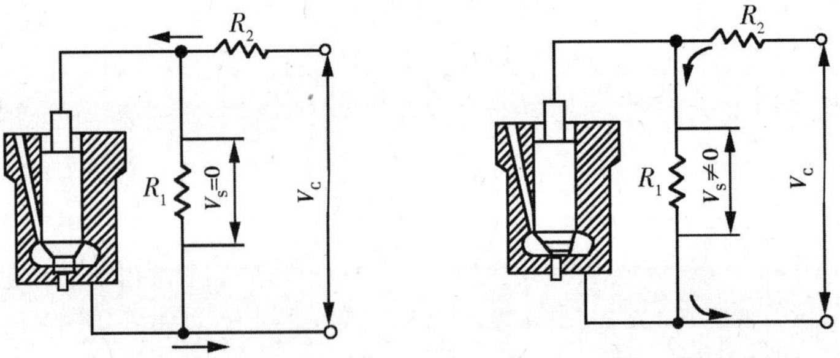

(a)喷油器不喷油时　　(b)喷油器喷油时

图 3-9 触点式针阀升程传感器的工作原理

与霍尔式和电磁感应式针阀升程传感器相比,触点式针阀升程传感器结构简单,尤其在响应性、检测准确性等方面具有明显的优点,但由于对绝缘性能要求极高,而且喷油器针阀绝缘镀层工艺复杂,所以应用并不广泛。

任务实施

1. 任务相关知识描述

(1)针阀升程传感器的安装位置;

(2)针阀升程传感器的检查过程;

(3)检查传感器的电阻值;

(4)检查传感器的故障代码;

(5)进行喷油正时调整;

(6)喷油提前角调试。

2. 信息资料收集与分组

(1)针阀升程传感器的结构及功用;

(2)完好针阀升程传感器的技术要素;

(3)被测针阀升程传感器的技术资料;

(4)检测所需工具:电控柴油发动机、万用表、故障诊断仪、专用的测试导线、扳手等;

(5)安全操作注意事项;

(6)分组并产生组长,明确任务。

3. 制订计划

(1)以小组讨论的方式制订针阀行程传感器及电路的检查计划;

(2)以小组讨论的方式制订喷油正时调整的计划;

(3)与学生讨论工作计划并最终定稿;

(4)填写工作计划表(见表 3-1)。

表 3-1 针阀升程传感器及电路故障检修工作计划表

<table>
<tr><td>姓名:</td><td>学号:</td><td>班级:</td><td>组别:</td></tr>
<tr><td>任务名称</td><td colspan="3"></td></tr>
<tr><td>个人工作实施计划</td><td colspan="3"></td></tr>
<tr><td>小组其他计划特色点</td><td colspan="3"></td></tr>
</table>

续表 3-1

辅导教师意见	
个人工作实施计划定稿	

4. 实施计划

(1)学生按既定工作计划完成检查并填写任务工单(见表 3-2);

(2)教师监控学生操作过程,及时更正学生的错误。

表 3-2　喷油器针阀升程传感器、喷油起始调节不准的故障任务工单

<table>
<tr><td>姓名:</td><td>学号:</td><td>班级:</td><td>组别:</td><td></td></tr>
<tr><td colspan="2" rowspan="2">评价等级:</td><td>教师签字:</td><td>成绩:</td><td rowspan="2"></td></tr>
<tr><td>日期:</td><td>学时:</td></tr>
<tr><td>任务名称</td><td colspan="4">喷油器针阀升程传感器、喷油起始调节不准的故障检修</td></tr>
<tr><td>能力目标</td><td colspan="4">1. 能通过与客户交流、查阅相关维修技术资料等方式获取车辆信息。
2. 能根据故障现象制订正确的维修计划。
3. 能正确选择检测和诊断设备对针阀升程传感及电路引起的故障进行诊断。
4. 能使用万用表、故障诊断仪对针阀升程传感器及电路进行检测。
5. 能正确记录、分析各种检测结果并做出故障判断。
6. 能按照正确的操作规范进行针阀升程传感器及电路的更换。
7. 能正确检查针阀升程传感器及电路故障的修复质量。
8. 能根据环保要求,正确处理对环境和人体有害的辅料、废气液体和损坏零部件。</td></tr>
<tr><td>工具、设备的准备</td><td colspan="4">万用表、故障诊断仪、扳手</td></tr>
</table>

续表 3-2

信息获取	1. 参考图 3-1 检查霍尔式针阀升程传感器。 2. 供(喷)油正时传感器的功用是什么? 3. 分配泵“时间控制”系统和共轨式电控系统中,通过检测__________、__________、__________来确定实际供(喷)油正时的传感器。 4. 针阀升程传感器测量两个端子间的电阻,正常应为__________ Ω。 5. 根据图 3-9 说明触点式升程传感器的工作原理。 6. 针阀升程传感器的功用是什么?
任务操作与要点	

5. 检查结果

(1)检查学生是否填写完整任务工单;

(2)回答学生所提出的问题;

(3)学生以小组讨论方式进行工作评估。

评价反馈

(1)对小组工作进行综合评价;

(2)提出改进意见和注意事项;

(3)填写任务评价表(见表 3-3)。

表 3-3 针阀升程传感器及电路故障检修任务评价表

评价内容	评价指标	评价等级		
		自我	小组	教师
专业能力	A. 具有安全、文明生产和环境保护的相关知识和技能。(10 分)			
	B. 高质量地完成工作任务,操作娴熟,任务工单得 85 分以上。(10 分)			
	C. 任务工单中数据真实,步骤完整,能用来判断并排除故障。(10 分)			
	D. 具备了针阀升程传感器及电路的检查和故障排除的能力。(10 分)			
社会能力	A. 具有良好的职业道德,遵守实验室管理规定。(5 分)			
	B. 具有较强的口头和书面表达能力、良好的人际交流沟通能力。(10 分)			
	C. 具有良好的团队合作精神和客户服务意识。(10 分)			
	D. 具有良好的心理素质和克服困难的能力。(5 分)			

续表 3-3

方法能力	A. 能够制订完善的工作计划。(5 分)			
	B. 能借助网络、文件资料等手段查找所需信息。(10 分)			
	C. 能够独立完成任务。(5 分)			
	D. 能够检查评估工作任务,并能从个案中寻找共性。(10 分)			
辅导教师关于此次任务的改进意见	总评			

学习任务 2 电子调速器结构及检修

相关知识

1 电子调速器类型

电子调速器是一种电子控制系统。凡转速感测元件或执行机构采用电气方式的调速器,习惯上统称为电子调速器。通常有三种类型。

1.1 全电子调速器

信号感测与执行机构均采用电气方式者。如海因茨爱电子调速器、Woodward 8290 电子调速器等。此种电子调速器工作能力较小,多用于小型柴油机。电 - 液或电 - 气调速器;信号监测采用电子式,而执行机构采用液压或气压式。如 Woodward 2301 电子调速器的执行机构使用 EG3P 型液压伺服器,而 DGS - 8800 数字式调速器的执行机构采用气压式。此类调速器的伺服执行器工作能力较大,可满足各种柴油机的使用要求。

1.2 液 - 电双脉冲调速器

在普通的液压调速器上加装电子式负载信号感测装置。此类调速器当电子部分发生故障时,可自动转为液压调速器工作。国产 TYD - 40 型调速器即为此类调速器。

1.3 频载调速器

电子调速器能够采用双脉冲调节,即将转速变化信号和负载变化信号这两个单脉冲信号叠加起来调节燃油量。此种调速器亦称频载调速器。这种双脉冲调速器能在负载一有变动而转速尚未明显变化之前就开始调节燃油量,因而有很高的调节精度,适用于对供电要求特别高的柴油发电机组。

电子调速器不使用机械机构,动作灵敏,响应速度快,响应时间只有液压调速器的

1/10～1/2；动态与静态精度高；无调速器驱动机构，装置简单，安装方便，便于实现遥控与自动控制，是近代发展起来的精密调速器，已经被多数新型船用柴油机所采用。

2 电子调速器的基本组成

电子调速器一般由转速传感器、双控制器、执行器和外围的控制开关及调节电位器组成。图 3-10 为国产 ESG100A 型电子调速器的基本结构。

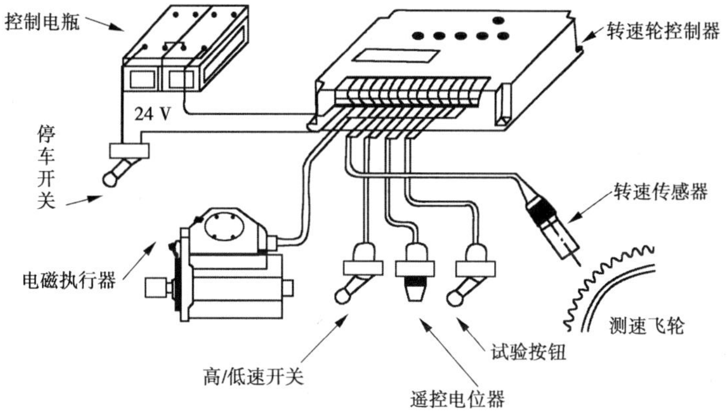

图 3-10 国产 ESG 100A 电子调速器的基本结构

转速传感器是柴油机转速的感应环节，一般均为磁电式传感器，当测速齿轮转过时产生感应脉冲，并送至控制器。

控制器是电子调速器的核心。它接收来自转速传感器的信号，并按比例转换为直流电压后与转速设定电位器的设定转速（电压）进行比较，把比较后的差值作为控制信号送至执行机构。对于模拟式电子调速器，其控制器一般由模拟电子元件构成，并可进行 PID 控制运算。而数字式控制器的控制过程采用数字量，由控制程序来完成。控制器先将转速信号转换为数字量，再经过数字量的控制计算，然后将计算出的数据型控制量转换为模拟量，通过电控执行器，对发动机的转速进行控制。

执行器的作用是根据控制信号对发动机的油门进行调节。常见的执行器有电磁执行器、电液执行器和电气执行器。电磁执行器的工作能力较差，多用于小型柴油机，如国产 ESG100A 型电子调速器。而电－液或电－气执行机构采用液压式或气动式，工作能力较大，可满足各种柴油机的使用要求。如 Woodward 2301 电子调速器执行机构采用 EG3P 型液压执行器，而 NORCONTROL DGS8800 型电子调速器则采用气动执行器。

电子调速器的外围控制开关及调节电位器是用来对调速器进行调整和控制的。根据机组的需要，还可安装各种附件，实现自动同步、负荷分配和故障报警保护等功能要求。

3 电子调速器的工作原理

根据电子调速器的调节原理，电子调速器可分为单脉冲调速器和双脉冲调速器。对于单脉冲调速器，只可进行转速的调节，一般只用于单台机组的调速系统。

双脉冲电子调速器的基本组成如图 3-11 所示。图中 3 为磁电式转速传感器，用于监测柴油机轴向转速的变化，并按比例产生交流电压输出；负荷传感器5监测柴油机负荷（如电压、电流、相位）的变化，并按比例转换成直流电压输出；速度控制单元6是电子调速器的核心，它接收来自转速传感器和负荷传感器的输出电压信号，并按比例转换成直流电压后与转速设定电位器7的设定转速（电压）进行比较，把比较后的差值作为控制信号送往执行机构1。执行机构根据输入的控制信号以电子方式或液压方式拉动柴油机的油量调节机构进行调速。

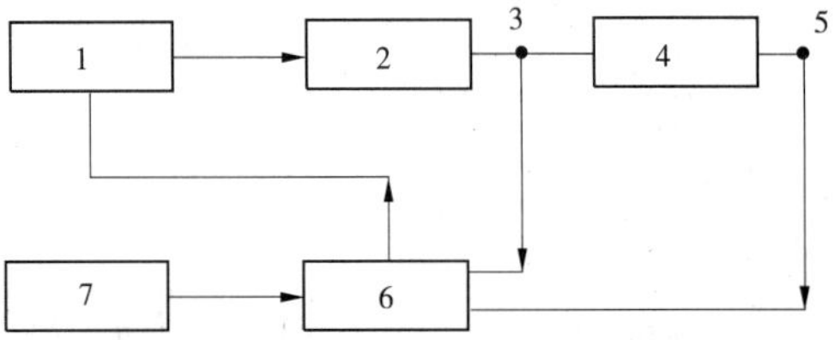

1—执行机构；2—柴油机；3—转速传感器；4—柴油机负载；
5—负荷传感器；6—速度控制单元；7—转速设定电位器

图3-11 双脉冲电子调速器的基本组成

当柴油机在某一负荷下稳定运转时，其工作转速等于转速设定电位器7的设定转速。转速传感器3的输出电压作为负值信号在速度控制单元6内与正值的设定转速电压信号相互抵消。速度控制单元6输往执行机构1的控制电压信号使执行机构的输出轴静止不动，柴油机供油量固定，转速稳定。

若柴油机负荷突然增加，负荷传感器5的输出电压首先发生变化，此后转速传感器的输出电压也相应变化（数值降低）。此两种降低的脉冲信号在速度控制单元6内与设定转速（电压）比较，输出正值电压信号，在执行机构中使其输出轴向加油方向转动，增加柴油机的循环供油量。

反之，若柴油机负荷降低，转速升高，则传感器的负值信号数值大于转速设定电压的正值信号数值，控制单元输出负值信号，执行机构输出轴向减油方向转动，降低柴油机的循环供油量。

4 典型电子调速器简介

4.1 Woodward 2301 型电子调速器

Woodward 2301型电子调速器是一种使用广泛的电子调速器，它属于电－液调速器，其测速传感器采用磁电式，控制单元采用2301型电子控制器，执行机构采用EG3P液压执行器。它有单纯调频型（单脉冲）和调频调载型（双脉冲）两种。前者用于单机运行，其瞬时调速率一般在5%～7%，稳定时间 t_s 在3～5 s；后者用于并联运行机组，其瞬时调速率一般不大于2%，稳定时间 t_s 不大于1 s。

图3-12为单脉冲2301型电子控制器外形图。其正面面板上有四个调节旋钮，自左而右分别是：

怠速（Low idle speed）调节旋钮——用于调节滑油低压，保护运转时的最低转速；

设定转速（Rated speed）调节旋钮——用于调节设定转速；

稳定度（Stability）调节旋钮——用于稳定性调节；

增益量(Gain)调节旋钮——用于稳定性调节。

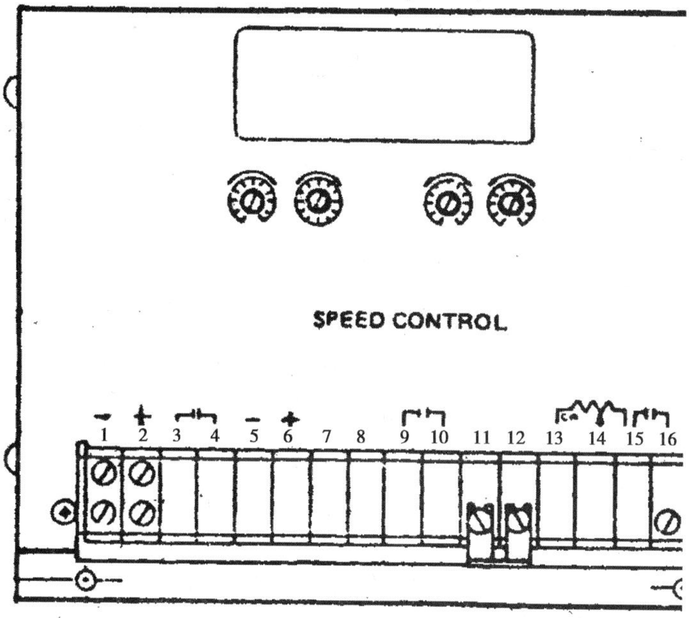

图 3-12 单脉冲 2301 型电子调速器外形

在上述四个调节旋钮下方有接线端子 1 ~ 16,其端子接线如下:

1、2——接 12 ~ 40 V 直流电源(经稳压电源转换为 9 V);3、4——速度失灵保护(当测速传感器损坏时,切断执行器的调速信号,柴油机停车);5、6——2301 控制器输出(去执行器调速电压信号);7、8——磁电式测速传感器测速电压信号输入(1 ~ 1.5 V);9、10——怠速调节电位计(与怠速调节旋钮相连);11、12——转速设定电位计(与设定转速调节旋钮相连);13、14——稳定调速率调节电位计(调节范围 0 ~ 13%);15、16——机组加速时间调节电容器(调节由低速到标定转速的加速时间)。

EG3P 液压执行器如图 3-13 所示。由齿轮泵 20 产生的高压油(最大压力 2.5 MPa)始终作用在负荷活塞 21 的下方,力图使它上行减油,但它的上行受动力活塞 3 下方的油压制约。

永久磁铁 4 固定在滑阀柱塞 16 的上方,并通过中央弹簧 6 与复位弹簧 7 把永久磁铁 4 悬挂在电磁阀线圈 5 内的磁场中。在滑阀柱塞上有两个作用力:一是中央弹簧 6 的向上弹簧力与复位弹簧 7 的向下弹簧力,其合力方向始终向上,大小随输出轴 8 的位置不同而不同;二是由电磁线圈产生的电磁力,其方向始终向下,大小与输出轴的转角位置成正比。这两个力的相互作用决定了滑阀柱塞的移动方向。

当柴油机在设定转速 n_b 稳定运转时,测速传感器产生的交流电压信号经 2301 电子控制器内的频率转换器调制整流成直流电压信号,并以负值($-V_b$)输送到控制器内的输出运算放大器的输入端与设定转速正值电压($+V_b$)比较。其差值 $\Delta V=0$,于是输出运算放大器便输出一个与输出轴转角位置(即负荷大小)成正比的调速电压信号,并送往执行器中的电磁线圈产生一个向下的电磁力,此电磁力在数值上恰与前述的弹簧合力相等,从而使滑阀柱塞在中央平衡位置保持不动,控制带 19 封闭动力活塞下方空间,动力活塞不动,输出轴静止

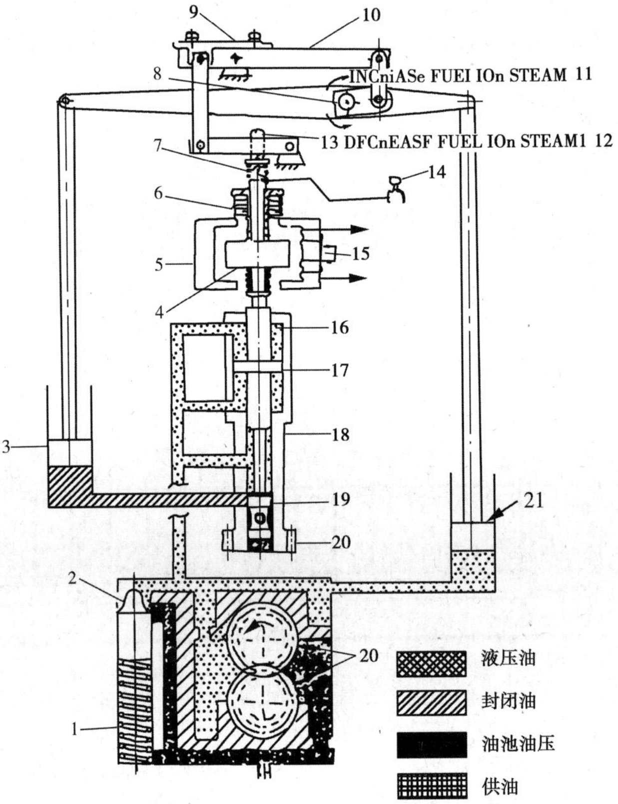

1—安全阀弹簧;2—安全阀柱塞;3—动力活塞;4—永久磁铁;5—电磁阀线圈;6—中央弹簧;
7—复位弹簧;8—输出轴;9—可调滑动支架;10—小复位杆;11—加油;12—减油;
13—可调弹簧座;14—中央螺钉;15—去电子控制器;16—滑阀柱塞;
17—补偿环带;18—滑阀套;19—控制带;20—齿轮泵;21—负荷活塞

图 3-13　EG3P 液压执行器

不动,供油量不变,柴油机在设定转速 n_b 下稳定运转。

当外界负荷减少时柴油机转速升高,测速传感器产生的并经调制整流的直流负电压 $|-V_a|>V_b$,在输出运算放大器输入端与设定转速正值电压($+V_b$)比较后,其差值 $\Delta V<0$,使控制器的输出调速电压减小。电磁线圈产生的向下电磁力降低,滑阀柱塞在弹簧合力与电磁力差值的作用下上移。动力活塞下方与低压油相通,负荷活塞上行,动力活塞下行,输出轴逆时针方向转动而减油。在减油的同时,复位杆 10 绕可调滑动支架 9 的支点逆时针方向摆动,增加复位弹簧 7 的向下作用力使滑阀柱塞下行提前复位,实现负反馈作用,使调速过程稳定。最后,输出轴在减少柴油机供油量的某一位置上,使相应弹簧合力(向上)与电磁力(向下)在均有所降低的情况下重新达到平衡状态,滑阀柱塞重新处于中央平衡位置,动力活塞下方恢复密封状态,输出轴固定不动,柴油机在较低供油量情况下重新稳定运转(n_b)。

同理,当外界负荷增加时,转速降低,测速电压信号 $|-V_a|<V_b$,其差值 $\Delta V>0$,因而输出运算放大器的调速电压信号值增大,在电磁线圈中的电磁力增大,在电磁力与弹簧力差值的作用下滑阀柱塞下移,动力活塞下方与高压油相通,使动力活塞上行,负荷活塞下行,顺时

针方向转动输出轴,使柴油机加油。此后的反馈(负反馈)调节过程与上述负荷减少时相反。最后在输出轴增加供油量的某一位置,滑阀柱塞恢复到平衡状态,动力活塞固定不动,柴油机重新稳定运转。

4.2 DGS8800 型电子调速器

DGS8800 型电子调速器是挪威 NORCONTROL 公司专门为低速、长行程柴油机开发的一种数字式电子调速器,转速控制范围为 300 r/min 以下。

DGS8800 型电子调速器系统如图 3-14 所示。它由两个独立的功能块组成,即调节功能块(左)和执行功能块(右)。其核心部分为数字调速单元 DGU,它安放在集控室的控制台面板上,可以进行转速和油泵齿条位置的显示。转速的设定可以由驾驶台控制系统和机舱控制系统进行。调节功能块可通过传感器采集转速、扫气空气压力和变距桨螺距值的信号。速度检测采用两套电磁式传感器,以增加可靠性,并根据检测的速度信号和设定的速度差值进行调节。扫气压力传感器可根据检测的扫气压力值限制燃油的喷油量。螺距信号值是对柴油机负荷状态的一种补偿输入,可以使调速过程更加快速、准确。执行功能块以 0.7 MPa 的压缩空气为工作介质,用以调节柴油机的油量伺服机构的位置,使柴油机的转速等于设定转速。在主空气供给管路上并联一个气瓶,用以补偿压缩空气的波动;气动力执行器安装在柴油机上,由双作用的汽缸来控制,拉动柴油机的油量调节机构,同时将油门位置信号送到 DGU。此外,还有一套供电装置和安全系统。

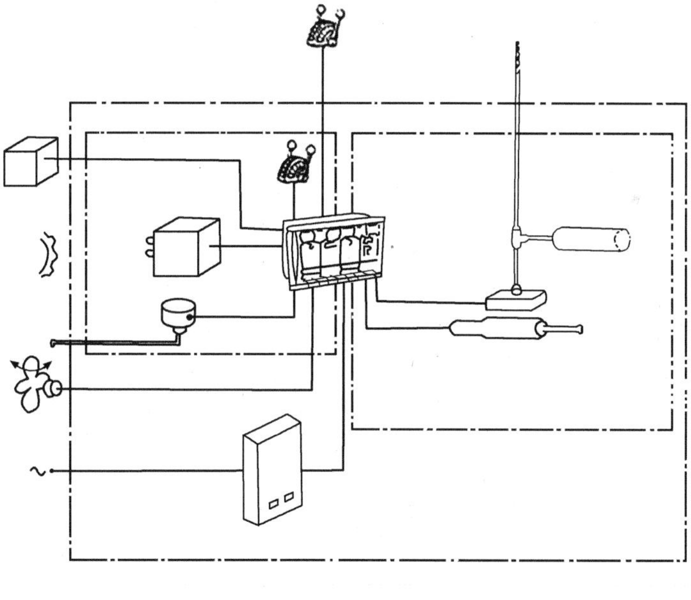

图 3-14 DGS8800 型电子调速器

DGS8800 型数字式电子调速器具有多种操作模式,如怠速模式、正常工作模式、试验模式、校准模式等,并具有起动、加速、转速禁区、最大转速限制等控制功能。

调速器是柴油机的重要组成部分,它直接影响柴油机的运转性能。若调速器发生故障,可以导致柴油机转速不稳,甚至发生熄火或“飞车”(转速失去控制而急剧上升,超过最高允许转速并达到危险程度)等事故。因此,对调速器及其系统细心、正确地维护和管理十分重要。当对调速器进行调整检查时,为防止某些控制机构失控而使运转中的柴油机超速或

“飞车”应备好柴油机的应急停车装置。

5 电子调速器的检查

5.1 磁性传感器的检查

常见的磁性传感器在发动机起动时，其输出电压在 1 V 左右；在达到额定转速时，其输出电压在 10 V 左右。如果输出电压不符，应调整或换新。

5.2 EG－3P 调速器执行器的检查

(1)将 EG－3P 执行器的连接插头取下。

(2)在执行器插座中有 4 只接线端：A、B、C、D，将万用表连接在 A、B 之间。

(3)这时测量的阻值应在 35 Ω 左右。如果阻值差距较大，应更换该执行器。

5.3 电子控制板的检查

电子调速器控制板的型号有：400 型、2301 型、2500 型和 43027 型。其中最常见的型号是 2301 型控制板，对该控制板的常规检查主要为：

(1)输入信号的正确性。

(2)输出电流的范围是否覆盖控制所需的数值。

(3)该控制板所需的工作电源是否正确。

5.4 电子调速器的调整

5.4.1 磁性传感器的调整

测量传感器的输出值如果不符，应做以下调整。

(1)松开锁紧螺母。

(2)将磁性传感器向里拧进到刚好碰到飞轮。

(3)将磁性传感器向外拧出 1/2 圈，这时，间隙为 0.56～0.76 mm。

(4)拧紧锁紧螺母，所用扭矩为 70 Nm。

(5)重复磁性传感器的调整操作，如果测量的电压仍不符合要求，应将该磁性传感器换新。

5.4.2 2301 电子控制板的调整

(1)顺时针方向转动速度电位器 1 能增加发动机的满载转速，逆时针方向转动则降低满载转速，如图 3-15 所示。

(2)稳定和增益电位器调整。

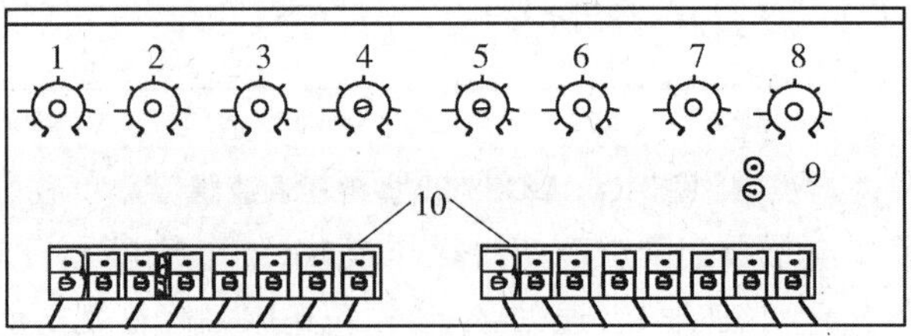

1—速度电位器；2—稳定电位器；3—增益电位器；4—直线加速时间电位器；5—低转速电位器；6—负载增益电位器；7—衰减电位器；8—反衰减电位器；9—负载信号插销孔；10—接线排

图 3-15 2301 电子调速器控制面板

①在 2301 型并联控制器上，将直流电压表接到接线端 5(−)及 6(+)。

②将发动机起动，让发动机运转，直到冷却水温达到正常工作温度时为止。

③顺时针方向转动增益电位器 3，直到电压表变得不稳定。

④按逆时针或顺时针方向转动稳定电位器 2，直到电压变得稳定为止。

⑤重复③至④项操作，直到稳定电位器无法使电压表变得稳定为止。

⑥按逆时针方向稍稍转动增益电位器，然后按需要调整稳定电位器。

(3)顺时针方向转动直线加速时间电位器 4，可以增加发动机由低空转转速加速至满载转速所需的时间，而逆时针方向转动则减少加速的时间。

(4)低转速电位器调整。

①应当注意，接线端 9 与 10 之间是断开的(在非并联控制时的接线端是 14 与 15)。

②按顺时针方向转动低转速电位器可以增加低转速空转转速，而逆时针方向转动则降低低速空转转速。

(5)负载增益电位器的调整(必须先调好稳定和增益电位器)。

①将电压表的探针插入负载信号插孔 9。

②让发动机进行单机运转，直到冷却系统中的水温达到正常的工作温度。

③给发动机加上满额负荷。调整负载增益电位器直到在电压表上读出 8 V 的负载信号。如果不可能给发动机加上满负荷，就应使负荷与电压信号间的比例保持一常数。例如，如果发动机的负载为其额定容量的 1/2，就应调整负载增益电位器使负载信号为 4 V。

④对系统内所有单元进行①、②和③项操作，系统中每一单元显示的负载信号都必须是相同的。

⑤如果系统中某一单元在负载增益的调整过程中出现稳定性的问题，就应稍微减少对每个单元所实行的调整量，应使系统中的每个单元保持具有相同的负载信号。

⑥如果在进行⑤项时，满额荷载下的负载信号下降到 3 V，而系统中仍然存在稳定性的问题，就应进行下面各项：在空载时并联原动机系统中的所有各个单元；如果系统中有不稳定的情况发生，就应将每个单元的稳定电位器按逆时针方向转动一格，一直进行到系统中出现稳定性为止；给系统加一负载，如果系统出现不稳定的现象，就应将每个单元的稳定电位器按逆时针方向转动一格，一直进行到系统达到稳定为止。

(6)衰减电位器的调整。

速度衰减调整值将随着使用情况在 0 ~ 13% 变化。对于不同的使用情况，需要的速度衰减值也不同。

5.5 修理、调试注意事项

(1)调速器是控制原动机转速的核心部件，在非正常状态下，可能造成原动机超速(飞车)。在调整调速器起动原动机前，特别应检查原动机的紧急停车保护系统，以保证原动机能在故障状态下迅速停车，保证安全。

(2)不应将调速器上的停车电磁阀作为超速保护装置，原动机的超速保护装置必须独立于电子调速器系统。

(3)定期检查调速器的最高转速设定值是非常重要的，如果这个设定值变高，执行器或电控器恰好失效,将导致最大供油量的供给,造成危险的超速。

(4)由于调速器在原动机中,对转速的控制是一个闭环控制系统,即调速器测速→控制油门变化→原动机速度变化→速度信号变化→控制油门变化,所以当原动机转速发生故障时,该故障不一定是调速器造成的。在检修、调整前,应将故障判断准确,以免将故障扩大。

任务实施

1. 任务相关知识描述

(1)电子调速器的安装位置;

(2)电子调速器的检查过程;

(3)电子调速器的常见故障与排除;

(4)电子调速器的使用与维护。

2. 信息资料收集与分组

(1)电子调速器的结构及功用;

(2)完好电子调速器的技术要素;

(3)被调整的电子调速器的技术资料;

(4)检测所需工具:电控柴油发动机、万用表、故障诊断仪、专用的测试导线、扳手等;

(5)分组并产生组长,明确任务。

3. 制订计划

(1)以小组讨论的方式制订电子调速器的检查计划;

(2)以小组讨论的方式制订电子调速器检修的计划;

(3)与学生讨论工作计划并最终定稿;

(4)填写工作计划表(见表3-4)。

表3-4 电子调速器工作计划表

姓名:	学号:	班级:	组别:
任务名称			
个人工作实施计划			

续表 3-4

小组其他计划特色点	
辅导教师意见	
个人工作实施计划定稿	

4. 实施计划

(1)学生按既定工作计划完成检查并填写任务工单(见表 3-5);

(2)教师监控学生操作过程,及时更正学生的错误。

表 3-5　电子调速器结构及检修任务工单

<table>
<tr><td>姓名:</td><td>学号:</td><td>班级:</td><td>组别:</td></tr>
<tr><td colspan="2" rowspan="2">评价等级:</td><td>教师签字:</td><td>成绩:</td></tr>
<tr><td>日期:</td><td>学时:</td></tr>
<tr><td>任务名称</td><td colspan="3">电子调速器结构及检修</td></tr>
<tr><td>能力目标</td><td colspan="3">1. 能通过与客户交流、查阅相关维修技术资料等方式获取车辆信息。
2. 能根据故障现象制订正确的维修计划。
3. 能正确选择检测和诊断设备对电子调速器及电路引起的故障进行诊断。
4. 能使用万用表、故障诊断仪对电子调速器及电路进行检测。
5. 能正确记录、分析各种检测结果并做出故障判断。
6. 能按照正确操作规范进行电子调速器及电路的更换。
7. 能正确检查电子调速器及电路故障的修复质量。
8. 能根据环保要求,正确处理对环境和人体有害的辅料、废气液体和损坏零部件。</td></tr>
</table>

续表 3-5

工具、设备的准备	万用表、故障诊断仪、扳手
信息获取	1. 电子调速器的调整有哪些内容？ 2. 根据图 3-13 指出 1 ~21 的名称。 3. 说明电子调速器有哪些故障，如何排除？ 4. 修理、调试时有哪些注意事项？ 5. DGS8800 型电子调速器系统如图 3-14 所示。它由两个独立的功能块组成，即__________和__________。 6. 电子调速器一般由__________、__________、__________和外围的__________及__________组成。 7. 常见的执行器有__________、__________和__________。
任务操作与要点	

5. 检查结果

(1)检查学生是否填写完整任务工单；

(2)回答学生所提出的问题；

(3)学生以小组讨论方式进行工作评估。

评价反馈

(1)对小组工作进行综合评价；

(2)提出改进意见和注意事项；

(3)填写任务评价表(见表 3-6)。

表 3-6　电子调速器故障检修任务评价表

评价内容	评价指标	评价等级		
		自我	小组	教师
专业能力	A. 具有安全、文明生产和环境保护的相关知识和技能。(10 分)			
	B. 高质量地完成工作任务，操作娴熟，任务工单得 85 分以上。(10 分)			
	C. 任务工单中数据真实，步骤完整，能用来判断并排除故障。(10 分)			
	D. 具备了电子调速器的检查和故障排除的能力。(10 分)			
社会能力	A. 具有良好的职业道德，遵守实验室管理规定。(5 分)			
	B. 具有较强的口头和书面表达能力、良好的人际交流沟通能力。(10 分)			
	C. 具有良好的团队合作精神和客户服务意识。(10 分)			
	D. 具有良好的心理素质和克服困难的能力。(5 分)			

续表 3-6

方法能力	A. 能够制订完善的工作计划。(5 分)			
	B. 能借助网络、文件资料等手段查找所需信息。(10 分)			
	C. 独立完成任务。(5 分)			
	D. 能够检查评估工作任务,并能从个案中寻找共性。(10 分)			
辅导教师关于此次任务的改进意见		总评		

学习任务3 分配泵进水和空气的故障检修

相关知识

1 电控分配泵喷射系统结构和原理

1.1 电控分配泵喷射系统的基本组成

电控分配泵喷射系统由传感器、电控单元、执行器组成。传感器检测出发动机或喷油泵的运行状态,电控单元根据各传感器信息,计算发动机的目标喷油量、目标喷油时间;执行器根据计算机的指令,准确控制最佳喷油量和喷油时间。

1.2 电控喷油系统的分类

电控喷油系统可分为位置控制式和时间控制式两类。

1.2.1 位置控制式

位置控制式的电控喷油系统将传统 VE 泵中油量控制滑套的油量调节位置运动,由机械调速器控制改为由电子执行器控制,如图 3-16、图 3-17 所示。

将传统 VE 泵中控制喷油时间变化的提前器活塞位置移动,由机械 - 液压控制改为由电子执行器控制,如图 3-18 所示。

典型泵型有:Vp36、Vp37、COVEC、ECD - 1。

1.2.2 时间控制式

所谓时间控制,就是用高速电磁阀直接控制高压燃油的适时喷射。电磁阀关闭执行喷油,电磁阀打开喷油结束。喷油始点取决于电磁阀关闭时刻,喷油量则取决于电磁阀关闭时间的长短。因此,该方式既可实现喷油量控制,又可实现喷油定时的控制,控制自由度大。

典型泵型有:Vp44、Vp29、Vp30。

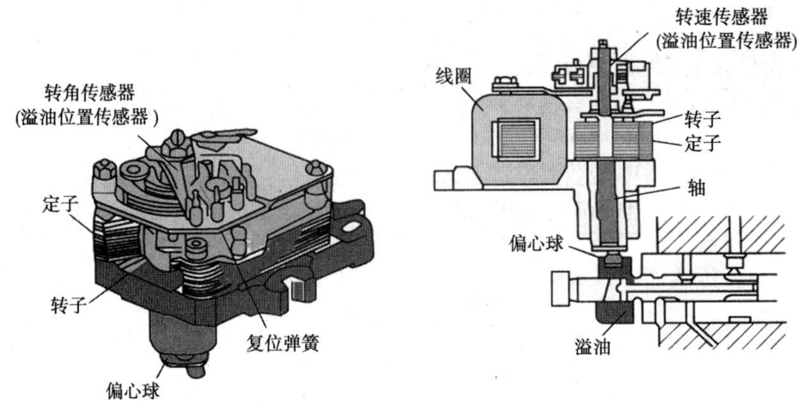

图 3-16　采用旋转螺线圈式执行机构

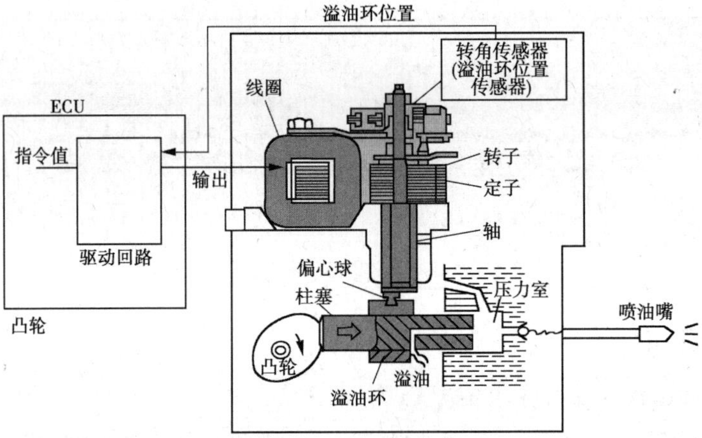

图 3-17　喷油量的控制方式

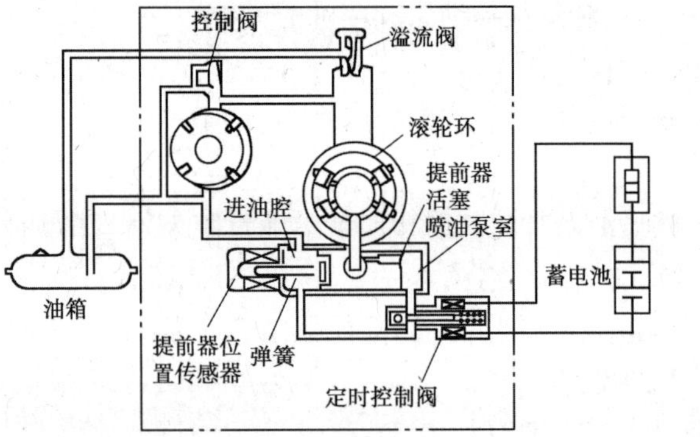

图 3-18　喷油时间控制方式

1.3　Vp37 电控分配泵

Vp37 电控分配泵是在机械式 VE 泵的基础上实施电子控制改造而成的。如图 3-19 所示。

主要特点：采用旋转式电磁铁油量调节器 N146 调节喷油泵，由调节滑套位置传感器 G149 检出调节滑套位置，再反馈到电控单元中去。位于泵盖中的燃油温度传感器 G81，随

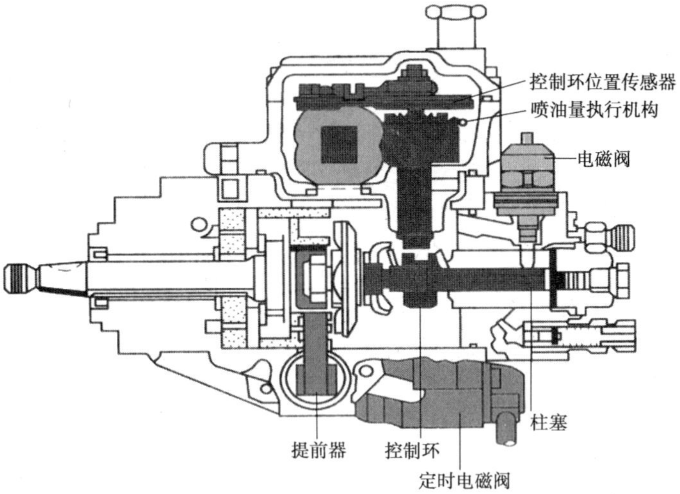

图 3-19　博世公司的 ECD 型电控分配泵

着温度变化对电感进行修正,滑套位置传感器根据传感器线圈和温度修正线圈的电感比值换算成角度,并将该信号作为调节滑套的位置信号反馈到控制单元中去。

通过改变流过喷油提前角调节阀 N108 的电流 ON - OFF 的占空比,可以方便地改变喷油定时,如图 3-20 ~ 图 3-22 所示。

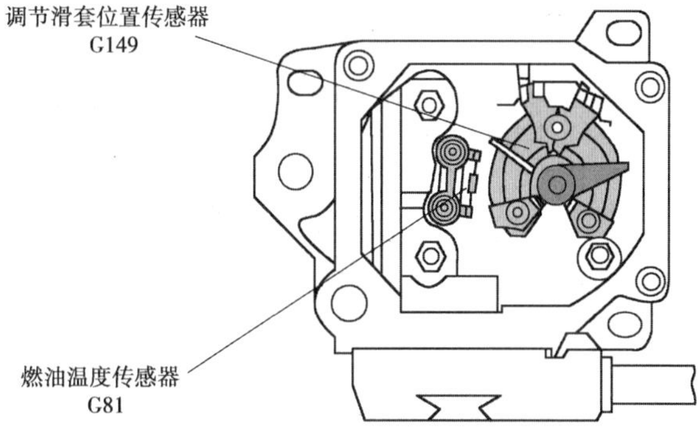

图 3-20　调节活塞位置传感器示意

旋转电磁铁最大转动范围:60°。

调节滑套位移:1.5 ~2 mm。

喷油压力:120 MPa。

线圈电流:4 ~5 A。

循环油量:轿车 $Q\leqslant 55$ mg/s,轻卡 $Q\leqslant 100$ mg/s。

1.3.1　Vp37 电控分配泵的性能特点

(1)动力性高。在油门开度较小的工况下可以比较方便地提高输出扭矩,提高动力性。

(2)舒适性好。传统喷油泵中,不检测调节滑套微小位移运动,但在 Vp37 电控泵中在怠速工况下要检测发动机每次爆发后的转速变化,并相应增加或减小调节滑套位移量来控制喷油量。

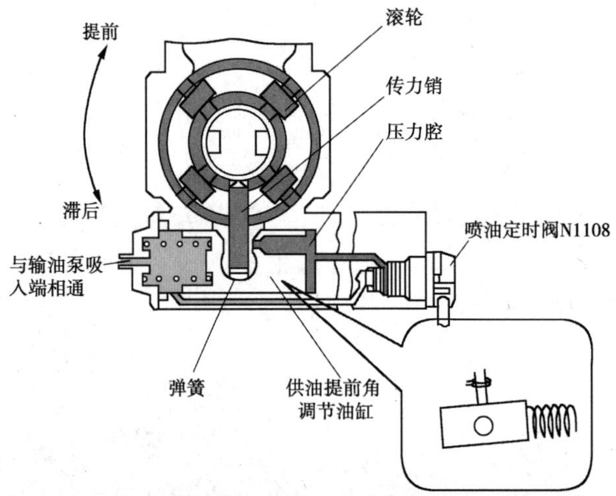

图 3-21　供油提前角自动调节机构工作原理图

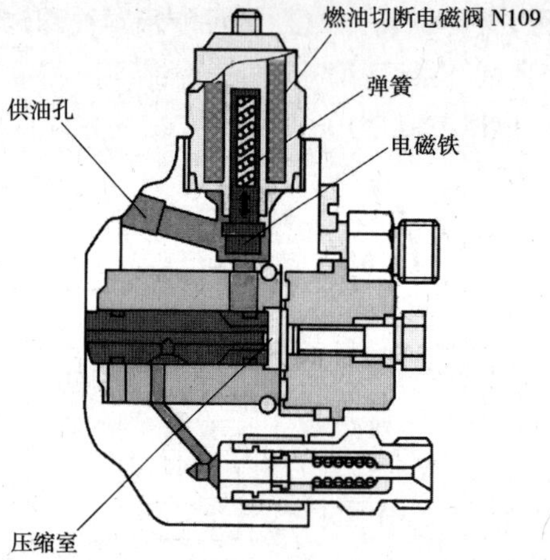

图 3-22　停机断油机构的结构

(3)加速时烟度低。由于精确控制喷油量,既不损失加速性能,也能很好地防止冒黑烟。

(4)起动提前角控制范围大,有利于改善起动性能。

1.3.2　喷油定时阀 N108

喷油定时阀的作用是接收 ECU 的执行信号,通过针阀开启和关闭,调节高压腔内的压力,从而改变提前器活塞的移动。与此同时,滚轮架也转动,达到改变喷油定时的目标。通过控制流过定时阀电流(ON - OFF)占空比,改变喷油定时,占空比越小,喷油定时越迟。

N108 信号失效后果:发动机运行粗暴,功率降低,排放超值,冷起动性能差。

N108 的检测:关闭点火的开关,拔下喷油泵监控插头,测量插头插脚 9 与 10 间的电阻,应为 12 ~ 20 Ω。喷油始点阀的最大喷油提前效果可达 6°。

1.3.3　调节滑套位置传感器 G149 和油量调节器 N146

调节滑套位置传感器 G149 的作用:获取油量调节器 N146 的位置信号,向 ECU 传送,

ECU 根据该信号对喷油量进行闭环控制,属修正信号。在 G149 中,一个可动测量环与控制轴一起旋转;还有一个固定基准环,当电磁铁线圈通电后,测量环移动,铁芯中磁通量发生变化。测量采用固定的和可动的两个系统对比值。

N146 是一个电磁转动电位计,接收 ECU 发来的转速 N_e、油门位置 Accp 信号,并通过调节滑套位置传感器作为回路信号,修正 N146 信号。由控制单元通过定向的占空循环(开—关比例)进行控制。油量调节器上的偏心轴在滑套上移动,调节滑套行程,达到调节油量的目的。

G149、N146 信号失效后的后果:行驶特性恶化,直至发动机熄火。预热时间控制灯 K29 闪烁。

G149、N146 信号的检测。

G149:拔下喷油泵监控 10 孔插头,测量插头端子 1 与 2 和 2 与 3 间的电阻值,标定值为 4.9~7.5 Ω。

N146:测量插头触头 5 和 6 的电阻值,标定值为 0.5~2.5 Ω。

1.3.4 捷达 Vp37 电控分配泵的维修

1.3.4.1 从发动机上拆卸

(1)从发动机上拆卸 Vp37 电控分配泵时应做相应记号。

(2)转动曲轴皮带轮,用定位心轴将 Vp37 泵轴毂缺口与油泵体孔对正。

(3)检查曲轴皮带轮 TDC 标记是否与相关标定对齐。

(4)在配气凸轮轴齿轮及齿形皮带相对应位置与机体相关位置用记号笔画上记号。

1.3.4.2 向发动机上安装(记号错乱后怎么办?)

根据定义:相邻发火的同名凸轮,其夹角等于发火间隔角的一半;当第一缸进、排气凸轮处于“上八字”位置时,发动机最后一缸的进、排气凸轮必定处于“下八字”位置。

(1)转动曲轮皮带轮,使第一缸活塞处于上止点位置,即 TDC 记号与相关标记对齐。

(2)转动喷油泵齿轮,用定位心轴将泵轴毂缺口与油泵体孔对正。

(3)转动配气凸轮轴齿轮,使第一缸进、排气凸轮处于“上八字”位置,第四缸进、排气凸轮处于“下八字”位置,即第四缸进、排气门同进叠开在 10°。

(4)将齿形皮带装上,并调整皮带紧度。

1.3.4.3 Vp37 电控泵的总装时的调整与检查

(1)输油泵总成。

将转子和滑片作为一个组件装在套筒内,而它们的轴向间隙应在规定范围内。转子与套筒的间隙:0.010~0.02 mm;套筒与滑片的间隙:0.010~0.02 mm。

(2)滚轮高度。

复装滚轮保持架时,须选用滚轮,使得滚轮的高度差在规定的公差内:滚轮高度差 ±0.02 mm,其中至少有三个滚轮必须保持在同一高度。

(3)油量调节套筒在柱塞上的滑动。

使油量套筒对着断流口,往轴向的任一侧移动 4 mm,油量套筒须在任何位置都能平衡地滑动。

(4)*K* 值的调整。

K 值是指柱塞在下止点位置时，从分配套筒端面到柱塞预端面的距离。K 尺寸一般为凸轮盘凸轮升程 Lift + 0.3 mm。Vp37 凸轮升程为 3.3 mm，K 值为：$K = 3.3 + 0.3 = 3.6$ (mm)，用柱塞垫块来调整。也可以直接测量柱塞垫块压在凹槽内至柱塞顶部的距离，一般为75.2 mm ±0.1 mm(凸轮升程 2.8 mm)。

(5) *KF* 值的调整。

将柱塞和柱塞弹簧、弹簧下座、抗磨垫片装进分配泵头内，测量分配套筒端面到柱塞顶端面的距离，即为 *KF* 值。它可通过调整弹簧垫片厚度来达到。

不同的凸轮升程，其要求的 *KF* 值也不同。表 3-7 列举了对应不同凸轮升程的 *KF* 值。

表 3-7　不同的凸轮升程对应的 *KF* 值

凸轮升程(mm)	3.3	3.0	2.8	2.5	2.2	2.0	1.56
KF 值(mm)	5.3	5.3	5.3	5.3	5.8	6.0	6.64

KF 值减去 K 值，即为柱塞弹簧的预紧力，它对喷油泵的驱动扭矩有重要影响。

1.3.4.4　Vp37 电控分配泵电气测试

喷油泵调试前用数字万用表进行如下步骤测量，否则不允许进行下一步。

端子 1 和 3 之间 9.8 ~ 13.0 Ω；端子 1 和 2 之间 4.9 ~ 6.5 Ω；端子 2 和 3 之间 4.9 ~ 6.5 Ω；端子 2 和 7 之间 1.0 Ω；端子 4 和 6 之间 1.0 Ω；端子 5 和 6 之间 0.5 ~ 2.5 Ω；端子 4 和 7 之间 0.45 ~ 1.1 Ω；端子 9 和 10 之间 12 ~ 20 Ω。

喷油泵监控插头各端子名称：调节滑套位置传感器(+)；调节滑套位置传感器(-)；燃油温度传感器(+)；燃油温度传感器(-)；燃油调节器(-)；燃油调节器(+)；燃油切断阀(+)；燃油切断阀(-)；定时控制阀(+)；定时控制阀(-)。

2　分配泵进水与进空气的故障检修

PT 燃油系统与传统的柱塞泵燃油系统一样，由很多高度精密零件组成。如果使用不当，发动机运转一段时间后，这些零件将会出现各种故障，造成燃油系统工作失常，导致发动机功率下降，油耗增加，严重时发动机不能起动。如使用、维护不当，在 PT 系统中混入空气、水和杂质后，对 PT 供油系统的影响更大。

2.1　分配泵进水的危害

当水进入燃油系统后，将会使调速器柱塞、喷油器柱塞等零件发生锈蚀现象，特别是停车后再次起动发动机时，有可能使 PTG 调速器柱塞传动销、驱动舌和齿轮泵驱动轴折断。在冬季，由于水的混入还有可能引起燃油系统内结冰而使油路堵塞，发动机无法起动。

燃油系统中的水可通过以下两种途径进入：其一，可能是由于加注的柴油中含有水；其二，发动机工作一段时间后，油箱中柴油减少，如不及时加油，在油箱中没有充满油的情况下，夜间由于气温下降，空气中的水蒸气便在箱壁上冷凝，从而使水混入柴油中。因此，要求在每班作业完后即将油箱加满。另外，每班作业开始前，可打开油箱下面的排水塞排除沉积在油箱下面的水，也可打开滤清器排污塞，将积存水排除。发动机长期停放期间应使 PT 泵内存有足够柴油，并对 PT 泵定期转动。而且在重新启动之前，应对 PT 泵进行仔细检查，在确认零件运转灵活时,再起动发动机。

2.2 PT 燃油系统混入空气的危害

空气进入 PT 燃油系统后会发生 PT 燃油泵工作失常,各缸喷油不均匀和喷油器喷油不正常等情况,因而使发动机起动困难,功率下降、转速不稳或突然熄火。

2.2.1 空气从 PT 燃油系统的管路中渗入

可能产生的部位有:浮子油箱 - 燃油滤清器 - PT 燃油泵之间(见图 3-23)。

(1)空气从浮子油箱与滤清器之间渗入,或从滤清器盖上的固定螺栓和垫片损坏处渗入。渗入的空气在滤清器的上部形成空腔,因为柴油是从滤清器上部进入的,所以空腔中的空气很容易渗入油中。

检查方法是先取下小滤清器盖,检查柴油是否充满滤清器。当发现燃油不足时,应予以加满并盖紧,换上新的垫片和螺栓。在维护时,从柴油滤清器排污塞排出水、污物和较多的柴油以后,也应按上述方法向燃油滤清器中添加柴油。

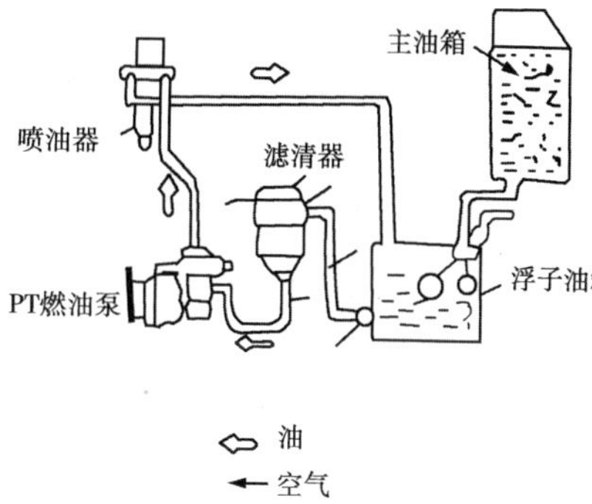

图 3-23 管路漏气部位

(2)空气从燃油滤清器与 PT 泵之间渗入。检查时,可以从外部观察油管是否漏气或接头是否松脱。如果管子某处漏气,则在发动机停止转动后可看到有柴油从渗漏处渗出。

2.2.2 空气从 PT 燃油泵密封失效部位进入

PT 泵各密封部位失效,空气从失效部位直接进入泵体。

PT 燃油泵可能漏气的部位如图 3-24 所示。PT 泵的内腔和调速器罩盖中始终充满着由调速器柱塞间隙和齿轮泵轴承间隙渗入的柴油,所有这些空腔都与齿轮泵的吸油部分相通。

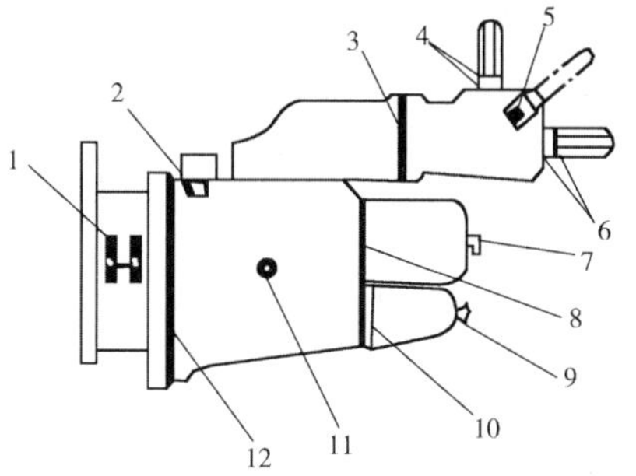

1—前盖油封;2—计时表轴油封;3—MVS 调速器;4—最高转速调整螺钉垫片;
5—操纵臂轴承 O 形密封圈;6—最低转速调整螺钉垫片;7—进油管接头;8—齿轮泵垫片;
9—柱塞;10—PTG 调速器罩垫片;11—节流阀轴 O 形圈;12—前盖垫片

图 3-24 PT 燃油系统可能漏气的部位

在 PT 泵工作时,由于齿轮泵的吸力作用,壳体空腔中的柴油不断被吸走,因而形成了 PT 泵内腔中柴油的循环,使 PT 泵工作期间壳体内的柴油处于负压状态。因此,在密封失效时,空气就全被吸入泵体内和柴油混合进入喷油。PT 密封失效时,泵腔中会渗入大量的空气,使泵腔内真空度减小,同时因柴油内混有空气,当空气含量较多时就破坏了供油的连续性，使吸油量减少，从而使 PT 泵出口压力减小。此时，发动机会产生转速忽高忽低的“喘气”现象。这种现象首先发生在怠速或低速运转时，漏气严重时，中速运转时也会发生。检查时，应使发动机在怠速工况下运转，按图 3-24 所示向可能漏气的部位滴润滑油，或用手指堵住有关孔口，此时如果观察到所滴油被吸入泵体或在堵住孔后，“喘气”现象减轻或消失，则说明该处漏气。检查时对每个密封部位逐一进行。

在诊断出 PT 燃油泵漏气部位后，应视不同情况采取相应措施。若漏气是因为垫片损坏或接头松脱所致，则应更换垫片或旋紧接头。若漏气是由密封件失效所致，则应予以更换。

任务实施

1. 任务相关知识描述

(1)电控喷油泵时间控制方式过程；

(2)调节滑套位置传感器 G149 和油量调节器 N146 检测；

(3)喷油定时阀 N108；

(4)Vp37 电控分配泵电气测试；

(5)捷达 Vp37 电控分配泵的维修；

(6)Vp37 电控泵的总装时的调整与检查；

(7)分配泵进水的危害；

(8)分配泵进水的排出方法；

(9)分配泵进空气的危害；

(10)分配泵进入空气的方式；

(11)分配泵进空气的检查方法。

2. 信息资料收集与分组

(1)电控分配泵喷射系统结构和原理；

(2)喷油定时阀 N108 的检测；

(3)捷达 Vp37 电控分配泵的维修；

(4)调节滑套位置传感器 G149 和油量调节器 N146 的检测；

(5)分配泵进水的季节；

(6)分配泵进水后的现象和危害；

(7)分配泵进空气的危害；

(8)分配泵进入空气的方式；

(9)分配泵进空气的检查方法；

(10)检测所需工具：捷达电控柴油发动机、万用表、故障诊断仪、专用的测试导线、扳手等；

(11)安全操作注意事项；

(12)分组并产生组长，明确任务。

3. 制订计划

(1)以小组讨论的方式制订电控分配泵的检查计划；

(2)以小组讨论的方式制订分配泵各传感器检测的计划；

(3)与学生讨论工作计划并最终定稿；

(4)填写工作计划表(见表3-8)。

表3-8　分配泵进水和空气的故障检修工作计划表

<table>
<tr><td>姓名：</td><td>学号：</td><td>班级：</td><td>组别：</td></tr>
<tr><td>任务名称</td><td colspan="3"></td></tr>
<tr><td>个人工作实施计划</td><td colspan="3"></td></tr>
<tr><td>小组其他计划特色点</td><td colspan="3"></td></tr>
<tr><td>辅导教师意见</td><td colspan="3"></td></tr>
<tr><td>个人工作实施计划定稿</td><td colspan="3"></td></tr>
</table>

4. 实施计划

(1)学生按既定工作计划完成检查并填写任务工单(见表3-9)；

(2)教师监控学生操作过程,及时更正学生的错误。

表 3-9　分配泵进水和空气的故障检修任务工单

<table>
<tr><td>姓名：</td><td>学号：</td><td>班级：</td><td>组别：</td></tr>
<tr><td colspan="2" rowspan="2">评价等级：</td><td>教师签字：</td><td>成绩：</td></tr>
<tr><td>日期：</td><td>学时：</td></tr>
<tr><td>任务名称</td><td colspan="3">分配泵进水和空气的故障检修</td></tr>
<tr><td>能力目标</td><td colspan="3">1. 能通过与客户交流、查阅相关维修技术资料等方式获取车辆信息。
2. 能根据故障现象制订正确的维修计划。
3. 能正确选择检测和诊断设备对电控分配泵及电路引起的故障进行诊断。
4. 能使用万用表、故障诊断仪对电控分配泵及电路进行检测。
5. 能正确记录、分析各种检测结果并做出故障判断。
6. 能按照正确的操作规范进行喷油定时阀、油量调节器及电路的更换。
7. 能正确检查电控分配泵及电路故障的修复质量。
8. 能够进行分配泵进水和空气的故障检修。
9. 能根据环保要求，正确处理对环境和人体有害的辅料、废气液体和损坏零部件。</td></tr>
<tr><td>工具、设备的准备</td><td colspan="3">万用表、故障诊断仪、扳手</td></tr>
<tr><td>信息获取</td><td colspan="3">1. 电控分配泵由__________、__________、__________组成。
2. Vp37 电控泵的总装时的调整与检查内容有哪些？
3. N108 信号失效后果：发动机运行粗暴，功率降低，排放超值，冷起动性能差。
4. G149：拔下喷油泵监控 10 孔插头，测量插头端子 1 与 2 和 2 与 3 间的电阻，标定值为__________。
N146：测量插头触头 5 和 6 的电阻值，标定值为__________。
5. N108 的检测：关闭点火的开关，拔下喷油泵监控插头，测量插头插脚 9 与 10 间的电阻，应为__________ Ω。
6. K 值的调整应如何进行？
7. 喷油泵调试前用数字万用表进行如下步骤测量，否则不允许进行下一步。
端子 1 和 3 之间__________ Ω；端子 1 和 2 之间__________ Ω；端子 2 和 3 之间__________ Ω；端子 2 和 7 之间__________ Ω；端子 4 和 6 之间__________ Ω；端子 5 和 6 之间__________ Ω；端子 4 和 7 之间__________ Ω；端子 9 和 10 之间__________ Ω。
8. 分配泵进水的危害是什么？如何排除？
9. 分配泵进空气的危害是什么？原因是什么？如何排除？</td></tr>
<tr><td>任务操作与要点</td><td colspan="3"></td></tr>
</table>

5. 检查结果

(1)检查学生是否填写完整任务工单;

(2)回答学生所提出的问题;

(3)学生以小组讨论方式进行工作评估。

评价反馈

(1)对小组工作进行综合评价;

(2)提出改进意见和注意事项;

(3)填写任务评价表(见表3-10)。

表3-10 分配泵进水和空气的故障检修任务评价表

评价内容	评价指标	评价等级		
		自我	小组	教师
专业能力	A. 具有安全、文明生产和环境保护的相关知识和技能。(10分)			
	B. 高质量地完成工作任务,操作娴熟,任务工单得85分以上。(10分)			
	C. 任务工单中数据真实,步骤完整,能用来判断并排除故障。(10分)			
	D. 具备电控分配泵进水和进气的检查和故障排除的能力。(10分)			
社会能力	A. 具有良好的职业道德,遵守实验室管理规定。(5分)			
	B. 具有较强的口头和书面表达能力、良好的人际交流沟通能力。(10分)			
	C. 具有良好的团队合作精神和客户服务意识。(10分)			
	D. 具有良好的心理素质和克服困难的能力。(5分)			
方法能力	A. 能够制订完善的工作计划。(5分)			
	B. 能借助网络、文件资料等手段查找所需信息。(10分)			
	C. 独立完成任务。(5分)			
	D. 能够检查评估工作任务,并能从个案中寻找共性。(10分)			
辅导教师关于此次任务的改进意见		总评		

单元4 电控柴油发动机怠速不稳故障诊断与检修

学习目标

1. 及时发现发动机怠速不稳的故障现象；
2. 能根据怠速不稳几种现象进行原因分析；
3. 能够熟练进行故障闪码的读取及使用故障诊断仪；
4. 能正确使用工具对故障进行定位并能够对故障进行相关分析和排除；
5. 能够对数据流及波形进行正确分析。

任务描述

一辆解放 CA1090K 型汽车用柴油机为大连柴油机厂生产的 6110 型柴油机，喷油泵为 A 型泵，调速器的型号为 RAD 型。该车在运行中，柴油机转速不稳，特别是在急减速和制动时，车辆容易熄火。经维修人员检修，读取故障代码后认定车辆故障为怠速不稳。电控柴油机怠速不稳的故障原因有以下几个方面：同步信号间歇错误引起怠速不稳、喷油器驱动故障引起怠速不稳、油门信号波动引起怠速不稳、机械方面故障引起怠速不稳及其他方面的原因，最终认定是 CAN 数据总线信号传输故障，重新更换线束，故障排除。

学习任务1 数据总线传递的故障检修

相关知识

1 CAN 数据总线简介及故障诊断

CAN 控制器局域网络是 Bosch 公司为汽车电控系统开发的串行数据通信总线，支持分布控制或实时控制的串行通信网络。目前,CAN 数据总线信息传输系统在各车型上应用越来越多。CAN 总线的应用使车辆控制技术更加先进,但同时也使汽车故障分析诊断更加复杂,故障原因更加不易确定。

CAN 数据总线使各个电控系统之间的数据、信息实现了实时的交换、传递和共享,但同时某项故障不但影响某一电控系统,而且会使相关电控系统因此受到影响。从故障诊断角度来看,在查询电控系统故障信息时,由于 CAN 数据总线的存在,本来在单一系统的故障信息将会传递、作用在多个电控系统中,从而引发更多的故障,并导致故障实际原因和故障现象的交叉、混合,由故障现象和故障信息很难立即将故障原因判断出来。

对于 CAN 数据总线系统故障诊断,一个普遍的问题是:如何在众多的故障现象和众多的故障信息中将真正的故障原因尽快找出来,诊断出具体故障部件。这是维修过程中一个非常棘手的问题。同时,如何找出 CAN 数据总线系统故障诊断的规律,是维修人员急需探索的课题。

CAN 数据总线系统的故障原因类型,大致有如下几类:

(1)CAN 数据总线系统信息传输的节点即电控单元本身的故障。

(2)CAN 数据总线系统相关电控单元的电源系统引起的故障。

(3)CAN 数据总线系统信息传输的链路故障。

在实际的维修工作过程中,关键问题是如何利用相关信息尽快诊断确定出具体的故障部件或故障部位。

CAN 数据总线系统出现故障时,在相关控制单元存储器里必然存有相关的故障代码信息。首先要明确故障代码信息内容,这与一般的电控系统检测故障代码、读码的步骤是一致的。但 CAN 数据总线系统故障代码信息分析与一般的电控系统故障代码信息分析又有所不同,有其特点。一般的电控系统读故障代码,其内容较为具体,比如某一个传感器或某数据异常等。但 CAN 数据总线系统故障代码信息,一般较笼统,单一性差,不明确,比如数据总线驱动链没有来自仪表板的信息,无法确定是仪表板电脑发送信息异常的节点故障,还是传输链路故障。如果是链路故障,无法从故障代码信息立刻判断得出具体部位。

通过反复的故障分析、诊断和维修实践,CAN 数据总线系统的故障诊断是有一定的规律可循的。具体步骤如下:首先通过全电控系统故障诊断检测功能对所有电控系统故障信息进行全面的检测,并存储全部检测到的故障信息,再根据故障信息内容进行分类(故障信息基本可分为单一故障信息和一组故障信息),按照分类得到的结果进行诊断和故障排除。

对于单一故障信息,诊断流程如下:

(1)从众多的电控系统故障信息中寻找相同的单一故障信息。

(2)针对相同的单一故障信息,明确其准确的故障含义,并仔细分析这个信息在出现该信息的各个电控系统中的作用,明确其引起的结果。从众多的电控系统故障信息中比较分析,确定该故障信息首先出现在哪个电控系统中,即该故障信息首先是由哪个电控单元监测到的,明确故障信息的源性电控系统。同时,明确哪些电控单元的故障信息是由 CAN 数据总线传递而来的,即明确哪些电控系统是该故障信息的非源性电控系统。

(3)根据找到的源控制单元的故障信息,分析故障产生的具体原因。

(4)排除故障原因,将所有故障信息删除,并做好相关系统的设置或匹配。

(5)运行车辆,试车检验故障信息是否存在,故障现象是否出现,确认故障是否已排除。

对于一组故障信息，诊断流程如下：

(1)从众多的电控系统故障信息中寻找出相同的一组故障信息，明确该组故障信息的含义。

(2)详细分析该组故障信息中的每一条信息，找出该组故障信息间的因果关系或相互影响的关系。

(3)对存储该组故障信息的各个电控系统进行比较分析，分析该组故障信息首先出现在哪个电控系统中，即该组故障信息首先是由哪个电控单元监测到的，明确故障信息的源性电控系统。同时，明确哪些电控单元的故障信息是由 CAN 数据总线传递而来的，即明确哪些电控系统是该故障信息的非源性电控系统。

(4)根据找到的源控制单元的故障信息，分析出故障产生的具体原因。

(5)排除故障原因，将所有故障信息删除，并做好相关系统的设置或匹配。

(6)运行车辆，试车检验故障信息是否存在，故障现象是否出现，确认故障是否已排除。

2　怠速不稳故障的诊断与排除

2.1　诊断方法

目前，国Ⅲ柴油机绝大部分是在国Ⅱ柴油机的基础上，进行了必要的改进并加装了电控燃油喷射系统。因此，国Ⅱ柴油机的部分诊断方法仍然可以使用，例如：

(1)观察法：通过观察柴油机的排烟等故障特征，判断故障情况。

(2)听诊法：根据柴油机异常声音，凭听觉判断故障部位性质及程度。

(3)断缸法：停止某缸工作，借以判断故障是否出现在该缸。断缸法一般是向怀疑出现故障的汽缸停止供油，比较断缸前后发动机的状态变化，为进一步查找故障部位或原因缩小范围。

(4)比较法：对某些总成或零部件，采用更换的办法确定是否存在故障。

以上为机械方面故障的诊断方法，在国Ⅲ柴油机上同样适用，并可参照国Ⅱ柴油机故障排除方法排除。

另外，由于加装了电控燃油喷射系统，下列诊断方法必须掌握。

2.1.1　故障闪码

目前，国Ⅲ柴油机普遍可以利用故障诊断灯读取故障闪码，对柴油机电控系统进行初步诊断。读取故障闪码不需用诊断仪，方便有效。

故障诊断灯：当车出现故障时，可以通过整车仪表盘上的闪码灯读出闪码，参照闪码表初步判断错误原因。

故障诊断开关及闪码灯如图 4-1 所示。

闪码读取操作：①点火钥匙开关处于接通位置；②按下—松开故障诊断请求开关；③闪码灯将报出闪码；④每一次操作只闪烁一个闪码(见图 4-2)，直至循环至第一个为止；⑤闪码由三位组成。闪码 324 读取示意如图 4-2 所示。

注意：闪码闪烁时间和间隔时间可以由发动机厂自行定义。

2.1.2　专用诊断仪工具

用专用故障诊断仪可以进行进一步的判断，诊断仪提供了其他测试手段(压缩测试、高压测试、高速测试等)来判断问题。

图 4-1　故障诊断开关及闪码灯

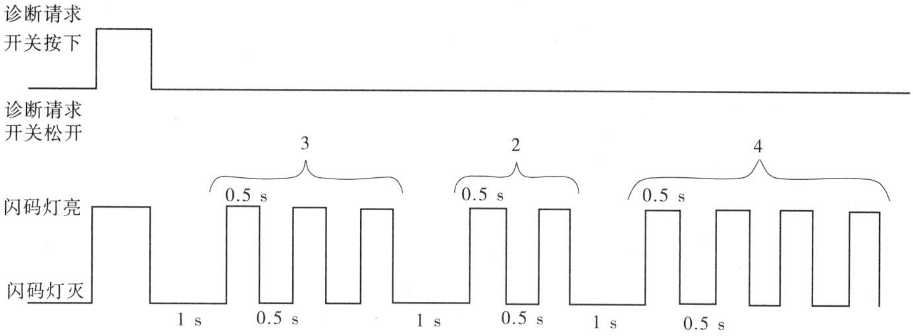

图 4-2　闪码 324 读取示意

2.2　故障原因

电控柴油机怠速不稳故障较为常见,但是故障原因相对复杂,机型不同、电控系统不同,故障原因就有所差异,故障诊断与排除时应结合具体机型,参考相关技术资料进行。

下面以玉柴 Bosch 共轨系统为例,分析电控柴油机怠速不稳的故障原因。

2.2.1　同步信号间歇错误引起怠速不稳

(1)故障现象:

①故障灯闪烁;

②诊断仪出现 P0016 等相关的故障代码。

(2)故障诊断与排除:

①检查曲轴与凸轮轴位置传感器;

②检查曲轴与凸轮轴位置传感器的线路;

③检查曲轴与凸轮轴位置传感器的间隙;

④检查曲轴与凸轮轴位置传感器的信号盘。

2.2.2　喷油器驱动故障引起怠速不稳

(1)故障现象:

①故障灯闪烁;

②诊断仪显示喷油器驱动线路出现偶发故障(短路);

③诊断仪显示喷油器驱动线路出现偶发故障(断路)。

(2)故障诊断与排除:

①检查喷油器的电磁阀;

②检查喷油器的电磁阀的线路。

2.2.3　油门信号波动引起怠速不稳

(1)故障现象:

①故障灯有时亮;

②诊断仪显示松开电子油门后仍有开度信号;

③诊断仪显示固定油门位置后油门信号波动。

(2)故障诊断与排除:

①检查油门踏板位置传感器;

②检查油门踏板位置传感器的插头连接是否可靠;

③检查油门信号线路是否进水或磨损导致油门开度信号漂移;

④必要时,更换电子油门。

2.2.4　机械方面故障引起怠速不稳

故障原因及修理如下:

(1)进气管路或进排气门泄露,酌情修理;

(2)低压油路堵塞或漏气,酌情修理;

(3)因机油不足等原因造成发动机阻力过大,酌情修理;

(4)某缸缸压不足,酌情修理;

(5)某缸喷油器积碳或过度磨损,酌情修理或更换。

2.2.5　其他方面的原因引起怠速不稳

(1)燃油质量差含水或蜡质;

(2)具有车速传感器的整车,车速信号输入错误。

3　故障排除实例:国Ⅲ柴油机怠速不稳故障

3.1　实例一:车速传感器损坏引起怠速不稳故障

机型:陕汽、WP10。

故障现象描述:发动机可以正常起动,但起动后转速自动由 600 r/min 升到 1 800 r/min,有时发动机自动熄火。经检查,整车车速传感器存在问题,原因为之前由于里程表坏,在排查时动过车速传感器,导致车速信号判别挡位信号错误。

处理措施:

(1)更换或重新调整车速传感器;

(2)重新刷入挡位识别的 DCM;

(3)若在车速传感器不用的情况下,可将车速信号功能屏蔽,故障即可解除。

3.2　实例二:车速传感器故障引起怠速不稳故障

机型:苏州金龙、WP10.290。

故障现象描述:发动机怠速不稳,着车后怠速无规律地不停改变。

故障诊断与排除:发动机可以正常起动,连接仪器读取车速信号,在车辆静止状态下,发现车速信号存在,并且在 0 ~ 7 km/h 不停变化。

处理方法:

(1)既然车辆不需要车速信号,可考虑将与 ECU 连接的车速信号线去掉。

(2)看车辆有没有起步怠速提升要求,如没有要求,可将起步怠速提升值改为车辆怠速值。

3.3 实例三：油路堵塞引起怠速不稳甚至熄火故障

机型：义乌公交、YC6G240－30。

故障现象描述：车辆行驶时，发动机有时怠速不稳，运行一段时间后，一加油门就熄火，停车一段时间后，再次起动正常，为间歇性故障。

故障诊断与排除：

（1）连接诊断仪，读取故障代码：①P0113，进气温度传感器值过高，1 次；②P0016，同步信号出错，7 次；③P0181，燃油温度不合理，172 次；④P0336，曲轴信号高频错误，9 次。

（2）怀疑为曲轴位置与凸轮轴位置传感器有粘污，影响传感器信号，将两传感器拆下清洁。

（3）燃油温度过高，导致 ECU 采取保护措施，将水温传感器与燃油温度传感器调换，起动后，无故障代码，车跑一圈（大约 20 km）后，无故障产生，测试油温、水温正常，所以判断燃油温度传感器无故障。

（4）再次采集数据，发现实际油量比油门油量小很多，而且在空车踩油门时油温上升得很快，发动机维持在最高转速运行 10 min 时油温达到 93 ℃。分析后认为油路有堵塞现象，更换燃油滤清器，故障排除。

3.4 实例四：油管内径太细引起怠速不稳甚至熄火故障

机型：杭州公交、YC6J220－30。

故障现象描述：起动时正常，车辆行驶时，发动机有时怠速不稳，运行一段时间后，加大油门运行 2 min 后就熄火。

故障诊断与排除：

（1）连上诊断仪后，发现历史故障代码：P1011，轨压闭环控制模式故障——轨压低于标定值。

（2）检查油路，没出现打折、堵塞现象。

（3）发现油管内径才大约 5 mm，要求公交公司更换管径大于 8 mm 的油管后，故障排除。

任务实施

1. 任务相关知识描述

数据总线传递的故障检查项目主要有：

（1）发动机诊断插座安装部位；

（2）发动机诊断接头选择与线束检查；

（3）使用解码器读取发动机故障代码；

（4）记录故障代码，分析故障原因；

（5）排除故障，清除故障代码。

2. 信息资料收集与分组

（1）车型及对应诊断插座类型、安装位置；

（2）选择诊断插座对应诊断接头型号并记录；

（3）正确使用解码器选择对应车型类别及测试项目；

(4)正确记录故障代码编号及含义；

(5)分组并产生组长，明确任务。

3. 制订计划

(1)以小组讨论的方式制订数据总线传递的故障检查计划；

(2)与讨论工作计划并最终定稿；

(3)填写工作计划表(见表4-1)。

表4-1　数据总线传递的故障检修工作计划表

<table>
<tr><td colspan="2">姓名：</td><td>学号：</td><td>班级：</td><td>组别：</td></tr>
<tr><td colspan="2">任务名称</td><td colspan="3"></td></tr>
<tr><td>个人工作实施计划</td><td colspan="4"></td></tr>
<tr><td>小组其他计划特色点</td><td colspan="4"></td></tr>
<tr><td>辅导教师意见</td><td colspan="4"></td></tr>
<tr><td>个人工作实施计划定稿</td><td colspan="4"></td></tr>
</table>

4. 实施计划

(1)学生按既定工作计划完成检查并填写任务工单(见表4-2)；

(2)教师监控学生操作过程,及时更正学生的错误。

表4-2 数据总线传递的故障检修任务工单

<table>
<tr><td>姓名：</td><td>学号：</td><td>班级：</td><td>组别：</td></tr>
<tr><td colspan="2" rowspan="2">评价等级：</td><td>教师签字：</td><td>成绩：</td></tr>
<tr><td>日期：</td><td>学时：</td></tr>
<tr><td>任务名称</td><td colspan="3">数据总线传递的故障检修</td></tr>
<tr><td>能力目标</td><td colspan="3">1. 能通过与客户交流、查阅相关维修技术资料等方式获取车辆信息。
2. 能根据故障现象制订正确的维修计划。
3. 能正确选择诊断插座对应的诊断接头。
4. 能正确使用解码器对发动机电控系统元件进行检测。
5. 能正确记录、分析各种检测结果,并做出故障判断。
6. 能按照正确操作规范排除故障及更换元件。
7. 能正确检查数据总线传递的故障检修修复质量。</td></tr>
<tr><td>工具、设备的准备</td><td colspan="3">解码器</td></tr>
<tr><td>信息获取</td><td colspan="3">1. 借助长城车GW2.8TC型柴油机(或其他)实验台或整车,找出发动机诊断插座的安装位置及类型并记录。
安装位置：________________
类型(端子数)：________________
2. 选择诊断插座对应诊断接头型号并记录。
型号：________________
3. 正确使用解码器选择对应车型类别及测试项目。
车型类别：________________
测试项目(实训老师可设置不同故障)：________________
4. 正确记录故障代码编号及含义。
(1)编号：________含义：________________
(2)编号：________含义：________________
(3)编号：________含义：________________
(4)编号：________含义：________________
(5)编号：________含义：________________</td></tr>
</table>

续表 4-2

信息获取	5. 故障排除步骤及方法。 ______ ______ ______ ______ ______ ______ ______ ______ ______ 6. 清除故障代码操作。 ______ ______ ______ ______ ______ ______ ______ 7. 再次进行故障自诊断。 有无故障代码？原因分析： ______ ______ ______ ______ ______
任务操作与要点	

5. 检查结果

(1) 检查学生是否填写完整任务工单；

(2) 回答学生所提出的问题；

(3) 学生以小组讨论方式进行工作评估。

评价反馈

(1) 对小组工作进行综合评价；

(2) 提出改进意见和注意事项；

(3) 填写任务评价表(见表 4-3)。

表 4-3 数据总线传递的故障检修任务评价表

<table>
<tr><td rowspan="2">评价内容</td><td rowspan="2">评价指标</td><td colspan="3">评价等级</td></tr>
<tr><td>自我</td><td>小组</td><td>教师</td></tr>
<tr><td rowspan="4">专业能力</td><td>A. 具有安全、文明生产和环境保护的相关知识和技能。(10 分)</td><td rowspan="4"></td><td rowspan="4"></td><td rowspan="4"></td></tr>
<tr><td>B. 高质量地完成工作任务,操作娴熟,任务工单得 85 分以上。(10 分)</td></tr>
<tr><td>C. 任务工单中数据真实,步骤完整,能用来判断并排除故障。(10 分)</td></tr>
<tr><td>D. 具备了数据总线传递故障的检查和故障排除的能力。(10 分)</td></tr>
<tr><td rowspan="4">社会能力</td><td>A. 具有良好的职业道德,遵守实验室管理规定。(5 分)</td><td rowspan="4"></td><td rowspan="4"></td><td rowspan="4"></td></tr>
<tr><td>B. 具有较强的口头和书面表达能力、良好的人际交流沟通能力。(10 分)</td></tr>
<tr><td>C. 具有良好的团队合作精神和客户服务意识。(10 分)</td></tr>
<tr><td>D. 具有良好的心理素质和克服困难的能力。(5 分)</td></tr>
<tr><td rowspan="4">方法能力</td><td>A. 能够制订完善的工作计划。(5 分)</td><td rowspan="4"></td><td rowspan="4"></td><td rowspan="4"></td></tr>
<tr><td>B. 能借助网络、文件资料等手段查找所需信息。(10 分)</td></tr>
<tr><td>C. 独立完成任务。(5 分)</td></tr>
<tr><td>D. 能够检查评估工作任务,并能从个案中寻找共性。(10 分)</td></tr>
<tr><td>辅导教师关于此次任务的改进意见</td><td colspan="4">总评</td></tr>
</table>

单元5 电控柴油发动机排烟异常故障检修

学习目标

1. 能根据柴油发动机排烟异常的几种现象进行原因分析；
2. 能对柴油发动机排气系统进行检修；
3. 能对柴油废气再循环系统进行故障分析和检修；
4. 能对柴油发动机可变进气涡流系统进行分析和检修。

任务描述

一辆装有康明斯发动机的汽车，行驶中发动机突然出现行驶无力，且排气管严重冒黑烟现象。检查供油系统，油路畅通，工作良好；更换喷油泵、喷油器，故障依旧；检查气门间隙，符合标准，测量汽缸压力也正常。最后，拆下涡轮增压器，发现其泵轴已卡死，不能正常工作。

柴油发动机在正常工作温度下，其排气烟色应该是无色或淡灰色的。所谓无色不是完全没有颜色，不是像汽油机那样无色，而是伴有淡淡的灰色，这是正常排气烟色。柴油发动机在怠速时排气烟色可能重一些，在高速、高负荷时也可能重一些，要注意观察正常排气烟色，才能对非正常的排气烟色进行判断和分析。柴油发动机燃料完全燃烧后，正常烟色一般为淡灰色，负荷略重时为深灰色。柴油发动机在工作中，经常会出现冒烟现象，其排烟有黑烟、蓝烟、白烟和灰烟等四种，它们是判断柴油机故障的重要条件。

柴油发动机排烟现象综述如下。

1. 排气冒黑烟(碳烟)

黑烟也称碳烟，柴油机排气冒黑烟主要是燃料混合气过浓，可燃混合气形成不良或燃烧不完善等原因造成的。柴油机在高温、高压燃烧条件下，局部缺氧、裂解并脱氢而形成以碳为主要成分的固体微小颗粒，这是燃烧室内燃料燃烧不完善的表现。由于柴油机是非均质燃烧，燃烧室内各区域的化学反应条件是不一致的，而且随着时间而变化，所以黑烟很可能是由许多不同途径生成的。柴油是复杂的碳氢化合物，喷入燃烧室内未燃烧的柴油受高温分解，形成碳黑，排气时随同废气一起排出，形成黑色烟雾。黑烟是不完全燃烧产物，是烃燃烧在高温缺氧情况下裂解过程中释出并聚合而成的。某些情况下，燃油喷射在燃烧室壁面上，形成液态油膜，油膜是最后蒸发的一部分，它的燃烧取决于其蒸发速度和燃油蒸气与氧的混合速度。如果周围气体中氧的浓度太低，或混合的速度不够，从油膜蒸发的燃料气体将被分解，并产生未燃烃、不完全氧化产物和黑烟。

2. 排气冒蓝烟

排气冒蓝烟，一般情况下是柴油机使用日久，慢慢开始烧机油引起的。随着蓝色烟雾的加重，烧机油越来越多，就应考虑维修柴油机了。有时燃油中混有水分，或有水分漏入燃烧室中，引起燃烧的改变，柴油机也会冒浅蓝色烟。

3. 排气冒白烟

白烟是指排气烟色为白色，它与无色不同，白色是水蒸气的白色，表示排烟中含有水分或含未燃烧的燃油成分。白烟呈液珠状态，和蓝烟相比直径稍大，一般大于 1 μm，在光的折射下呈白色。柴油机的白烟的主要成分是未燃烃（含燃油和润滑油）、水蒸气以及不完全燃烧的中间产物（如含氧、碳、氢），除水蒸气外，它们也都属于微粒范畴。柴油机在刚起动或冷机状态时，排气管冒白烟，是因为柴油机汽缸内温度低，油气蒸发而形成的，冬季尤为明显。在寒冷天气运行时，柴油机温度低，排气管温度也低，有水蒸气排出凝结成水汽形成白色排烟，是正常现象。若柴油机温度正常，排气管温度也正常，仍然排出白色烟雾，说明柴油机工作不正常，可判断为柴油机故障。

4. 排气冒灰烟

排气冒淡灰色烟，柴油机工作还算正常，但烟雾颜色加重呈灰色或接近于黑色就不正常了。除上述排黑烟的原因外，还可能有进气不畅即空气供给不好的原因。当取下进气空气滤清器后，排气烟色由深变浅甚至变为无色时，就是空气滤清器堵塞了，应检查引起进气不畅的原因。

学习任务1

柴油发动机冒黑烟的故障检修

相关知识

1　柴油发动机冒黑烟故障的影响因素

一台完整的设备（汽车、工程机械或其他内燃设备），运行时冒黑烟，大多数是由柴油机系统自身故障造成的，设备系统因素除特殊情况外，一般不会导致柴油机严重冒黑烟。因此，如果柴油机在使用过程产生冒黑烟故障，首先应该在柴油机上找原因。导致柴油机冒黑烟的因素是多种多样的，但汇总起来，主要有以下十个方面。

1.1　柴油质量问题

柴油质量不好，导致柴油机冒黑烟的故障屡见不鲜，也有不少经验总结，其中较为经典的是：一台哈弗车 GW2.8TC 型高压共轨柴油机，在加注了某个标号的柴油后，产生了严重的冒黑烟现象。多方检查调整均不能排除该故障，最后更换了另一品牌的柴油后，冒黑烟故障自然消除。

故障实例如下。

1.1.1 故障现象

一辆后轮驱动的长城哈弗 CUV 车,行驶里程 2 300 km,动力为 GW2.8TC 型增压共轨柴油机、5 速手动变速器。在行驶过程中,该车出现了严重冒黑烟故障。

1.1.2 故障诊断

基本现象:起动柴油机,能顺利起动。柴油机怠速平稳、加速有力,但是怠速运转时排烟为灰白色;均匀加速,排气管冒黑烟;突然加速,黑烟滚滚。

该柴油机为电控共轨燃油喷射系统,如图 5-1 所示。

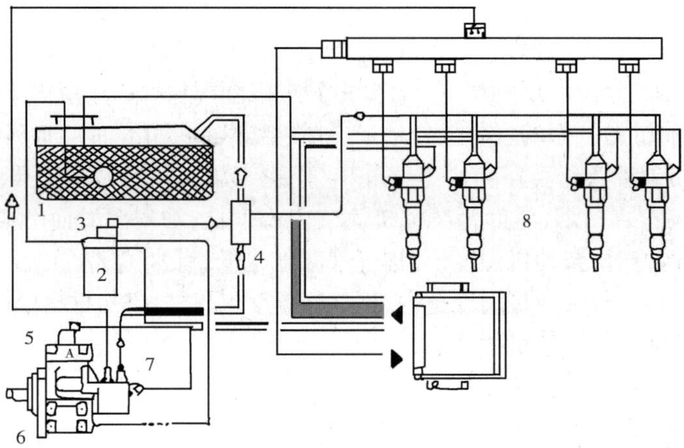

1—燃油箱;2—燃油滤清器;3—回油阀;4—回油三通;5—高压油泵进油计量比例电磁阀;

6—CPIH 高压油泵;7—输油泵;8—喷油器

图 5-1 GW2.8TC **共轨柴油机燃油系统**

该柴油机的供油量、供油提前角及供油规律,均由 ECU 主要根据加速踏板位置传感器、柴油机转速传感器、空气流量传感器及水温传感器等输出的参数通过喷油器上的电磁阀控制。喷油压力由 ECU 根据工况的需要,通过高压油泵进油计量比例电磁阀进行控制。

使用该车专用的元征 X-431 故障诊断仪,点火开关置 ON 挡,进入柴油机诊断功能,读取故障代码,无故障代码输出;打着火后,柴油机怠速运转,待水温上升后,读取柴油机系统的数据流(共 40 个),部分数据流如表 5-1 所示。

分析数据流,未发现明显异常的数据。用故障诊断仪的"柴油机测试"功能,采用逐缸断油,来判断各缸是否工作正常,测试结果说明柴油机的 4 个汽缸怠速良好。

考虑到该车为新车、柴油机怠速运转平稳、加速性能良好、数据流无明显异常,但柴油机冒黑烟等现象,结合以前维修柴油机的经验,决定重点检查加速踏板位置传感器、冷却液温度传感器、喷油器、EGR 电磁阀及 EGR 阀、涡轮增压器等。

加速踏板位置传感器检查——连接故障诊断仪,点火开关置 ON 挡,读取其数据流。加速踏板从不踩到完全踩到底的过程中,加速踏板位置传感器的 1#电位计输出电压值从 0.8 V 逐步增加到 4 V,2#电位计输出电压值从 0.4 V 逐步增加到 2 V;并且随着踩加速踏板位置的不同,1#电位计输出电压值始终是 2#电位计输出值的 2 倍。上述检测说明加速踏板位置传感器性能良好。

表 5-1　GW2.8TC 柴油机(部分)数据流

数据流项目	参数值
柴油机转速	799 rpm
燃油系统轨压	31.64 MPa
轨压设定值	30.95 MPa
实际轨压最大值	31.42 MPa
轨压传感器输出电压值	1.20 V
当前系统喷油量	8.63 mg/cyc
进气系统要求的 EGR 率	60.78%
加速踏板 1#电位计电压	0.80 V
加速踏板 2#电位计电压	0.39 V
滤波前的加速踏板度	0.00%
系统设定的喷油量	9.02 cm^3/s
油量计单元供油设定值	1.64 cm^3/s
轨压控制器供油预设值	1.11 cm^3/s
空气质量流量传感器温度信号输出的占空比	7.06%
冷却液温度传感器输出的低电压值	1.30 V
柴油机冷却水温	63.86 ℃
电池电压	14.47 V
进油计量比例电磁阀输出的占空比	20.17%

冷却液温度传感器检查——关闭点火开关,拆下冷却液温度传感器,测量线束侧插头电压为 5 V;加热冷却液温度传感器,测量其电阻值的变化,在 20 ℃时电阻值为 2 530 Ω,在 100 ℃时电阻值为 180 Ω。各测量值都在正常范围内。

涡轮增压器检查——该柴油机采用了废气涡轮增压装置(增压器为三菱 TF035HM 型,最高转速 180 000 rpm,最高增压比为 2),由机械式的排气放气阀控制增压压力。检查增压器的涡轮、压气机及润滑部分,未发现异常;用手动真空泵检查排气放气阀,动作良好。

EGR 电磁阀及 EGR 阀检查——EGR 电磁阀有两个接线端子,由 ECU 控制,测量其电阻值,正常;拆下 EGR 阀,发现阀门处有积碳,但关闭良好。用化油器清洗剂清洗了 EGR 阀,EGR 电磁阀及 EGR 阀无故障。

喷油器检查——喷油器为 Bosch CRIP2 型,喷油器规格为 6 ×0.137,电磁阀灵敏度为 0.2 ms。拔下主继电器,柴油机打着火后,待柴油机自然熄火(卸压),关闭点火开关,拔下喷油器插头,测量各喷油器线圈的阻值为 0.07 Ω 左右,供电电压为 12.4 V,正常;拆下高压油管、喷油器,发现喷油器喷嘴积碳严重;分解喷油器下体,用化油器清洗剂检查,发现所有喷油器的喷孔均未堵塞。考虑到喷嘴积碳严重,用柴油机专用的超声波清洗仪清洗了所有喷油器(注意:若更换新的喷油器,必须用故障诊断仪进行匹配,并输入新的喷油器的代号）。

检查至此，未能发现故障原因。将相关部件重新装配好后，起动柴油机，故障依旧。此时，想到该故障是否由于燃油不良造成的呢？询问驾驶员，得知该车始终在某个加油站加0#柴油，从未在小的加油站加油。从燃油滤清器通往油箱的油管，放了一矿泉水瓶的柴油，肉眼观察未发现问题。无奈之下，决定更换另一个品牌的0#柴油试试。将原油箱的燃油全部放出，加入10 L另一个品牌的0#柴油，用手给油泵放气后，起动柴油机，怠速运转约5 min后，突然踩加速踏板。柴油机排烟居然恢复正常。由此看来，柴油机冒黑烟故障的确是燃油品质不良所致。两种不同厂家生产的柴油，除色泽、透明度有所区别外，由于不具备燃油检测手段，很难具体分辨出孰优孰劣。

1.1.3 维修小结

因燃油质量不好而导致GW2.8TC型增压共轨柴油机冒黑烟的故障屡见不鲜，更换另一个品牌的0#柴油，清洗喷油器及EGR阀后，加速冒黑烟故障便消除。因此，对此类故障，维修时请注意燃油品质，以避免走弯路。

1.2 空气滤芯问题

空气滤芯堵塞或脏了是不少柴油机带负荷冒黑烟的主要原因，但新的空气滤芯也可能使柴油机带负荷冒黑烟。判断柴油机冒黑烟是否由空气滤芯所致的基本方法是：

（1）如果柴油机平时不冒黑烟，也无其他异常现象，带负荷时才有黑烟喷出，负荷减小则黑烟消失，一般可以认为是空气滤芯的问题。

（2）拆掉空气滤芯，起动柴油机工作，观察带负荷作业时柴油机烟色。如果黑烟减小，则说明需要保养或更换空气滤芯（注意：柴油机不带空气滤芯的工作时间不要超过10 min，否则容易造成柴油机缸套等的不良磨损）。

故障实例：一台道依茨F12L513风冷柴油机，在使用中出现下列故障：柴油机空载时烟度正常，当设备加载作业时，柴油机就会出现黑烟，且负荷越大，黑烟越严重。柴油机其他方面均很正常，经过服务人员现场多方查找原因，最后确认是空气滤芯原因造成的该柴油机冒黑烟故障，但空气滤芯的保养指示器并未报警。拆下空气滤芯后，柴油机作业时的冒黑烟故障随即消失。

1.3 气门间隙不正确

1.3.1 故障原因分析

气门间隙不正确，直接影响柴油机配气正时，即气门该打开时未打开，该关闭时未关闭，进而影响了柴油机的进气量和排气通畅，降低了柴油机的过量空气系数，造成柴油机油气混合物过浓，燃油燃烧不完全、不充分，柴油机冒黑烟。气门间隙不正确除使柴油机冒黑烟外，还有下列现象：

（1）柴油机动力不足。

（2）柴油机可能起动困难。

（3）配气机构可能产生强烈的金属碰撞声。

因此，必须定期检查并调整气门间隙。例如，道依茨F12L513风冷柴油机，每工作1 000 h就必须调整气门间隙。确认气门间隙是否正确的基本方法是：打开气门室盖，用手触摸或塞尺检查气门间隙。

1.3.2 故障实例

一台北方大巴车的 F8L413F 柴油机，因一个缸盖意外损坏后，更换了缸盖，维修人员对该机的气门间隙进行了调整，由于没有该机的气门间隙数据，维修人员就参照其他机型的数据(进气门:0.4 mm;排气门:0.5 mm)进行调整。该车上路行驶时发现，动力明显不足且冒黑烟严重。最后经过专业人员的指点，将该机的气门间隙调整为正确数值(进气门:0.2 mm;排气门:0.3 mm)后，动力不足和冒黑烟故障全部消失。

1.4 汽缸压缩压力不足

1.4.1 原因分析

导致汽缸压缩压力不足的主要原因如下。

1.4.1.1 活塞顶间隙太大

如果大修装配柴油机时，没有严格按照要求检查并调整活塞顶间隙，或调整不当使活塞顶间隙偏大，直接影响柴油机的压缩比进而影响汽缸压缩压力。由于压缩比变小，降低了汽缸的压缩压力和温度，使燃油燃烧的条件变得更加恶劣，燃油燃烧不完全、不充分，柴油机严重冒黑烟。

确保活塞顶间隙的正确是装配柴油机时必须严格做到的重要事情之一。在装配柴油机时，必须将活塞顶间隙调整在技术规范要求的公差范围内。一般情况下，只要安装正确，活塞顶间隙在使用过程中是不会变化的。

1.4.1.2 气门密封不严

气门密封带严重变形或磨损，将导致气门密封不严，直接降低汽缸压缩压力和温度，使燃油燃烧不完全、不充分，导致柴油机严重冒黑烟。

1.4.1.3 气门座圈凹入太深

气门座圈长期经受燃烧高温和气门的强烈冲击，加之气门座圈底孔的铝合金性质发生变化，将使气门座圈凹入逐步增加，使气门平面与缸盖底面之间的尺寸相对增加，相应增加了燃烧室的容积，降低了柴油机压缩比，从而降低了汽缸的压缩压力和温度，导致燃油燃烧不完全、不充分，柴油机严重冒黑烟。

1.4.1.4 活塞环磨损严重

活塞环或缸套磨损严重，会使汽缸密封不严，导致压缩压力不足，不仅使柴油机烧机油而冒蓝烟，大负荷时也将冒黑烟。

因活塞环磨损而导致柴油机冒黑烟故障时，柴油机还将出现下列现象：

(1)柴油机烧机油，机油耗量增加；

(2)柴油机动力不足；

(3)柴油机小负荷怠速时冒蓝烟，大负荷时冒蓝黑烟；

(4)曲轴箱废气压力大。

1.4.1.5 活塞环、汽缸套等磨损

气门、活塞环、汽缸套磨损后，引起压缩压力不足以及机油上窜燃烧室，使汽缸在压缩行程结束时，混合气混合的正常比例改变，燃油在无氧条件下燃烧，燃烧过程容易产生积碳，排出的废气形成大量黑色烟雾。

1.4.1.6 燃烧室形状改变

燃烧室因制造质量及长期使用导致技术状况下降，活塞顶间隙过大、过小以及活塞位置装错，都会使燃烧室形状和容积改变，从而影响燃油与空气混合质量，使燃油燃烧条件变坏。

1.4.2 故障处理

汽缸压缩压力不足时，除使柴油机冒黑烟外，还有下列现象：

(1)柴油机工作时动力不足；

(2)柴油机加速无力(加速性能太差)；

(3)燃油消耗增加；

(4)柴油机可能起动困难。

如果柴油机在使用过程中出现上述问题或现象，可以使用专用的汽缸压力检查表测量汽缸压缩压力。汽缸压缩压力测量装置一般安装在喷油器孔内，单缸测试，逐缸进行。然后与标准值进行比较，确认是否过低。

如果进行汽缸压缩压力测量后确认柴油机冒黑烟是由于汽缸压缩压力低造成的，就必须检查活塞顶间隙、气门座圈凹入深度和气门与气门座圈之间的密封情况。对于道依茨FL513系列风冷柴油机而言，具体做法是：

(1)松开缸盖螺栓，拆下缸盖，在活塞顶部放入铅丝，然后装上缸盖，并按要求拧紧缸盖螺栓。旋转曲轴至少一圈后再次松开缸盖螺栓，取下缸盖后测量铅丝厚度，如果测量值在技术要求范围内，则说明活塞顶间隙正确；反之，则说明活塞顶间隙不对，需要进行调整(主要是根据测量值选择缸垫的厚度)。

(2)取出缸盖后，仔细观察和测量气门大头平面与缸盖底面的距离，如果测量值大于技术要求数值，则说明气门座圈凹入太深，需要进行修复处理。具体修复方法是：更换气门座圈和所有气门，重新研磨气门。气门座圈的修复要求参照相关技术标准。

如果气门座圈凹入深度合格，则应仔细检查气门与气门座圈之间的密封带。一般情况下经过长期使用后，气门与气门座圈之间的密封带都会有不同程度的磨损和变形，需要进行修复。具体做法是：更换或绞磨气门座圈密封带、更换气门并重新研磨气门。

1.4.3 故障实例

(1)一台道依茨F12L413F风冷柴油机，大修时对气门座圈等进行了更换，由于没有具体的维修数据，就根据旧缸盖的测量数据确定了更换气门座圈的相关数据。装机后在试机过程中就发现，无论怎样调整，该机都是黑烟滚滚，不仅带负荷冒黑烟，而且没有负荷也冒黑烟。但更换了该机的全部汽缸盖后，柴油机冒黑烟现象消失。后来检查发现，所有旧缸盖的气门座圈深度尺寸都不对，凹入太深，导致汽缸压缩压力不足，柴油机冒黑烟严重。

(2)一台F8L413F风冷柴油机，在使用过程中逐步出现了冒黑烟故障，而且随着使用时间的延长，冒黑烟故障越来越严重，并伴有动力不足、烧机油等现象。现场检查发现：

①该机的气门间隙不对，普遍较大；

②测量汽缸压缩压力，比标准值约低20%。

另外，该机还存在其他一些问题，因此决定对该柴油机进行中修处理。拆机时发现，该机活塞环磨损严重，但缸套活塞等没有大的问题。因此，仅更换了活塞环并研磨了气门，按技术要求装配相关部件并认真调整该机活塞顶间隙和气门间隙，该机原有故障随即消失。

1.5 喷油泵供油量太大

1.5.1 故障原因分析

供油量过大,使进入汽缸内的油量增多,造成油多气少、燃油燃烧不完全。另外,工作负荷过重、燃油质量低劣、工作温度过低也会引起排气冒黑烟。

柴油机中燃料的高温裂解反应是不可避免的,特别是在空间混合燃烧的柴油机中,高温气体包围着液态的油滴,造成了有利于裂解反应的条件,因此在燃烧初期产生了大量的碳粒,这一点已为燃烧过程的高速摄影所证实。柴油机正常燃烧时,在排气门打开以前,燃烧初期所形成的大量碳粒可以基本烧完,排气基本上是无烟的。只是在某些不利工况下,碳粒不能及时燃烧反而团聚吸附,在汽缸中和排气过程中形成更大的碳烟粒子或絮团,使排气冒黑烟。此时,柴油机除冒黑烟外,还有下列现象:

(1)燃油消耗明显增加;

(2)柴油机后燃增多而使排气温度太高,且排气管可能被烧红;

(3)可能会出现拉缸或活塞烧顶现象。

特别提示:调整喷油泵的供油量时,必须考虑该柴油机喷油系统的下列因素:

(1)喷油器的喷油压力。因为该油量是在特定喷油压力下的供油量,如果喷油压力有变化,供油量也将产生相应的变化。如果喷油泵试验台标准喷油器的压力高,而实际喷油器的喷油压力低,则实际的喷油量将大于调整喷油量;反之,则小于调整喷油量。压力差别越大,供油量的差别也越大。

(2)标准高压油管的内径尺寸。如果调试时使用的标准高压油管的内径小于实际高压油管的内径,可能使实际供油量大于调试供油量;反之,则小于调试供油量。

柴油机的循环供油量,必须定期在喷油泵试验台上检查。检查供油量时,也需要检查一下各缸的供油角度。

1.5.2 故障实例

一台道依茨 F12L513 风冷柴油机,在使用过程中发现动力不足,由于没有其他不良现象,维修人员认为是油量不足造成的,调整了喷油泵的供油量。之后该机动力正常,但是大负荷时冒黑烟严重。检查了其他可能出现此类故障的相关因素,未发现异常。此时就怀疑是喷油量太大造成的故障。由于喷油量就车调整有困难,因此需拆下喷油泵进行专业调整。拆下喷油泵专业调整时,发现该喷油泵的供油量比正常的油量大了近 30%,按要求调整油量后,该柴油机工作正常。

1.6 供油提前角度不正确

柴油机的标准供油提前角,是为保证燃油进入汽缸后能够充分燃烧的最佳供油提前角度。机型不同,最佳供油提前角也不相同。供油提前角不正确,使柴油机燃油燃烧不充分、不完全,将导致柴油机冒黑烟。

1.6.1 供油提前角偏大

供油提前角过大,燃油过早喷入燃烧室内,由于此时汽缸内压力温度较低,燃料不能着火燃烧。当活塞上行,汽缸内达到一定压力和温度,可燃混合气才燃烧。在直喷式柴油机中,当其他参数不变时,加大供油提前角可以降低排气烟度。因为加大供油提前角会使滞燃期加长,使着火前喷入汽缸的油量增加,预混合气量增加,加快了燃烧速度,燃烧可较早结束,从而使主燃期形成的碳粒具有较高的温度和高温下停留较多的时间,有利于碳粒氧化消失。然而过早的喷油增加了预混燃料量,使柴油机工作粗暴,燃烧噪声增大,并引起较大的机械负荷,以及较多的黑烟(CO_x)排放。

供油提前角偏大除导致柴油机冒黑烟故障外,还有下列现象:

(1)有强烈的燃烧噪声;

(2)柴油机功率不足;

(3)燃油消耗量明显增加;

(4)排气管接口处湿润或有滴油现象;

(5)排气温度可能较高,排气管可能有烧红现象;

(6)柴油机起动困难。

1.6.2 供油提前角偏小

如果柴油机的供油提前角偏小,燃油喷入汽缸时错过了最佳时机,将使柴油机后燃增多,大量燃油还未充分燃烧即被排出汽缸,柴油机将严重冒黑烟。供油提前角偏小除导致柴油机冒黑烟故障外,还有下列现象:

(1)排气温度高,排气管有烧红现象,且柴油机表现为过热;

(2)柴油机整体温度高,因后燃增多而过热;

(3)柴油机功率不足;

(4)燃油消耗量明显增加;

(5)柴油机起动困难。

因此,当柴油机在使用过程中出现上述现象时,应该仔细检查供油提前角。

1.6.3 故障实例

(1)一台道依茨 BFM1013 水冷柴油机(机械单体泵供油系统),由于动力不足等原因对供油系统进行了拆卸维修,但维修之后发现该机比维修前的黑烟还要大,并伴有起动困难等问题。专业维修人员询问该机前次维修供油系统的操作情况时发现,前次维修的维修人员由于不了解该柴油机供油系统的维修和调整要求,拆下单体泵检查时未做标记,后任意装回单体泵,未对单体泵调整垫片做任何计算并混装使用,结果就出现了柴油机起动困难、冒黑烟故障。按要求计算了调整垫的厚度并对应安装后,故障消失。

(2)一台道依茨 F12L413F 风冷柴油机,在使用过程中出现柴油机带负荷作业总是浓烟滚滚的现象,检查喷油泵、喷油器等均未发现问题;检查供油提前角时,开始由于原有标记误差方面的原因,也未发现供油提前角有问题。仔细核对曲轴转角标记后,发现原定供油提前角刻线误差达 3°曲轴转角。重新按要求核定基线并正确调整供油提前角后,该柴油机冒黑烟故障消失。

1.7 柱塞或出油阀严重磨损

1.7.1 故障原因分析

个别或全部喷油泵柱塞、出油阀严重磨损将导致喷油泵泵油压力下降,使喷油器(嘴)建压相对滞后,燃油燃烧不充分,后燃增多,所以柴油机严重冒黑烟。柱塞或出油阀有问题,将造成柴油机冒黑烟、动力不足,严重时也可能导致活塞烧熔故障。

但如果喷油泵大多数的柱塞或出油阀严重磨损,在造成柴油机严重冒黑烟的同时,还有下列现象:

(1)柴油机起动困难;

(2)柴油机燃油消耗量可能增加;

(3)柴油机动力不足;

(4)柴油机排气管可能湿润或滴油。

确认柴油机冒黑烟是否由于柱塞或出油阀的磨损造成的基本方法是:

(1)拆掉柴油机的排气管,起动柴油机低速运转,仔细观察柴油机各个排气口的排烟情况,找出排烟大的汽缸,更换该缸的喷油器(可以与不冒黑烟的缸互换)。如果该缸仍然冒黑烟,而另一缸不冒黑烟,则可以确认该缸喷油泵的柱塞或出油阀有问题。

(2)也可以不拆掉排气管,用单缸灭火法初步确认柱塞、出油阀或者喷油器(嘴)是否有问题,具体做法是:起动柴油机低速运转,逐缸断油并观察排气管出口烟度的变化情况,如果某缸断油后,柴油机烟度减小,则说明该缸供油系统(柱塞、出油阀或喷油器等)可能存在问题,可以进一步地拆卸检查。

1.7.2 故障实例

一台 BF8L1015C 增压柴油机,在使用过程中逐步出现动力不足、冒黑烟故障。该柴油机起动后,在 20 min 内工作基本正常,但过了 20 min 后,柴油机就开始冒黑烟,且转速下降,最后自动熄火。经专业检查喷油泵,发现柱塞和出油阀等部件磨损较为严重。更换全部柱塞和出油阀等零部件(喷油泵大修)后,故障消失。

该柴油机累计使用不到 1 000 h,出现此类故障应该是不正常的。经询问操作人员后得出结论:主要是燃油质量不佳和滤芯使用不当造成的。

1.8 喷油器(嘴)故障或安装错误

1.8.1 影响因素

喷油器(嘴)因素影响柴油机冒黑烟主要有下列几个方面的原因。

1.8.1.1 油嘴雾化不良、卡死或滴油严重或损坏

柴油机排气烟度与燃油雾化品质关系密切,在柴油机喷油过程中,每次喷油临结束时,喷油压力下降,雾化质量差,使液滴直径比主要喷射阶段的油滴大 4 ~5 倍(体积约增大 100 倍),这些油滴蒸发与燃烧的时间短,周围氧的浓度低,容易产生碳烟。喷油器不雾化、雾化不良或滴油,使燃料不能充分地与汽缸内的空气混合,也不能完全燃烧。喷油器工作不良引起的排黑烟现象在柴油机低速运转时较为明显,因为低速运转时汽缸内进气涡流较弱,油滴或油束被气流冲散的可能性减少且停留的时间较长,更容易形成碳黑排出。喷油器(嘴)有问题时,除造成柴油机冒黑烟外,还有下列现象:

(1)排气管接口处湿润,严重时可能滴柴油;

(2)该缸活塞可能出现烧顶或拉缸故障;

(3)该缸可能有强烈的燃烧噪声。

1.8.1.2 喷油压力不正确

喷油压力不正确(偏大或偏小),将影响喷油器的建压时间,延迟或提前供油提前角度,使柴油机工作时冒黑烟。喷油压力偏大,可能延迟喷油开始时间,柴油机后燃增多。而喷油压力偏小,可能提前喷油开始时间,柴油机早燃增多。两者产生的问题和现象与前述的供油提前角不正确相似。

确认某缸喷油器(嘴)是否有问题的方法与确认柱塞、出油阀是否有问题的方法基本相同,只是互换喷油器(嘴)后,该缸不再冒黑烟而另一缸冒黑烟,则说明该喷油器(嘴)有

问题。

1.8.1.3　喷油器安装错误

某些柴油机喷油器的安装，有严格的安装方向，但没有特别的标记予以说明，所以就容易出现安装相差180°的问题。此时，柴油机就会严重冒黑烟。

1.8.1.4　喷油嘴雾化状况与燃烧室匹配问题

如果喷油嘴的雾化状况与燃烧室的匹配要求不一致，也将导致柴油机工作时冒黑烟。

1.8.2　故障实例

1.8.2.1　喷油器错位安装导致柴油机冒黑烟故障

一台工程机械用BF6M1013柴油机，维修人员在进行了喷油器的校验后发现柴油机一起动就冒黑烟严重，无论怎样调整油量或其他部位，冒黑烟现象都没有消除。后来经过认真的检查和对比，才看出喷油器安装方向错位180°，纠正错误后黑烟随即消失。

此类人为因素导致的柴油机冒黑烟故障已多次发生，有的已造成柴油机活塞全部烧顶等严重衍生故障。因此，在拆装不太熟悉的柴油机喷油器时，应注意做出安装标记。

1.8.2.2　喷油器喷油雾化不良并滴油导致柴油机冒黑烟故障

有一台道依茨BF6M1013柴油机，在使用过程中逐步出现冒黑烟现象，且伴随有动力不足、机油油面增高等现象，因此怀疑单体泵系统有问题。一般情况下，该柴油机出现上述故障的基本原因是：

(1)单体泵磨损或调整垫磨损，影响供油压力或供油提前角度，柴油机会冒黑烟。

(2)因为单体泵外侧的O形密封圈(见图5-2)起着密封并防止燃油漏入油底壳的作用，因此如果该密封圈损坏，可能导致燃油进入油底壳而使机油油面升高。

图5-2　单体泵O形密封圈的位置

(3)喷油器雾化不良或滴油不仅导致柴油机动力不足、冒黑烟，而且如果滴油严重而使该缸不能着火燃烧，燃油将由活塞环与缸套间的缝隙处流入油底壳，导致机油油面增加。

根据上述分析，首先拆检单体泵，但检查单体泵后，除发现有一个单体泵上的O形密封圈有些磨损外，未发现其他异常情况。更换已损坏的O形密封圈后装好单体泵，起动柴油机运转，原有的问题依然存在。进一步分析上述故障存在的因素后，决定拆下全部喷油器进行调试，结果发现：有一个喷油器的喷油压力不到10.00 MPa时就开始滴油，且没有任何雾化，其余喷油器喷油压力及雾化状况也不是十分理想。至此，找到了故障的根源，更换了全部喷油器后，故障排除。

1.8.2.3　喷油嘴击穿导致柴油机冒黑烟故障

(1)故障现象。

一台铁路钢轨打磨机的动力为康明斯K38柴油机，该机使用一段时间后，就开始出现冒黑烟故障，由于该柴油机使用PT泵供油系统(如图5-3所示)，开始认为是油门执行器出现了问题，但是专业检查没有发现问题。

进一步检查分析后，认为该机冒黑烟故障来自PT泵的喷油嘴。拆下PT泵作专业检查时，发现该机所有12个喷油嘴头部全部被击穿(如图5-3所示)。因此，喷油器等于多了一个喷孔向燃烧室喷油,相对油量大了许多,故柴油机总是黑烟滚滚。更换全部喷油嘴后,冒黑烟故障消失。

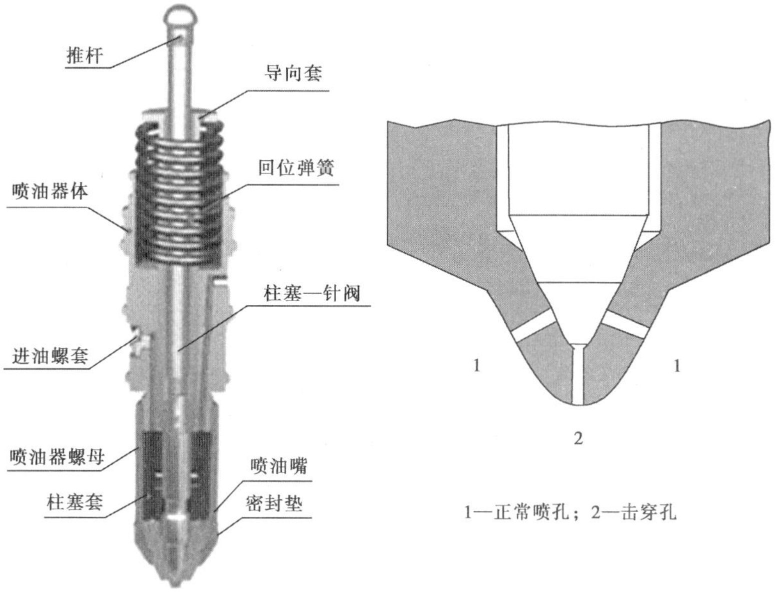

图 5-3　PT 喷油系统

(2)原因分析。

通过对 PT 泵的推杆进行调整,可以控制油量和喷油提前角度。如果调整不当,就会击穿喷嘴头部。该机全部喷嘴头部被击穿,应该是调整不当所致。

1.8.2.4　喷油嘴喷射与燃烧室不匹配导致冒黑烟故障实例

一台道依茨 F12L413F 风冷柴油机,在进行了喷油嘴的更换工作后,发现柴油机冒烟严重。起动后怠速运转时,严重冒蓝白烟,中速运转及带负荷运转后,严重冒黑烟。经过多方检查,未发现其他异常情况。因此,最后确认问题出在喷油嘴上。

拆下喷油器后仔细检查,从外观上看该喷油嘴没有什么问题,有“Bosch”商标及相关编号,属于进口原装型。但在喷油器试验器上调试时发现:原喷油嘴的雾化状况较差,新喷油嘴的雾化状况良好。所以,单凭喷油嘴的雾化状况无法说明喷油嘴质量不好(应该说,从雾化状况看,新喷油嘴优于旧喷油嘴)。问题可能出在喷油嘴的雾化状态与燃烧室的要求是否匹配。最后决定:用两种喷油嘴在柴油机上进行试验,以确认喷油嘴的质量。

由于 F12L413F 是 V 型 12 缸柴油机,因此在左排缸安装原(旧)喷油嘴,在右排缸安装新喷油嘴。试验结果表明:左排缸的排烟状况远远好于右排缸。至此,可以得出结论:该柴油机在更换喷油嘴后严重冒烟的原因是喷油嘴的喷油雾化状况与柴油机燃烧室不匹配,新的喷油嘴虽然雾化好,但并不保证该柴油机工作状态就好。

(1)故障原因分析。

要了解其中原因,先得从柴油机的燃烧过程分析,道依茨 F12L413F 风冷柴油机采用斜圆筒形燃烧室,其形状见图 5-4。

该燃烧室的工作原理如下:

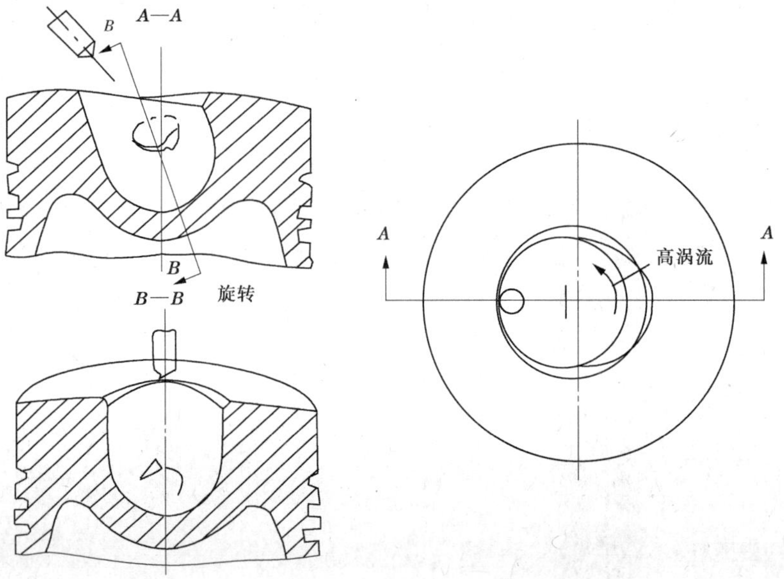

图 5-4　F12L413F 柴油机燃烧室结构图

斜圆筒形燃烧室的轴线与汽缸中心线相交成锐角。两股粗细相等、互成锐角(28°)的油束喷入斜圆筒形燃烧室壁附近。利用进气切线速度约 90 m/s(涡流比约 2.6)的强烈旋转气流,把油束吹向周边。燃烧室中心处的油气混合物浓度合适,先着火燃烧(滞燃期 2°~3°曲轴转角)。而燃烧室壁面处的油气混合物浓度较高,因温度低,化学反应受到控制而不会立即着火。此后,由于热混合的效应,也即燃烧室壁面处的燃烧气体流向燃烧室中心,燃烧室中心的燃烧气体由于温度较低而密度较大,在气体旋转涡流离心力的作用下甩向室壁,与室壁处较浓的油气混合物再混合,进一步燃烧。虽然新的喷油嘴的雾化质量好,但与该柴油机燃烧系统对喷油质量的要求不匹配,使油气混合物的混合时间过快而相对提前了着火时间,造成了与提前角过大引起的相似的故障,所以柴油机严重冒黑烟。

(2)特别提示。

对于道依茨 FL413F 非增压柴油机,喷油器的喷油质量要求不是很高,按道依茨 FL413F 系列风冷柴油机维修手册的要求,该柴油机的喷油器“在加压时,喷油嘴应生成无偏喷现象的均匀油束”。

选用该柴油机的喷油嘴时,应注意一定要选用正规的“Bosch”油嘴或国产油嘴,如果所选喷油嘴的雾化质量“太好”,则不一定符合特定燃烧室的需要。

对于其他道依茨 FL513 系列风冷柴油机,如果是 W 形燃烧室,则对喷油嘴的要求是:雾化状况一定要好。

1.9　喷油泵调速器因素

1.9.1　调速器自身因素

如果喷油泵调速器有问题,主要是调速器调速弹簧弹力不足,将导致调速器与油门控制结构之间的不平衡,柴油机从起动开始就会严重冒黑烟。而当外部负荷稍有变化时,柴油机更是浓烟滚滚。如果喷油泵调速器有问题,柴油机运行时还有下列现象:

(1)柴油机转速不稳定,可能自动升高或降低。

(2)带负载运行时,随负载增加柴油机转速下降严重。

(3)柴油机负载越大,烟度越大。

(4)用单缸灭火法检查时,柴油机总体烟度无明显变化。

(5)柴油机可能起动困难。

确认调速器故障相对难一些,但只要对柴油机故障现象认真分析,不难找出故障原因所在并予以排除。

1.9.2 起动加浓电磁阀损坏

很多柴油机调速器内都装有起动加浓电磁阀,该电磁阀如果坏了,也会导致柴油机不能起动,或起动后由于供油量特大,柴油机就会浓烟滚滚。

1.9.3 故障实例

一台道依茨 BF6M1013 柴油机(机械单体泵供油系统),在一次运转过程中,突然出现冒黑烟故障,立即停机检查,对可能造成柴油机冒黑烟的因素逐项检查并逐一排除,但该柴油机冒黑烟现象并未消失。柴油机只要一起动,就会黑烟滚滚。最后拆下该机调速器进行专业检查,发现起动加浓电磁阀坏了,起动后不回位,导致柴油机的供油量很大,所以该机严重冒黑烟。

1.10 设备因素

以柴油机为动力的某些设备,如果设备出现隐形故障,也可能导致柴油机冒黑烟。

比较经典的实例是:一台 300 kW 的柴油机组,动力是道依茨 BF6M1015 柴油机,该机组作为一套电焊设备的动力源,在一次焊接作业时,不小心使焊机出现了搭铁现象,但并未造成焊机的损坏。至此之后就经常出现当焊接电流大于某一数值时,柴油机就会动力不足,严重冒黑烟故障,如果继续焊接,柴油机就会熄火。

一开始,维修人员并没有怀疑是焊机故障,而是一直在柴油机上找原因,先后维修了增压器、喷油泵,调整了气门间隙,检查了柴油机所有认为可能导致柴油机动力不足冒黑烟故障的位置和部位,但该故障一直没能排除。最后,经过维修和操作人员的会诊,一致认为可能是焊机故障,之后换了一台焊机,上述故障全部消失,柴油机工作完全正常。

2 柴油机冒黑烟综合故障实例

2.1 EX200 -2 液压挖掘机冒黑烟故障实例

一台日立 EX200 -2 液压挖掘机在工作 9 850 h 后进行柴油机大修,大修后柴油机单独试机时运转良好,但装回主机后试机时出现如下症状:柴油机怠速运转时冒黑烟,听声音似乎柴油机已带上了负荷;柴油机高速运转时冒出的黑烟更浓,且只要轻微扳动一下机上的操作手柄则柴油机立即熄火。

分析认为,该柴油机大修后单独试机时运转良好,说明修理质量是有保证的。于是,对与柴油机相连的液压泵进行了检查;根据“柴油机在高速运转时只要轻微扳动一下操作手柄就立即熄火”的故障现象,推断是液压泵的斜盘或柱塞被卡死了,使得液压泵的流量不能随外界负载的变化而变化,从而导致柴油机被憋熄火。随即,拆检了液压泵(将液压泵拆下后起动柴油机,柴油机运转正常,再次证明柴油机本身无故障),拆检后未发现任何异常情况,斜盘及柱塞均活动自如,且磨损情况均在规定范围之内,因而排除了由液压泵引起的故障原因。

由于柴油机及液压泵均无任何异常情况，由此推断故障原因应该在其控制部分，而且问题应该出在电气控制部分。该机的电气系统有主回路、监视回路和控制回路，主回路包括柴油机起动、蓄电池充电及亮灯的操作；监视回路包括传感器、开关、控制器及监视器，能传递机器的全部工作状态；控制回路上控制机器的操作情况是由传感器、开关、控制器及促动器来完成的。在 EX200－2 液压挖掘机上，共装有 6 个微 ECU，分别装在监视器控制器、EC（柴油机控制器）、PVC（泵阀控制器）、第一开关盘、第二开关盘及柴油机附件上，用以监控机器各部分的相应动作。

EC 和 PVC 可控制柴油机转速、液压泵流量及控制补偿阀的移动量，EC 和 PVC 通过电路相连接，彼此交换信号以改变装置的控制状态，提高机器的工作效率。PVC 接收柴油机转速、泵的压力、泵的排量倾角以及先导压力等信号，所有信号经 PVC 分析后将控制信号送至泵排量电磁阀，以便调节泵的流量，并使机器发挥最好的性能。因此，对照故障症状，对 PVC 及 EC 的电路部分进行了排查。检查时发现，PVC 二极管红色灯不亮（正常工作时应闪亮），初步断定 PVC 工作不正常。在对 PVC 相关回路进行检查时发现该回路没有正常连通；当用万用表检查时，发现该回路电器柜内有一保险丝已烧毁。更换后再起动柴油机时，PVC 红色灯仍不闪亮，因此断定 PVC 已损坏。换新后重新起动柴油机，故障被排除。

事后，对此故障的原因再次进行了分析，认为是柴油机从主机上吊下进行大修时未对部分断开的电器线路接头进行保护，从而导致一些油和水进入接头内，而在装柴油机连线时又未引起注意，造成回路短路而将保险丝烧毁；保险丝烧毁后，维修人员又没按规定更换同型号的保险丝（误将 1 A 的保险丝用 10 A 的保险丝替代），使得保险丝没能起到保护作用，从而将 PVC ECU 板烧坏。通过对该故障的处理，对保险丝的更换给予了足够的重视，杜绝了更换保险丝时不按规格更换和使用铜丝替代的错误做法。

2.2 6102Q 型柴油机冒黑烟故障实例

2.2.1 故障现象

一台 6102Q 型柴油机，在运行中动力逐渐下降，燃油和机油的耗量都有所增加。加油提速时，低、中速有明显的“突突”声，高速时不太明显。上坡时，“突突”声更为严重，柴油机连续冒黑烟。

2.2.2 故障原因检查

对柴油机进行断油试验，发现 6 个汽缸都工作不良，校正喷油器后试机，情况依旧。检查喷油泵也是正常的，供油提前角调大调小都无效。检查汽缸压力，发现各缸的压力都偏低，但柴油机活塞与汽缸套之间并未窜气，说明并不是活塞、活塞环与汽缸套磨损而使汽缸压力下降所致，故认定是柴油机的气门密封不良引起的故障。

在拆下汽缸盖前检查了气门间隙，进气门间隙正常，排气门间隙略大了一些。拆下汽缸盖，对各缸气门进行了浸油试验，6 个排气门全部不密封，进气门却密封良好。拆下排气门，发现排气门全都烧蚀了。气门头部的密封带和气门座圈上的密封带都布满了积碳，两者之间已不能完全密合，根本起不到密封作用。这里可排除气门间隙过小引起的气门与气门座圈之间不能完全密封的可能性，因为该柴油机的排气门间隙基本正常，仅稍大一点。

在进一步检查中得知，每个排气门的头部与气门杆部圆弧连接处布满了积碳，排气门的导管上没有装气门油封，气门杆与气门导管间隙过大。

2.2.3 故障分析

由于排气门没装气门油封(制造厂规定该型号柴油机的排气门不用装气门油封,但在实际使用中,大多对排气门加装了气门油封,以避免柴油机工作时,机油从气门杆与气门导管之间的间隙中漏入汽缸内),气门杆与气门导管之间间隙又过大,柴油机工作时,机油便从其间隙中渗入进气道和汽缸内,与燃油混合燃烧而产生积碳和烟雾。柴油机运行的时间越长,气门头部和汽缸内产生的积碳就越多,积聚在气门杆上的积碳也越多。当气门杆的积碳超过一定限度时,排气门不能落座。由于排气门关闭不严,柴油机工作时不仅排气门被烧蚀,而且汽缸压力降低,混合气不能完全燃烧,柴油机工作状况变差,所以动力下降并发出“突突”声,排气管冒黑烟。

2.3 6135C 船用柴油机冒黑烟故障实例

2.3.1 故障现象

一台船用 6135C 柴油机因长期使用而造成动力不足,中速以上发现排气管冒黑烟较严重。根据故障征兆,决定对该柴油机燃料供给系统进行全面的检查维护。

2.3.2 故障原因分析

柴油机正常排出的烟色是无色无臭的,而该机排气管冒黑烟,往往是由于喷入汽缸的柴油太多,空气太少导致。因为柴油得不到与空气的充分混合,燃烧不完全,大量的柴油以游离碳粒形式,随排气管排出,因此看到了黑烟。通过以上的分析可知,排气管冒黑烟是由于燃油燃烧不完全形成的。根据柴油机工作原理,柴油机冒黑烟故障的主要原因是:

(1)空气量不足。若空气滤清器堵塞,使进入汽缸的空气量不足,柴油燃烧不完全,排气呈黑色。

(2)燃油雾化不良。若喷油器压力过低,或针阀磨损使柴油雾化不良,油雾和空气混合不充分,燃烧不完全,排气呈黑色。

(3)喷油时间不准确。若供油时间过迟,使部分燃油在排气管中燃烧,燃油燃烧不完全,排气呈黑色。若喷油时间过早,进入燃烧室内的燃油还没有达到一定的温度就开始着火燃烧,造成柴油机工作粗暴、燃油燃烧不完全就随废气从排气管排出,排气呈黑色。

2.3.3 故障检查与排除

根据以上分析,采取从外到内,从简到繁,逐项检查、排除的方法。

2.3.3.1 检查空气滤清器

首先起动柴油机,当柴油机达到正常工作温度时,观察柴油机在不同转速下排气管的情况,发现低速时排出黑烟不明显,但随着柴油机转速升高,排出黑烟随之严重,于是将空气滤清器拆卸检查,发现滤网有较多的灰尘堵塞。换新滤网后按上述方法重新试车,发现低速时烟色无改变,中速、高速时排烟有所改善,但该故障仍未完全排除,还需进一步检查。

2.3.3.2 逐缸停止供油法测试

逐缸停止供油法就是对各缸进行停止供油测试,检查各缸的供油情况。测试发现柴油机的各缸转速在停止供油时动力都有明显降低,但第 2 缸转速在停止供油时动力无明显降低。根据测试初步判断第 2 缸工作不正常,其余各缸工作基本正常。

2.3.3.3 喷油器质量的检查

拆卸各缸喷油器进行检查,发现第 2 缸喷油器的喷油嘴有滴油现象,且积碳严重,故将各缸喷油器在喷油器试验台做压力试验。喷油器的技术参数见表 5-2。

表 5-2　6135C 柴油机喷油器参数

柴油机型号	喷油器型号	孔数×孔径（mm）	喷油夹角（°）	喷射压力（MPa）	针阀升程（mm）
6135C	ZCK150S435	4×0.35	150	17.2±0.5	0.45

经检查，第 1、3、4、5、6 缸喷油器喷射压力均达到技术规范（17.2±0.5）MPa 的要求，而且雾化良好，属于正常，但第 2 缸喷射压力只有 4.9 MPa 左右，而且雾化不良。于是按顺时针方向调紧喷油器压力调整螺钉重做试验，但没有达到效果，故需要进一步分析、检查。

进一步分析原因之后，将喷油器拆解检查，发现针阀与针阀体之间往复运动较紧，且有明显的积碳等黑色粉末积聚于针阀内，使针阀与针阀体密封不严，造成喷射压力下降而雾化不良。用化油器清洗剂清洗干净、安装，再做喷射压力试验，调整喷射压力达到 17.2 MPa 的技术要求，雾化良好。

将各缸喷油器安装回汽缸，重做逐缸停止供油法试验，各缸转速在停止供油时动力都有明显降低，表明各缸工作基本正常。

2.3.3.4　供油提前角的检查

首先拆解第 1 缸的高压油管，转动曲轴，使柴油机第 1 缸活塞处于压缩冲程的上死点，此时飞轮外壳上的指针对准飞轮上的“0”度刻线。其次，按柴油机反转方向转动曲轴 400°，然后沿正转方向缓慢而均匀地转动曲轴，当第 1 缸出油口油面刚发生波动的瞬间，实测飞轮壳的指针对准飞轮的刻度是活塞到达上死点前 200°，而该柴油机装配的喷油泵是 B 型泵，B 型泵供油提前角的标准值与实测值如表 5-3 所示。

表 5-3　6135C 柴油机喷油提前角

项目	6135C 柴油机 B 型泵
供油提前角标准值	280°～310°（提前角度 50°～80°）
实测值	200°（实际提前 160°）

比较表 5-3 B 型泵供油提前角标准值、实测值，可知喷油泵喷油时间太迟。

2.3.3.5　喷油提前角调整

首先将曲轴旋转至第 1 缸活塞压缩冲程上死点前，飞轮壳的指针对准飞轮上“0”度刻线前 300°（规定值 280°～310°）；然后拧松喷油泵联轴器主动盘与主动凸缘盘上的锁紧螺钉，按喷油泵凸轮轴的旋转方向，缓慢而均匀地转动喷油泵凸轮轴至第 1 缸出油口油面刚刚发生波动的瞬间为止；最后拧紧联轴器主动凸轮盘与主动凸缘盘的两个锁紧螺钉。调整、检查完毕后起动柴油机，在柴油机达到正常温度后，拉动调速杆使柴油机分别在低速、中速、高速运转，排气管冒黑烟现象消失，动力性能良好，说明故障已排除。

2.3.4　维修小结

通过该柴油机检修，其主要故障归结为如下三个方面：

（1）空气滤清器堵塞，使进入汽缸的空气量不足，故中速、高速时排气管冒黑烟。

（2）第 2 缸的喷油器喷油嘴由于积碳及粉末积聚，使针阀与针阀孔密封不严，造成喷油嘴喷射压力低和雾化不良，排气冒黑烟。

(3)因喷油泵联轴器的两个锁紧螺钉松动,喷油时间过迟,燃油喷入汽缸后部分燃油来不及完全燃烧就随废气排出,使排气管冒黑烟。

经过这次柴油机故障检查与排除,提高了对柴油机燃料供给系统的认识,增强了日常维护保养的意识,从中可以得到启示:

(1)定期清洁空气滤清器,确保充足空气进入柴油机汽缸。

(2)经常检查、清洁油管接头滤网、柴油滤清器,保证燃油清洁畅通,减少燃油系统故障发生。

(3)经常检查喷油泵联轴器锁紧螺钉,以防松脱而改变喷油泵的喷油正时。

(4)设备使用过程中,经常观察、检查柴油机的技术参数,做到"四勤"(即勤听、勤看、勤嗅、勤摸),如发现异常,及时排除。

(5)柴油机排气管冒黑烟故障原因较为复杂,但只要我们细心观察故障现象,耐心分析故障原因,掌握从外到内,从简到繁,逐项检查、排除的方法,就能达到理想的效果。

电控柴油机冒黑烟故障比较常见,但是故障原因复杂,机型不同、电控系统不同,故障原因也有所差异,应结合具体机型,参考相关技术资料,特别注意各传感器及执行器的失效保护模式。

3　故障排除实例:国Ⅲ柴油机冒黑烟故障

3.1　实例一:进气压力及温度传感器信号不准引起冒黑烟故障

机型:泰工 WP6. 240。

故障现象描述:在加速时,柴油机烟度特别大,怠速时不明显。

故障诊断与排除:点火开关置 ON 挡,读取闪码,无闪码报出。检查整车油路、气路、没有发现泄漏的地方。用诊断仪读取数据流,发现进气压力参数异常:怠速时进气压力为 1 个大气压左右,加速时进气压力略小于 1 个大气压,进气温度也随转速上升而下降。

怀疑进气压力传感器故障,拆下传感器,发现传感器插接件金属接头颜色异常,与机体颜色相同,怀疑喷漆时将油漆喷入(见图 5-5),造成传感器信号不准确,从而造成冒烟故障。更换进气压力传感器后,恢复正常。

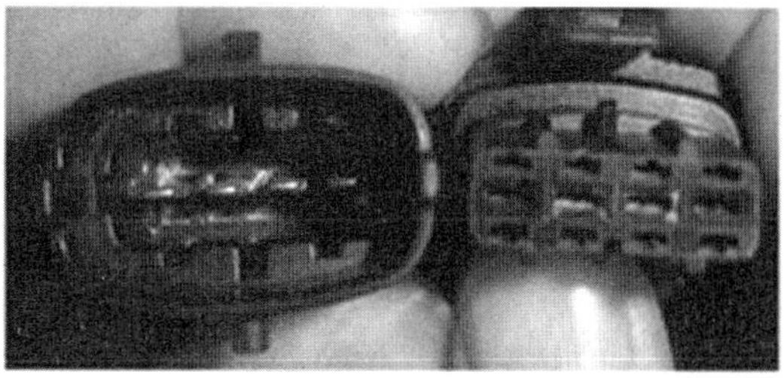

图 5-5　进气压力传感器插头有油漆

3.2　实例二:进气系统机械故障引起冒黑烟故障

机型:中通客车 WP6. 240。

故障现象描述:在加速时,柴油机烟度特别大,怠速时不明显。

故障诊断与排除:连接诊断仪,读取故障代码,如图 5-6 所示。

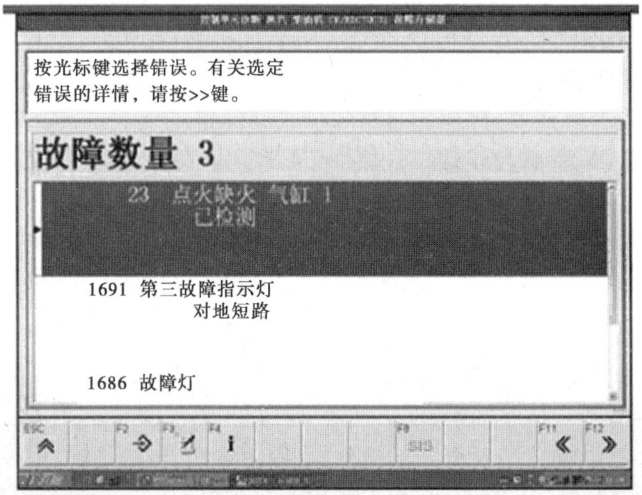

图 5-6　故障代码

故障代码能够全部清除。

先检查气路,并用诊断仪读取数据流(油门踩到底)。此时,测试得到增压压力是 1 536 hPa,正常,如图 5-7 所示。

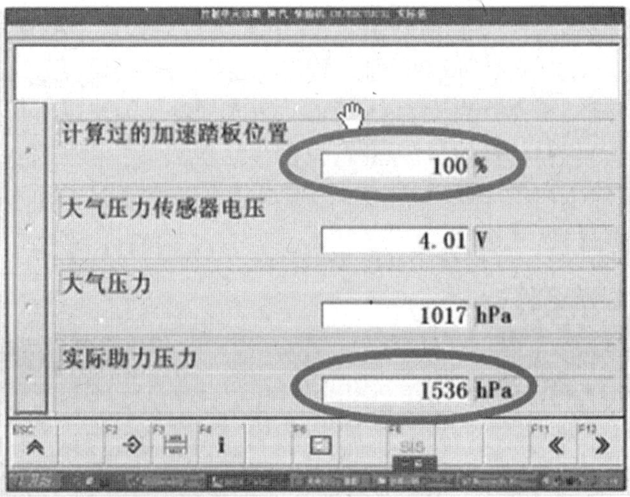

图 5-7　油门全开时相关的数据流

手工断缸:把第 1 缸的喷油器接线头拔掉,起动发动机并加速,发动机冒烟故障没有出现,确定第 1 缸出现问题。更换第 1 缸喷油器,并重新连接第 1 缸喷油器接线,起动发动机并加速,冒黑烟故障又出现。

此时怀疑第 1 缸出现机械故障。拆掉第 1 缸缸盖,发现进气推杆弯曲,不能使进气门正常打开。更换新的气门推杆,冒烟故障排除。

3.3 实例三：喷油器严重积碳引起冒黑烟故障

机型：长城车 GW2.8TC。

故障现象描述：发动机怠速略微冒黑烟，加速时浓烟滚滚。

故障诊断与排除：用 X-431 诊断仪读故障代码及数据流，未见异常。增压系统及进气管路检查正常；EGR 系统检查正常；相关的电控系统部件检查正常；拆检喷油器发现严重积碳（见图 5-8），更换燃油滤清器，清洗喷油器、燃油计量阀及油箱，发动机着火后，工作一段时间，故障消除。

3.4 实例四：燃油品质不良引起冒黑烟故障

机型：长起 WP6.240。

故障现象描述：发动机冒黑烟、动力不足。

故障诊断与排除：该车行驶无力且冒黑烟。用诊断仪检测，发动机无故障代码，可能是机械故障。用诊断仪作单缸测试，发动机不能满足测试条件，故只能手动断缸。测试后无明显变化，后将喷油器拆下后发现油头有水锈，可判定为由于柴油中有水导致 6 只喷油器针阀生水锈致使针阀卡死。

分析：该故障为油品质不合格，油中有水，导致喷油器针阀卡死，致使喷油器泻油或不喷油，才使发动机无力、冒黑烟。

特别说明：电控柴油机对燃油油质要求高，如果所用油品质不合格，极易造成高压油泵、电控喷油器等精密部件的损坏，因此一定要用规定牌号的燃油。故障车用油与标准柴油比较如图 5-9 所示。

图 5-8　喷油器严重积碳

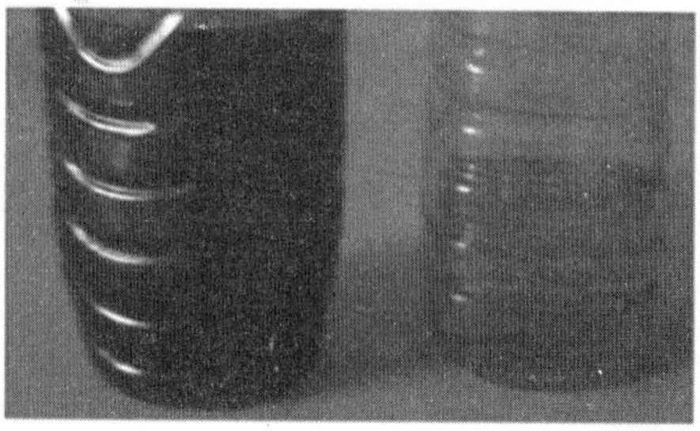

故障车用油　　标准柴油(0#)

图 5-9　燃油比较

3.5 实例五：喷油器损坏引起冒黑烟故障

机型：浦沅 WP10.270。

故障现象描述：发动机冒黑烟。

故障诊断与排除：该车行驶中发动机突然冒黑烟，驾驶员立即停车。此后无法起动，或起动时冒黑烟。但经过检查发现气路畅通，检查起动时发现轨压只能达到 160 bar。怀疑喷油器漏油导致泄压。随即检查喷油器，发现第 2 缸喷油器回油量很大，判断此喷油器已经损坏。拆开喷油器发现没有铜垫圈（见图 5-10）。更换第 2 缸喷油器，故障排除。

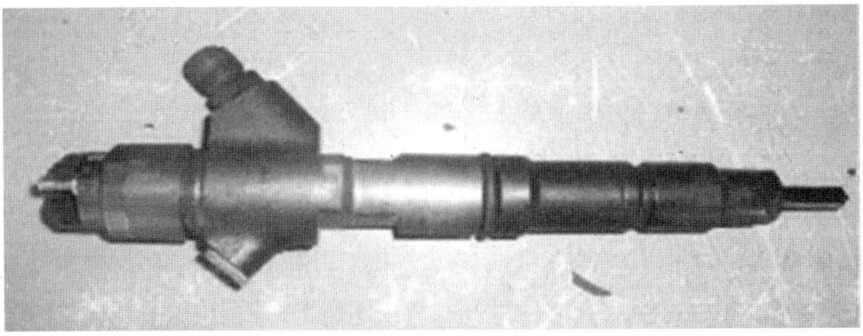

图 5-10　喷油器漏装铜垫圈

4　排气冒黑烟的后处理技术

柴油机冒黑烟,可以说是柴油机一出现就有的疑难故障,多年来人们一直在进行防治。所谓排气后处理技术,就是在柴油机排气管中间加上一个集催化、过滤等功能为一体的排气净化装置。

采用后处理技术,是对现有车型进行技改、控制排放的最有效措施;对于新车,采用机外后处理措施也比采用机内净化措施容易得多。机外后处理装置主要是催化净化器的微粒捕集器,如图 5-11 所示。

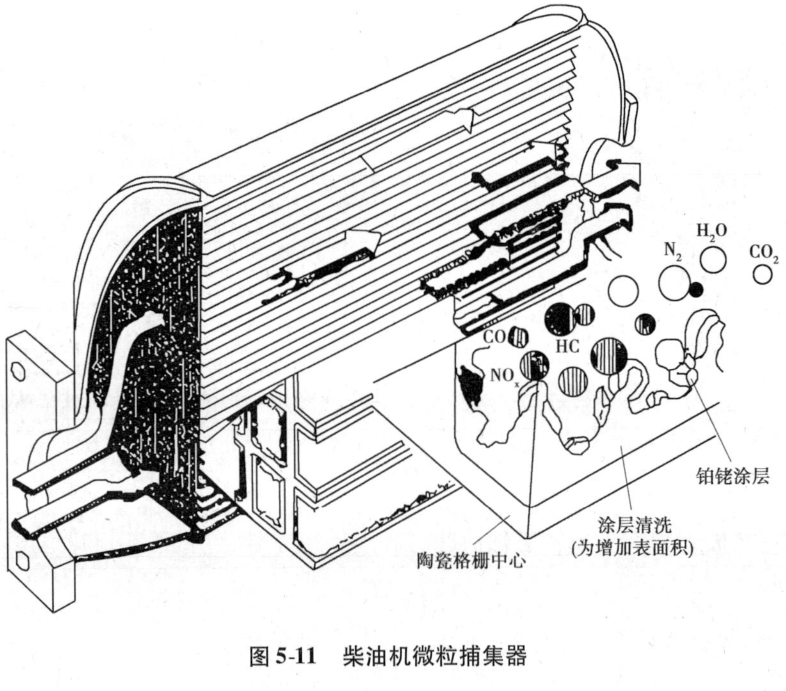

图 5-11　柴油机微粒捕集器

微粒捕集器能够减少柴油机所产生的烟灰达 90% 以上。这种捕集器是一种安装在排放系统中的陶瓷过滤器,它可以在微粒排放物质进入大气之前将其捕捉。捕捉到的微粒排放物质随后在车辆运转过程中燃烧殆尽。它的基本工作原理是:柴油微粒过滤器喷涂上金属铂、铑、钯，柴油机排出的含有碳粒的黑烟，通过专门的管道进入柴油机尾气微粒捕集器，经过其内部密集设置的袋式过滤器时，吸附在金属纤维毡制成的过滤器上；当微粒的吸附量达到一定程度后，尾端的燃烧器自动点火燃烧，将吸附在上面的碳烟微粒烧掉，变成对人体无害的二氧化碳排出。为了做到这一点，捕集器应用了先进的电控系统、催化涂层和燃料添加型催化剂（FBC）。这种燃料添加型催化剂包含诸如铈、铁和铂等金属。这些材料按比例加入燃料中，在柴油机控制系统的帮助下不仅控制微粒排放物质的数量，而且还控制碳氢化合物和污染气体等污染物的排放量。捕集器的再生或净化功能必须在可控的基础上完成，以保持过滤器不被烟灰堵塞。在净化周期结束以后，任何残留灰尘或滤渣最终都将在日常维护中被人为地清除。

柴油微粒捕集器可以有效地减少微粒物的排放，它先捕集废气中的微粒物，然后再对捕集的微粒进行氧化，使微粒过滤器再生。所谓过滤器的再生是指在柴油机微粒过滤器（DPF）长期工作中，过滤器里的颗粒物逐渐增加会引起柴油机的排气背压升高，导致柴油机性能下降，所以要定期除去沉积的颗粒物，恢复 DPF 的过滤性能。过滤器的再生有主动再生和被动再生两种方法：主动再生指的是利用外界能量来提高捕集器内的温度，使微粒着火燃烧。当捕集器中的温度达到 300 ℃时，沉积的颗粒物就会氧化燃烧，如果温度达不到 300 ℃，过多的沉积物就会堵塞过滤器，这时就需要利用外加能源（例如电加热器、燃烧器或柴油机操作条件的改变）来提高 DPF 内的温度，使颗粒物氧化燃烧。被动再生指的是利用燃油添加剂或者催化剂来降低微粒的着火温度，使微粒能在正常的柴油机排气温度下着火燃烧。添加剂（有铈、铁和锶）要以一定的比例加到燃油中，添加剂过多影响不大，但是如果过少，就会导致再生延迟或再生温度升高。

国内最常用的催化器是三元催化转化器，它是由金属壳体、隔温衬垫和催化剂组成的筒形构件。隔温衬垫使用堇青石陶瓷压制而成，横截面上每平方厘米有 32 ~ 64 个小孔；在这种蜂窝状陶瓷载体表面，附着有作为催化剂的铂、铹、钯等贵金属和作为助催化剂的稀土添加剂。贵金属稀土联用催化剂是目前最有效的催化剂。柴油机废气的气相反应通常在很慢的速度下进行，一旦有了催化剂，CO、HC、NO_x 在催化剂作用下被迅速氧化还原成 CO_2、H_2O、N_2。

三元催化转化器中的堇青石陶瓷蜂窝也是一个滤烟的微粒捕集器，当碳烟通过比它小得多的蜂窝微孔时，就被通道管壁截获。蜂窝陶瓷的网眼堵塞后形成的烟灰层，在 500 ℃以上的温度下会被废气点燃而使捕集器不致失活。

三元催化转化器可以加装在柴油机排气管末端，也有将它与消声器做成一体的。对于在隧道内施工的机械，还可采用二级净化系统，即在催化转化器后再安装一个烟尘水洗箱；水洗箱中加有涤烟剂，烟气穿过水溶液时会进一步溶解废气中的有害气体并使碳烟微粒沉淀。

柴油机采用上述排气后处理技术，可以有效地降低柴油机的黑烟和排气污染。排气后处理效果见表 5-4。

表 5-4　排气后处理效果

排气成分	碳粒	NO_x	CO	HC
减少量	90%以上	90%～99%	90%～99%	50%～90%

任务实施

1. 任务相关知识描述

发动机冒黑烟的故障检修检查项目主要有：

(1)喷油器的安装部位及工作原理；

(2)发动机线束和喷油器贯穿式接头触针的检查；

(3)检查喷油器电路的电阻；

(4)检查是否开路；

(5)检查触针和触针之间是否短路。

2. 信息资料收集与分组

(1)完好喷油器电磁阀的技术要素；

(2)被测喷油器电磁阀的技术资料；

(3)检测所需工具：电控柴油发动机、万用表、故障诊断仪、专用的测试导线；

(4)安全操作注意事项；

(5)分组并产生组长，明确任务。

3. 制订计划

(1)以小组讨论的方式制订喷油器电磁阀及电路的检查计划；

(2)讨论工作计划并最终定稿；

(3)填写工作计划表(见表 5-5)。

4. 实施计划

(1)学生按既定工作计划完成检查并填写任务工单(见表 5-6)；

(2)教师监控学生操作过程，及时更正学生的错误。

5. 检查结果

(1)检查学生是否填写完整任务工单；

(2)回答学生所提出的问题；

(3)学生以小组讨论方式进行工作评估。

评价反馈

(1)对小组工作进行综合评价；

(2)提出改进意见和注意事项；

(3)填写任务评价表(见表 5-7)。

表 5-5　发动机冒黑烟的故障检修工作计划表

姓名：	学号：	班级：	组别：
任务名称			
个人工作实施计划			
小组其他计划特色点			
辅导教师意见			
个人工作实施计划定稿			

表 5-6　发动机冒黑烟的故障检修任务工单

<table>
<tr><td colspan="2">姓名：</td><td>学号：</td><td>班级：</td><td>组别：</td></tr>
<tr><td colspan="3" rowspan="2">评价等级：</td><td>教师签字：</td><td>成绩：</td></tr>
<tr><td>日期：</td><td>学时：</td></tr>
<tr><td>任务名称</td><td colspan="4">发动机冒黑烟的故障检修</td></tr>
<tr><td>能力目标</td><td colspan="4">1. 能通过与客户交流、查阅相关维修技术资料等方式获取车辆信息。
2. 能根据故障现象制订正确的维修计划。
3. 能正确选择检测和诊断设备对发动机排放异常引起的故障进行诊断。
4. 能使用万用表、故障诊断仪对喷油器控制电磁阀及电路进行检测。
5. 能正确记录、分析各种检测结果并做出故障判断。
6. 能按照正确操作规范进行喷油器控制电磁阀及电路的更换。
7. 能正确检查喷油器控制电磁阀及电路故障的修复质量。
8. 能根据环保要求，正确处理对环境和人体有害的辅料、废气液体和损坏零部件。
9. 能够自主检修喷油器控制电磁阀及电路引起的故障。</td></tr>
<tr><td>工具、设备的准备</td><td colspan="4">万用表、故障诊断仪</td></tr>
<tr><td>信息获取</td><td colspan="4">以 Bosch 共轨为例，分析故障原因并进行故障诊断和排除。
目前，国Ⅲ柴油机 Bosch 共轨系统一般采用的是第二代（CRS2.0），发动机冒黑烟故障可按下列步骤排除。
1. 燃油品质不良（最为常见）
（1）故障现象：怠速时________________
加速时________________
（2）故障诊断与排除：读故障代码及数据流，有无异常________。常规检查无法排除故障时，可更换合格的燃油，必要时清洗燃油管路及零部件。
2. 喷油器故障
（1）是否有以下故障现象：
喷油器雾化不良________________
喷油器滴油________________
喷油器针阀卡死，致使喷油器泻油或不喷油等________________
诊断仪有时显示怠速油量过大、怠速不稳________________</td></tr>
</table>

续表 5-6

<table>
<tr>
<td>信息获取</td>
<td>(2)故障诊断与排除:部分诊断仪(如 KTS),能够进行加速测试、汽缸关断测试以及高压测试。通过上述测试能够对喷油器进行实时检测。加速测试、汽缸关断测试以及高压测试,简介如下:
a. 加速测试。步骤:关闭一个喷油器、增加喷油、测量速度。关闭一缸测试完后,再依次关闭其他缸,进行同样的试验。
记录各缸转速变化过程。
第 1 缸________________
第 2 缸________________
第 3 缸________________
第 4 缸________________
转速变化大小反映了高速情况下各缸功率的差异,从而反映了各缸工作情况的好坏,以便进一步确认故障的诊断范围。
b. 汽缸关断测试。进入汽缸关断测试,记录各缸喷油器关断后的发动机运转情况。
第 1 缸________________
第 2 缸________________
第 3 缸________________
第 4 缸________________
c. 高压测试。高压测试是通过 ECU 触发,按设定的诊断程序来对轨内压强进行升压和降压,观察系统的执行能力,通过结果数据来综合评估系统的各液压器件的性能。
升压时间数据________________
降压时间数据________________
设定值________________
试验结果反映了各步骤下压力上升和下降的时间,与设定值比较,可以反映高压系统泄漏,喷油器回油过多,高压泵、控压阀泄漏,低压供给效率低(滤清器堵塞)或输油泵效率过低等故障的可能性。
3. 冷却液温度传感器故障(指示值过低)
(1)故障现象:
冷却液温度传感器的电阻值________________
输出信号电压值________________
(2)故障诊断与排除:
用故障诊断仪读取冷却液温度传感器的数据流,与实际值比较判断之。必要时可将冷却液温度传感器插头拔掉,着车后比较。
4. 共轨压力信号漂移
(1)故障现象:</td>
</tr>
</table>

续表 5-6

信息获取	共轨压力传感器输出信号电压__________ (2)故障诊断与排除: 诊断仪出现相关的故障代码__________ 5. 进气压力信号漂移 (1)故障现象: 进气压力传感器输出信号电压值__________ (2)故障诊断与排除: 诊断仪出现相关的故障代码__________ 6. 其他系统故障 冒黑烟故障,也可能是非电控系统造成的。下列原因应注意: (1)机械故障,如气门漏气、气门间隙调整不当; (2)废气涡轮增压系统故障; (3)EGR 系统故障; (4)空气滤清器堵塞; (5)其他。
任务操作与要点	

表 5-7　发动机冒黑烟的故障检修任务评价表

评价内容	评价指标	评价等级		
		自我	小组	教师
专业能力	A. 具有安全、文明生产和环境保护的相关知识和技能。(10 分)			
	B. 高质量地完成工作任务，操作娴熟，任务工单得 85 分以上。(10 分)			
	C. 任务工单中数据真实，步骤完整，能用来判断并排除故障。(10 分)			
	D. 具备了发动机冒黑烟故障的检查和故障排除的能力。(10 分)			
社会能力	A. 具有良好的职业道德，遵守实验室管理规定。(5 分)			
	B. 具有较强的口头和书面表达能力、良好的人际交流沟通能力。(10 分)			
	C. 具有良好的团队合作精神和客户服务意识。(10 分)			
	D. 具有良好的心理素质和克服困难的能力。(5 分)			
方法能力	A. 能够制定完善的工作计划。(5 分)			
	B. 能借助网络、文件资料等手段查找所需信息。(10 分)			
	C. 独立完成任务。(5 分)			
	D. 能够检查评估工作任务，并能从个案中寻找共性。(10 分)			
辅导教师关于此次任务的改进意见	总评			

学习任务2

废气再循环系统故障检修

相关知识

伴随着汽车技术的迅猛发展，汽车尾气对大气造成了越来越严重的污染。作为汽车主要动力源的柴油机，其排放主要污染物 NO_x 的危害已经引起了各国政府的高度重视，NO_x 的排放控制逐渐成为研究的热点。

柴油机 NO_x 生成的原因是：燃烧过程的平均过量空气系数虽然比较大，但因混合气成分不均匀，局部燃烧温度仍很高，所以生成大量 NO_x。不过随着柴油机负荷的降低，NO_x 的排放迅速减少。

废气再循环（EGR）技术可有效控制发动机 NO_x 的排放，是当前公认的一种行之有效的控制 NO_x 排放的方法。EGR 系统的布置如图 5-12 所示。

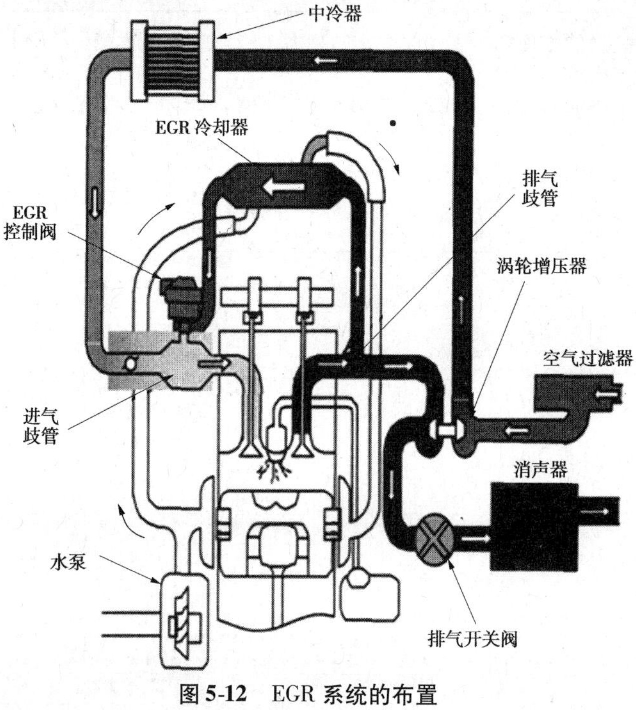

图 5-12　EGR 系统的布置

1　废气再循环（EGR）工作原理

废气再循环（EGR）是通过回引部分废气与新鲜空气共同参与燃烧反应，废气中的氧含量很低，含有大量 N_2、CO 和水蒸气，这三种气体很稳定，不能燃烧，可吸收大量热量。当一部分排气经 EGR 控制阀流回进气系统与新鲜空气或新鲜混合气混合后，稀释了新鲜空气或新鲜混合气中的氧浓度，使燃烧速度降低。这两个因素都使燃烧温度降低，从而有效地控制

了燃烧过程中 NO_x 的生成。

循环废气的量一般用 EGR 率表示,EGR 率就是进入废气管的废气质量与进入汽缸的总气体质量的比值,可表示为:

$$\text{EGR 率} = \frac{\text{返回废气量}}{\text{进气量} + \text{返回废气量}} \times 100\%$$

根据废气进入汽缸是否通过发动机的进气系统,EGR 系统可分为内部 EGR 系统和外部 EGR 系统。

内部 EGR 系统通过改变配气正时实现。该系统不需要外加其他设备,结构简单,应用方便,而且可以避免再循环废气对管道的腐蚀,有利于提高系统耐久性。由于是在进气行程内,直接开启排气阀使废气回流,因此难以精确控制 EGR 率;同时废气未经冷却直接回流,引起混合气温度升高,这一点又有利于 NO_x 的生成。因此,内部 EGR 系统对 NO_x 的抑制效果并不显著。但是随着控制技术的不断提高,内部 EGR 系统因其简单、便利,日益受到青睐。

外部 EGR 系统利用专门的管道将废气引入进气歧管,使废气与新鲜充量在进入汽缸前充分混合。由于外部 EGR 系统不但可以通过电控系统精确控制 EGR 率,优化发动机性能,而且可以在外部系统中通过加装 EGR 冷却器,有效降低燃烧温度,因此目前较为常用的是外部 EGR 系统。

2　增压柴油机 EGR 的实现

自然吸气柴油机所用的 EGR 系统与汽油机类似。由于进排气之间有足够的压力差,EGR 的控制比较容易。在现代增压柴油机中,由于涡轮增压器效率的提高,增压器后的进气压力(增压压力)在很多工况下会高于增压器前的排气压力,造成 EGR 的困难,至少不会获得足够高的 EGR 率。为此可采取下列措施:

(1)如图 5-13(a)所示,在 EGR 阀 5 前,加一个排气脉冲阀 6,利用排气脉冲加大EGR 量。

(2)用节流阀 7 对进气进行节流(见图 5-13(b)),可降低柴油机前的进气压力,使 EGR 率大为提高。但显然会增加柴油机的泵气损失,有损燃油经济性。

(3)在进气系统中,装一个文丘里管 8(见图 5-13(c)),可以提高 EGR 的有效压差,从而扩大 EGR 率的可调范围。由于文丘里管喉口的压降,在喉口下游可得到部分的恢复,压力损失可以减小,调节文丘里管的旁通阀 9,可改变 EGR 的有效压差。

(4)用专门的 EGR 泵 11(见图 5-13(d))强制进行 EGR,具有最大的灵活性。但由于 EGR 泵的流量要求很大,机械驱动泵显然过于庞大昂贵。如图 5-13(d)所示,涡轮增压器驱动一个外加的 EGR 泵 11 是一个实用方案。

(5)采用可变喷嘴增压器 VNT(Variable Nozzle Turbocharger)是实现增压柴油机有效 EGR 的一个新途径。用普通涡轮增压器,实现足够的 EGR 往往有困难,试验结果已表明:用普通的涡轮增压器时,只能在部分负荷下获得 0.1 左右的 EGR 率;用可变喷嘴涡轮增压器时,柴油机大负荷时,可以通过减小涡轮喷嘴流通面积来提高排气压力,进而增大大负荷领域的 EGR 率。

3　柴油机 EGR 的控制

3.1　控制方式

柴油机的 EGR 控制比较复杂,尤其是增压柴油机,一般都采用电子控制。其控制方式

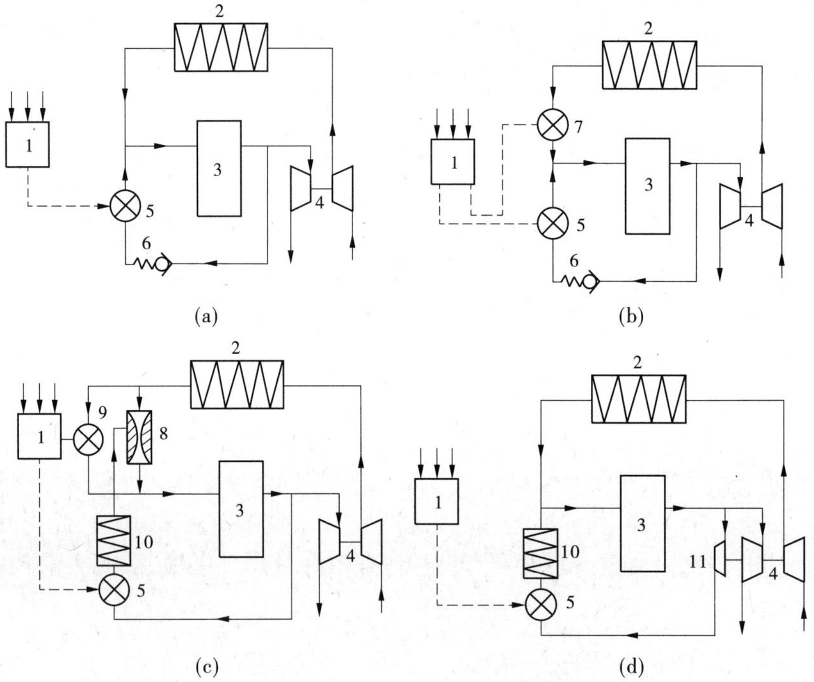

1—电控单元;2—中冷器;3—柴油机;4—涡轮增压器;5—EGR 阀;6—排气脉冲阀;
7—进气节流阀;8—文丘里管;9—文丘里管旁通阀;10—EGR 冷却器;11—EGR 泵

图 5-13 增压中冷柴油机的 EGR 系统

可以是开环控制,也可以是闭环控制。

(1)开环控制。开环控制一般是基于脉谱(MPA)的控制,即通过试验确定典型工况下,达到排放要求的最佳 EGR 率。这种方法控制简单,目前应用较为普遍。但其准确性依赖于各种工况下 MPA 图的精确制取,同时动态响应慢。较典型的开环控制为对混合气的成分加以考虑,根据不同转速、负荷条件,由进气和排气中的氧气浓度来确定最优的 EGR 率。例如在图 5-13 中,电控单元 1 根据柴油机转速、负荷,以及进气和排气中的氧气浓度、温度等传感器的输入信号,按标定的 EGR 脉谱对 EGR 阀 5、节流阀 7、旁通阀 9 等执行机构进行控制。EGR 阀 5 可以是一个真空阀。电控单元 1 通过对一个独立真空源产生的真空度加以调整,来控制真空阀的开度。EGR 阀也可以是一个电磁阀,可由电控单元通过 PWM 信号直接控制。

(2)闭环控制。可以选择基于排气背压的闭环控制,也可选择基于排气氧气传感器的闭环控制。基于排气氧气传感器的闭环控制,选取对发动机性能影响最大的两个参数——进气中的氧气浓度和排气中的氧气浓度加以考虑。基于过量空气系数的 EGR 控制,是通过过量空气系数来间接测量 NO_x 的排放量,其受 EGR 率的影响大,可作为 EGR 闭环控制的反馈信号。闭环控制可以实时根据工况的变化自动调整 EGR 量,使 EGR 达到最佳。因此,它比开环控制的效果更好,但其结构也较为复杂。

3.2 控制时间

汽油发动机在发动机中小负荷时将一定量的废气引入燃烧室参与燃烧,怠速、全负荷时不起作用。柴油发动机在发动机怠速、中小负荷时,将一定量的废气引入燃烧室参与燃烧,全负荷时不起作用。

4 柴油机 EGR 系统的结构及分类

4.1 普通电控式 EGR 控制系统

普通电控式 EGR 控制系统如图 5-14 所示，主要由 EGR 阀、EGR 电磁阀、节气门位置传感器、曲轴位置传感器、冷却水温度传感器、起动信号和 ECU 等组成。

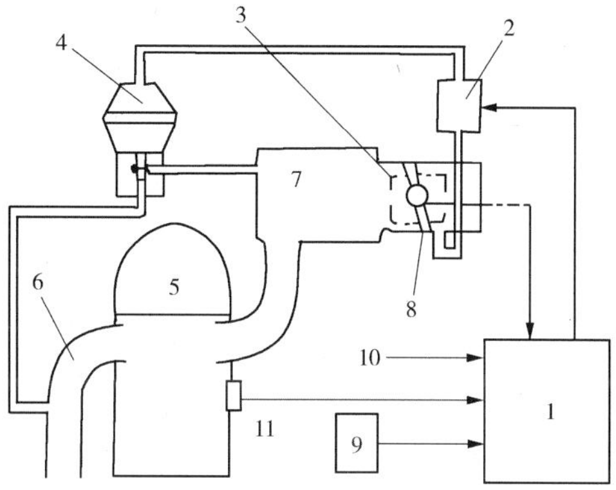

1—ECU；2—EGR 电磁阀；3—节气门位置传感器；4—EGR 阀；5—发动机；6—发动机排气管；7—发动机进气管；8—节气门；9—曲轴位置传感器；10—发动机起动信号；11—冷却水温度传感器

图 5-14 普通电控式 EGR 控制系统

在发动机工作时，ECU 根据各个传感器反馈的电信号，确定发动机目前在哪一种工况下运行。若在下列工况下：发动机起动时，节气门位置传感器的怠速触点接通时，发动机冷却水温度低时，发动机转速超越一定范围时，ECU 向 EGR 电磁阀发出接通信号，电磁阀通电，其阀门关闭，切断 EGR 阀的真空通道，EGR 阀关闭，EGR 系统停止工作；否则，ECU 使 EGR 电磁阀断电，其阀开启真空通道，EGR 阀打开，EGR 系统开始工作。

4.2 可变式电控 EGR 控制系统

可变式电控 EGR 控制系统如图 5-15 所示，主要由 ECU、EGR 电磁阀、节气门位置传感器、EGR 阀、节气门、曲轴位置传感器、定压阀、调压阀等组成。

根据发动机台架试验确定的 EGR 率与发动机转速、负荷的对应关系，将有关数据存入发动机 ECU 内微机的 ROM 中。发动机工作时微处理器根据各种传感器送来的信号，确定发动机在哪一种工况下工作。经过查表和计算修正输出适当的指令，控制电磁阀的开度，以调节排气再循环的 EGR 率。

脉冲电信号的占空比越大，电磁阀打开的时间越长，进入调压阀负压室的空气量越多，真空度越小，排气再循环控制阀开度越小，EGR 率越小，当小至某一值时，排气再循环控制阀关闭，排气再循环系统停止工作；反之，脉冲电信号的占空比越小，EGR 率越大。

5 EGR 技术主要存在问题与控制原则

5.1 目前 EGR 技术主要存在问题

（1）采用 EGR 系统后，若 EGR 率控制不当，极易造成柴油机经济性恶化，其他排放污染物和烟度的增加；

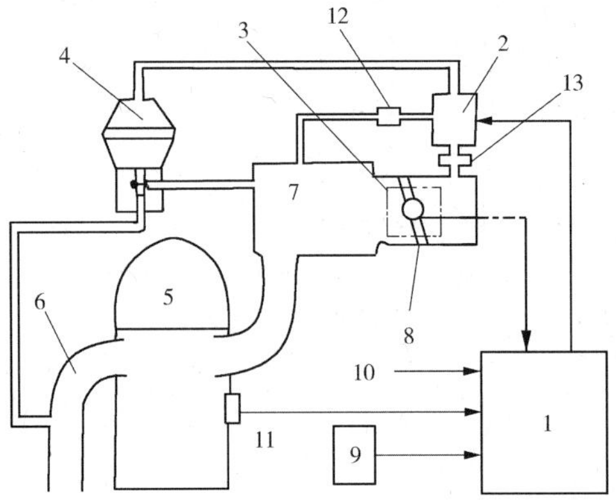

1—ECU;2—EGR 电磁阀;3—节气门位置传感器;4—EGR 阀;5—发动机;6—发动机排气管;
7—发动机进气管;8—节气门;9—曲轴位置传感器;10—发动机起动信号;
11—冷却水温度传感器;12—定压阀;13—调压阀

图 5-15　可变式电控 EGR 控制系统

(2)在低负荷时;EGR 将影响柴油机的工作稳定性;

(3)在高负荷时,EGR 将影响柴油机的动力性;

(4)EGR 中的颗粒可能造成柴油机活塞环、汽缸套等零部件磨损加剧和对机油的污染,进而可能影响柴油机的可靠性和寿命;

(5)废气温度过高,会影响柴油机的充气效率,并有降低燃烧温度的效果;

(6)各缸 EGR 分配均匀性和瞬态响应性不宜同时兼顾。

5.2　EGR 设计控制原则

EGR 设计控制原则主要有:

(1)由于 NO_x 排放量随负荷增加而增加,因而 EGR 量亦应随负荷的增加而增加。

(2)怠速和小负荷时,NO_x 排放浓度低,为了保证稳定燃烧,不进行 EGR。

(3)在发动机暖机过程中,冷却水温度和进气温度均较低,NO_x 排放浓度也很低,混合气供给不均匀,为防止 EGR 破坏燃烧稳定性,冷机时不进行 EGR。

(4)大负荷、高速时,为了保证发动机有较好的动力性,此时虽温度很高,但氧浓度不足,NO_x 排放较少,通常也不进行 EGR 或减小 EGR 率。

(5)为了实现 EGR 的最佳效果,需保证再循环的排气在各缸之间分配均匀,即保证各缸的 EGR 率一致。

6　EGR 系统的检修

6.1　检修

废气再循环控制阀 N18 接收发动机控制单元发出的响应信号,并将其转换为一个脉冲控制信号,来控制再循环阀的动作。如果 N18 出现了故障,则废气再循环系统停止工作。发动机控制单元可以监测相应的故障信息。

废气再循环阀是机械阀,如果出现故障,无故障记忆,只能通过常规方法检验。

(1)检查废气再循环控制阀 N18。

①可以通过故障诊断仪在 08 数据块中读取废气再循环显示值;

②电磁阀本身电阻标称值:14 ~20 Ω;

③真空测试仪测试电磁阀真空度,开始时应无真空,电磁阀开始工作后,将有真空产生。

(2)检查方法。

①再循环量的检查:51 kPa 的真空,将出现怠速不稳或熄火;

②检查机械阀:检查隔膜运动、破损情况及隔膜清洁情况,检查废气再循环孔及真空软管;

③检查机械阀阀底座,此处容易产生积碳,使再循环通道受阻或泄漏,清洗时须更换垫圈并涂锂基润滑脂。

(3)用真空泵检测废气再循环阀(机械)。

①如图 5-16 所示,连接专用工具 VAG1390;

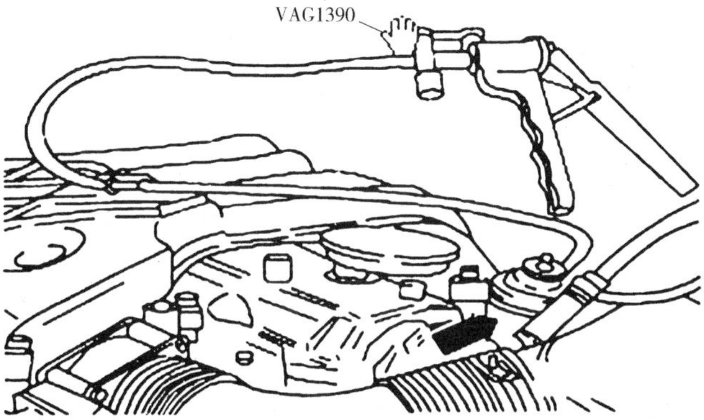

图 5-16　用真空泵检测废气再循环阀(机械)

②操纵真空阀,膜片必须朝真空连接方向移动(用手感觉),将手动真空泵从阀上拔下,必须清晰听到阀关闭的声音(膜片朝向排气管方向)。

6.2　案例:EGR 阀因积碳堵塞

车型:POLO 1.6L 轿车 BCD 发动机。

症状:EPC 报警灯点亮,有时加不上油,冷车尤为明显,排气气味难闻。

诊断:

(1)连接诊断仪,读取故障代码,显示 EGR 电磁阀故障。

(2)对 EGR 电磁阀进行元件检测,没有发现异常。

(3)对 EGR 电磁阀电路进行检查,也没有发现故障。

(4)读取数据流,发现氧传感器的电压信号变化缓慢。

(5)对点火、燃油和空气系统进行常规检查,发现点火系统工作稍有不良。

(6)更换了火花塞和前、后氧传感器,试车后故障暂时不再出现,但运行一段时间后,故障再次发生。

(7)考虑前面的操作,对 EGR 系统进行了彻底的检查,结果发现 EGR 阀因积碳堵塞。

故障原因找到。

修复:对 EGR 阀上的积碳进行清除,故障排除。

分析:

EGR 阀的堵塞,造成系统工作时没有再循环废气充入汽缸,因此发动机的排放超标,尾气异味明显。同时,当发动机控制模块操作 EGR 电磁阀后,由于(外部)再循环废气量几乎为零,发动机控制模块检测出发动机的工况没有变化,所以设置了 EGR 电磁阀故障的故障代码。

任务实施

1. 任务相关知识描述

废气再循环系统故障检修项目主要有:

(1)废气再循环控制系统的初步检查;

(2)废气再循环控制系统的就车检查;

(3)废气再循环控制电磁阀的检查;

(4)废气再循环阀的检查;

(5)废气调整阀的检查。

2. 信息资料收集与分组

(1)检查其真空软管有无破损,接头处有无松动、漏气等;

(2)检查废气再循环阀有无动作;

(3)测量电磁阀电磁线圈的电阻;

(4)测量废气再循环阀位置传感器连接器端子的电阻值;

(5)分组并产生组长,明确任务。

3. 制订计划

(1)以小组讨论的方式制订废气再循环系统故障检修计划;

(2)与学生讨论工作计划并最终定稿;

(3)填写工作计划表(见表 5-8)。

4. 实施计划

(1)学生按既定工作计划完成检查并填写任务工单(见表 5-9);

(2)教师监控学生操作过程,及时更正学生的错误。

5. 检查结果

(1)检查学生是否填写完整任务工单;

(2)回答学生所提出的问题;

(3)学生以小组讨论方式进行工作评估。

评价反馈

(1)对小组工作进行综合评价;

(2)提出改进意见和注意事项;

(3)填写任务评价表(见表 5-10)。

表 5-8　废气再循环系统故障检修工作计划表

姓名：		学号：	班级：	组别：
任务名称				
个人工作实施计划				
小组其他计划特色点				
辅导教师意见				
个人工作实施计划定稿				

表 5-9 废气再循环系统故障检修任务工单

<table>
<tr><td>姓名：</td><td>学号：</td><td>班级：</td><td>组别：</td></tr>
<tr><td colspan="2" rowspan="2">评价等级：</td><td>教师签字：</td><td>成绩：</td></tr>
<tr><td>日期：</td><td>学时：</td></tr>
<tr><td>任务名称</td><td colspan="3">废气再循环系统故障检修</td></tr>
<tr><td>能力目标</td><td colspan="3">1. 能通过与客户交流、查阅相关维修技术资料等方式获取车辆信息。
2. 能根据故障现象制订正确的维修计划。
3. 能正确对废气再循环控制系统的故障进行诊断。
4. 能使用万用表对电磁阀电磁线圈等进行检测。
5. 能正确记录、分析各种检测结果并做出故障判断。
6. 能按照正确操作规范进行电磁阀电磁线圈及电路的更换。
7. 能正确检查喷油器控制电磁阀电磁线圈及电路故障的修复质量。
8. 能根据环保要求，正确处理对环境和人体有害的辅料、废气液体和损坏零部件。
9. 能够自主检修废气再循环系统引起的故障。</td></tr>
<tr><td>工具、设备的准备</td><td colspan="3">万用表</td></tr>
<tr><td>信息获取</td><td colspan="3">1. 废气再循环控制系统的初步检查
检查其真空软管有无破损______________________
接头处有无松动、漏气等______________________
2. 废气再循环控制系统的就车检查
废气再循环控制系统的就车检查可按下列步骤进行：
(1)起动发动机，使发动机怠速运转。
(2)将手指按在废气再循环阀上(见图 5-17)，检查废气再循环阀有无动作。
(3)在冷车状态下踩下加速踏板，使发动机转速上升至 2 000 r/min 左右，检查废气再循环阀膜片动作情况：______________________。
(4)在发动机热车(水温高于 50 ℃)后再踩下加速踏板，使发动机转速上升至 2 000 r/min左右，检查废气再循环阀膜片动作：______________________。</td></tr>
</table>

续表 5-9

信息获取	若废气再循环阀不能按上述规律动作，则废气再循环控制系统工作不正常，应检查该系统的各零部件。 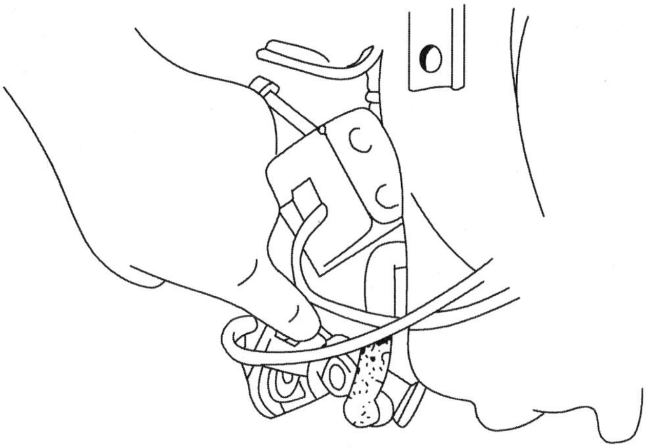 **图 5-17　废气再循环控制系统的就车检查** 3. 废气再循环控制电磁阀的检查 废气再循环控制电磁阀按下述步骤检查： (1)将点火开关置于“OFF”位置，拔下废气再循环控制电磁阀线束连接器，用万用表 Ω 挡测量电磁阀电磁线圈的电阻，记录数值为__________。其电阻值应符合规定(一般为 20～500 Ω)；否则，应更换废气再循环控制电磁阀。 (2)拔下与废气再循环控制电磁阀相连的各真空软管，从发动机上拆下废气再循环控制电磁阀。 (3)在废气再循环控制电磁阀的电磁线圈不接电源时，检查各管口之间是否通气。 A 与 B ______________________________ A 与 C ______________________________ B 与 C ______________________________ 此时，电磁阀上的管接口 A 与 B、A 与 C 之间应不通气，但管接口 B 与 C 之间应通气(如图 5-18(a)所示)；否则，废气再循环控制电磁阀损坏，应更换。 (4)将废气再循环控制电磁阀线圈接上电源，检查各管口之间是否通气(见图 5-18(b))。 A 与 B ______________________________ A 与 C ______________________________ B 与 C ______________________________ 此时，电磁阀管接口 A 与 B 之间应通气，而管接口 A 与 C、B 与 C 之间应不通气；否则，废气再循环控制电磁阀损坏，应更换。

续表 5-9

<table>
<tr>
<td>信息获取</td>
<td>
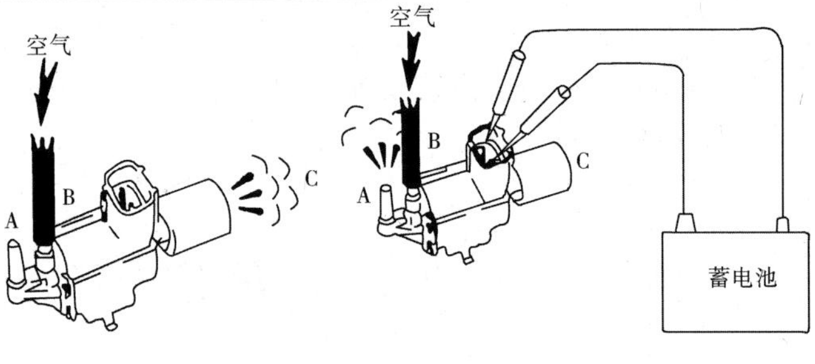

(a)不通电时　　(b)通电时
图 5-18　废气再循环控制电磁阀的检查
4. 废气再循环阀的检查
废气再循环阀的检查步骤为：
(1)起动发动机，使发动机怠速运转。
(2)拔下连接废气再循环阀与废气调整阀的真空软管。
(3)用手动真空泵对废气再循环阀真空室施加 19.95 kPa 的真空度，观察发动机运转情况：________________
若此时发动机怠速运转情况变坏甚至熄火，说明废气再循环阀工作正常；若发动机运转情况无变化，则是废气再循环阀损坏，应更换。
(4)对设有位置传感器的废气再循环阀，可在发动机停机情况下拔下废气再循环阀位置传感器的导线连接器，用万用表 Ω 挡测量连接器端子 B 与 C 间的电阻，其电阻值为________。然后，拔下连接废气再循环阀与废气调整阀的真空软管，并在用手动真空泵对废气再循环阀真空室施加真空的同时，用万用表 Ω 挡测量废气再循环阀位置传感器连接端子 A 与 C 之间的电阻值。电阻值应随着真空度的增大而连续增大，不允许有间断现象(电阻值变为∞后又回落)；否则，废气再循环阀损坏，应更换。
5. 废气调整阀的检查
废气调整阀的检查步骤为：
(1)起动发动机，并将其预热至正常工作温度。
(2)拔下连接废气调整阀与废气再循环阀的真空软管，用手指按住真空管接口(见图 5-19(a))，然后检查管接口内是否有真空吸力：________________
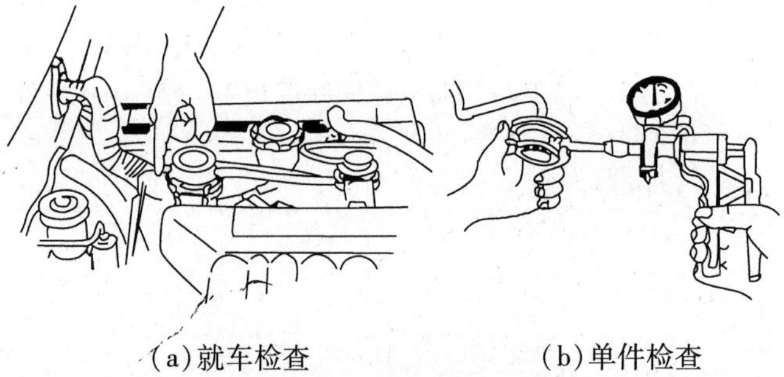
(a)就车检查　　(b)单件检查
图 5-19　废气调整阀的检查
</td>
</tr>
</table>

续表 5-19

任务操作与要点	在发动机怠速运转时,管接口内应无真空吸力;当踩下加速踏板使发动机转速上升至 2 000 r/min 左右时,管接口内应有真空吸力。如废气调整阀的状态与上述情况不符,则为废气调整阀工作不正常,应拆下该阀作进一步检查。 (3)拆下废气调整阀,在连接废气再循环控制电磁阀的接口处接上手动真空泵,再用手指堵住连接废气再循环阀真空管的接口(见图 5-19(b))。 (4)向连接排气管的管接口内泵入空气,与此同时,用手动真空泵向废气再循环控制电磁阀的接口内抽真空。此时,在连接废气再循环阀真空管的管接口处应能感到有真空吸力;在停止抽真空后,真空吸力应能保持住,无明显下降;释放连接排气管的管接口内的压力后,真空吸力也应随之消失。如废气调整阀的状态与所述情况不符,应更换。

表 5-10　废气再循环系统故障检修任务评价表

评价内容	评价指标	评价等级		
		自我	小组	教师
专业能力	A. 具有安全、文明生产和环境保护的相关知识和技能。(10 分)			
	B. 高质量地完成工作任务,操作娴熟,任务工单得 85 分以上。(10 分)			
	C. 任务工单中数据真实,步骤完整,能用来判断并排除故障。(10 分)			
	D. 具备了废气再循环系统故障的检查和故障排除的能力。(10 分)			
社会能力	A. 具有良好的职业道德,遵守实验室管理规定。(5 分)			
	B. 具有较强的口头和书面表达能力、良好的人际交流沟通能力。(10 分)			
	C. 具有良好的团队合作精神和客户服务意识。(10 分)			
	D. 具有良好的心理素质和克服困难的能力。(5 分)			
方法能力	A. 能够制订完善的工作计划。(5 分)			
	B. 能借助网络、文件资料等手段查找所需信息。(10 分)			
	C. 独立完成任务。(5 分)			
	D. 能够检查评估工作任务,并能从个案中寻找共性。(10 分)			
辅导教师关于此次任务的改进意见	总评			

参 考 文 献

[1] 栾琪文．汽车电控柴油机结构原理与维修[M]．北京：机械工业出版社，2006.

[2] 北京联创高科技汽车电子研究所．怎样维修电控柴油机轿车[M]．北京：机械工业出版社，2006.

[3] 陈家瑞．汽车构造（上册）[M].5 版.北京：人民交通出版社，2006.

[4] 赵琢．汽车电控燃油喷射系统的运用与维修[M]．北京：人民交通出版社，1996.

[5] 沈云鹤．汽车发动机构造与维修[M]．北京：高等教育出版社，2005.

[6] 黄军，王书义．Bosch 公司共轨燃油喷射系统及其发展[J]．车辆与动力技术，2005(1).

[7] 郭亮，许允，苏岩，等．MULTISIM 2001 在电控分配泵标定电路设计中的应用[J]．车用发动机，2006(4).

[8] 宋福昌．新编汽车电控柴油机故障检修[M]．北京：科学技术文献出版社，2008.